U0068172

吳海發・著

流聲的

——近代中國著名學者的側影

歲月

代序

余秋雨

文化，說起來很強大，實際上很脆弱。很多盛會高論、喜怒恩怨，轉眼就在歷史上煙消雲散。當然也會留下一些殘跡，後人以為是時間的結晶，其實並非如此。留下和殞滅，都帶有很大的偶然性，而且即便是留下的，也未必是真相。

現在，資訊的貯存檢索技術越來越先進，照理不應該再有這方面的擔憂，但文化的事畢竟不能全然歸之於技術。這就像我們到一個村莊去，可以先在網路上查到各種相關的資料，歷年變遷，但把這一切加在一起，也比不上一位安坐在河邊觀看落日的智慧長者。

這位智慧長者知道村莊裏很多無法形之於資料的人事往來、隱秘款曲。但這位長者必須知方圓、明事理、懂比較、有人緣，而且，又無官位之累，無名號之絆，只是勤奮記述，藏之箱篋，有人問起，便平靜表述。因此，我把這樣的人稱之為智慧長者。

本書的作者吳海發先生，就是這樣的智慧長者。在中國現代文學的「村莊」中，他以觀察者、問學者、品評者的身份，留

存了很多易忘的片斷、特殊的記憶。可以算得出來，他在觀察、問學、品評之初，還是一個年輕人。他沒有多麼響亮的單位和頭銜，主要還只是一位中學語文教師，卻為什麼會讓那麼多文壇名人與他頻頻書函往來？原因只有一個，那就是別人被他所表現出來的學養、思路和態度吸引了。於是，很多堪稱重要的信件一封封寄到他所在的中學，而他也成了中國現代文學某些線索的一個小小彙聚點。他在這方面的地位，已經超過很多著名大學中文系的教授。

　　從本書中的一些文章可以看出，吳海發先生對於中國現代文學的全貌和細節都有比較廣泛的瞭解，對於現代漢語的知識和技能都有比較充分的修煉。更難能可貴的是，他有一份熱愛文化、保護文化的忠誠，追求著他心中的文化道義。他的筆墨，乾淨樸實，無雕琢之痕，無漂染之色。有時他也會與同行商榷，但只限文學，不攻人格，不作表演，有君子風。這一切，使他的文章讀起來有一種巷陌曲折的豐富性，又有一種不傷脾胃的安全感。

　　我的主業是中國宏觀文化史，偏重於宋元之前的文脈勃鬱之時，因此對中國現代文學興趣不大。對當代文壇，更是避之唯恐不遠。本來我是不熟悉吳海發先生所寫內容的，但是，當我讀到科學家錢學森、楊振寧先生與他的書函來往，前輩文人葉聖陶、吳世昌先生與他的長篇通信，就覺得很有意思。那篇記郭沫若暮年隱痛的文章，讀來也覺得入情入理，溫厚公平，頗有心得。

　　有一次收到他寄給我的一部堪稱巨著的《二十世紀中國詩詞史稿》，未免有點吃驚，因為我知道他的年歲，要寫出一部八十多萬字的書稿很不容易。我儘管對「二十世紀」的中國文化仍然沒有多大興趣，但因有「詩詞」為引，也就與我的主業產生了局部交叉，便與他討論起來。二十世紀的詩詞創作，我覺得真正具有詩人神韻的，倒是郁達夫、蘇曼殊這些浪跡天涯的遊子。「曾因酒醉鞭名馬」、「踏過櫻花第幾橋」這樣的句子，僅從詩品而論，是高出於魯迅、王國維、陳寅恪等學者的。當然，吳海發先生要撰寫全史，必須顧全大局，不能像我這樣由著性情來。我雖然發了一通感想，但認真說來，還是沒有涉及現代文學，因為那些詩詞是現代人幹著古人的活兒，是新舊文化的一種「人格性銜接」。

　　感謝吳海發先生把一本專寫中國現代文學的散文集《流聲的歲月》，讓我這個「關閉現代」的人來寫序言。可能他想，外行也有外行的自由吧，那我也就輕鬆地享受這番自由了。因為明知是外行話，也就不寫「敬祈教正」這樣的客套話了，只能博吳先生和讀者一笑，如此而已。

　　是為序。

二○一二年六月十四日

付印題記

　　記得二〇〇四年在東南大學出版社出版《學術河上烏篷船》的時候，我匆匆忙忙地寫了一篇短短的後記。我說：「我已出版過幾種書，這本《學術河上烏篷船》能存活多少年，我不知道，但是，有一點可以肯定，書中有我獨存的文字。」

　　我還說過：「我相信這不是我的最後一本新著。」

　　時間似白駒過隙，九年時光流逝。我出版了《二十世紀中國詩詞史稿》（八十餘萬言），出版了《魯迅詩歌編年譯釋》（三十四萬言）。現在的這本書，算是第三本。

　　十餘年前，為了寫作《二十世紀中國詩詞史稿》，我還做了此著的基礎性工程，這稱之為副產品。一是為魯迅詩作了編年譯釋，一是為《槐聚詩存》作了箋注。兩件副產品，僅僅出版一件。我最不死心的是《槐聚詩存》至今未能付梓，書稿待字閨中。

　　《槐聚詩存》作者錢鍾書先生給我寫過信，他認為沒有人理解他，不能作出很稱心的箋傳注釋。他在信上一方面指點我詩的本事，一方面又勸我回頭是岸。我卻是個有點倔脾氣的人，我還是一首不落地做完了，雖然是螞蟻啃骨頭，很費勁兒，我不後悔。

眼下這本《流聲的歲月》並不是研究性的著作，這是一本散文集。因為筆觸所涉大多為人文範疇的短文，憶人的，衡文的，自述的皆有，我姑稱之為「人文散文」——不知道文壇上是否有此名稱。

在我記憶中，人文散文的名篇不常出現。從「五四」新文學運動說起，周作人撰的〈烏篷船〉，朱自清撰的〈荷塘月色〉，魯迅撰的〈范愛農〉與〈為了忘卻的紀念〉，夏衍撰的〈舊家的火葬〉，徐遲撰的〈歸來〉，巴金撰的〈秋夜〉與〈一封信〉，徐懋庸撰的〈冷卻了的悲痛〉等，傳誦一時，堪稱名篇。這些出之於肺腑深處的人文散文，可以陳列於文學史的長廊。其藝術的特異處在於，一是不存在功利色彩，二是傳達一個時代的資訊，三是嘔心瀝血的真情流露。

我愛誦此類名作。這本《流聲的歲月》是近幾年人文散文的結集，分為四輯。第一輯「歲寒時節」，憶我的師輩。吳世昌先生是一九六二年從英倫任教歸國的著名學者。牛津任教十七年，讓他於年輕人有所隔膜，但他實實在在是一位潛心學問的專家，中外兼通，博雅富贍，像他那樣能用英文著書立說的人有幾人歟。我私淑於他，出之於衷心的欽敬。第二輯「隨意走筆」，記我的心靈的流轉遊賞，寫銀杏的豁達，是表示筆者的敬意，或許還在抒寫心中的夢，面對二〇〇八年五月四川省汶川地震廢墟，我心中在流淚。當年我連夜捐了救災款，雖微不足道，在單位內算是數目大的，還得了一紙獎狀，儘管如此，也還是不足以表達

我感情之萬一。面對廢墟，我無意抒寫禪門的空歎，只是訴說人類的痛苦，表達一位普通知識份子的安慰。第三輯「學壇內外」我拾取了胡適、馮驥才、楊振寧、錢學森諸位大家的花瓣似的智慧，我也難忘陳漱渝的勤奮與文采。伍立楊在一本頗有名氣的《開卷》雜誌上發文，手持金鋼鑽打上門來。冷嘲熱諷，氣勢洶洶，似已失卻學術之爭的尺碼。好在我還吃得消，我作了回答。《開卷》版面寶貴，請《開卷》不要發表，只要轉請伍君寓目即可，伍君無回答，也不將大文收錄在他的近著中，或許已經知道誤解。我也就不拿大文作為附錄。我在答文末尾說：「我雖不同意閣下的怪論，但是維護閣下發表怪論的神聖權利。」這是我不能不說的話，這也是〈一則古代諺語的考量〉的後話，寫在這裏，聊作談助。第四輯「愚者千慮」，是筆者的一得之見。其中有關於師輩葉聖陶先生的兩文。我一生以他為師範。他最早肯定我的教學方法和寫作能力。我因為寫作〈與姚文元同志商榷〉一文，遭到過橫禍，是葉聖老撫慰了我受傷的心，他是我難以忘懷的師輩。其餘短文仁者見仁，智者見智，未必正確，錄存在此，以求雅正。

作家蘇迅贈我近著《簪花小唱》。書名婉約，但是文筆犀利，風格灑脫，而又緊盯現實。他說過：「我的朋友都是懷著熾熱的追求，不傷害旁人的好人。」這是充滿和諧之美的良言。

題記已經不短，一言以蔽之，這些篇什寫於讀書探賾之餘，取諸懷抱，因寄所託，表述我一時的思考與感懷。長短不一的文

字，記錄了我斑駁的語境，儼然是歲月流動的聲音——是感人的樂音，還是樸茂的鄉謠，這有待海峽兩岸讀者諸君的評正了。

是為付印題記。

二〇一二年二月江蘇無錫太湖之濱，三耕書室。

付印題記之二

　　中國作家協會會員朋友茶座的時候，總會問我有何新著，我往往報以一笑。我的習慣，未見發表的報刊，未見樣書，不敢作聲。日前，臺灣秀威科技公司編輯鄭伊庭女史電函見告，我的書稿《流聲的歲月》將在貴公司出版。我感謝秀威公司及其伊庭女史的厚意，讓我的書稿付梓於臺海的彼岸，同時我也將此消息破例告之以友好。

　　我在拙著《學術河上烏篷船》中說過：「我神馳於自己營造的精神家園，享受碌碌無為一生中的片刻溫馨。」這冊《流聲的歲月》可說一仍其舊，傳承了自己著書立說的仁義宗旨。我知道，篇幅僅僅二萬八千餘字的《論語》，仁字出現達一百又九次，義字出現二十四次。作為孔子再傳弟子的孟軻更是為弘揚仁義而殫精竭慮，在那仁義缺失年代，發出了「捨生而取義者也」的呼號。得天下英才而育之，一樂也。早在一九九〇年六月二十一日的《人民日報》，我發表一文，題〈做一個合格的中國人〉，公示了我的宗旨。為了一個美好理想，儘管風雨陰晴不定，人生不免艱難竭蹶，但我恪守此道而不渝。

　　書中偶有幾篇文章，與名家意見相左，似乎一種異響。但是，異響發於報刊，至少在編輯先生看來言之成理，可以自圓其說。再者請朋友審讀過並得到首肯。收錄在這裏，沒有挑釁名家而獵取名聲之妄想，純粹是學術爭議；我也無意為名家作結論，我不過借此傾聽朋友的讜論，得以修正錯誤而已。

　　余秋雨兄不愧為當代賢者。「事修而謗興，德高而毀來。」我曾經借用古代讀書人的楷模韓愈的這兩句話寬慰他。我請他看稿，提點意見，他卻贈我一序，讓我這冊小書添彩，我很感謝他，不忘他，祝福他；拙著成書於責編陳彥廷手下，均致謝忱。

　　寫作這篇題記，時倫敦奧運會精彩紛呈。中國游泳女選手葉詩文打破奧運紀錄，奪取兩枚金牌，被譽為游泳天才。筆者沉浸在奧運精神的興奮中，愉快地畫上了題記的句號。

二〇一二年八月三耕書室

目次

隨意走筆

愚者千慮

歲寒時節

翻閱先生的講義
——懷念徐復先生

　　近閱二○○六年八月《光明日報》，驚悉徐復先生病逝，享年九十六歲，不勝意外。日前我在自己的三耕書室找書，偶然翻到一本厚厚的講義，輕拂灰塵，打開一看，竟是古代漢語教材。歲月倥傯，倏忽已逾半個世紀過去，憶人生之易老，撫講義而感懷，我曾經默默祝福徐先生健康。現在眼前無情的事實悲痛地告訴我，徐先生已經駕鶴西行。翻閱講義，回首往事，腦海中像幻燈片，一幅一幅地閃過。讓我揀幾幅說一說，以表敬意之萬一。

　　翻閱講義，我想起徐復先生的個性風度，我總會記起《論語》上誇孔夫子的一個句子「恂恂如也」，他衣著樸素，線呢布料，一件新的藏青色卡其布上裝是他的奢侈品，眼鏡約四百度左右，鏡架淡黃且已老化，經年不見更新過。這在金陵女子大學舊址上改造過來的南京師範學院（今稱大學）校園裏，花花綠綠，尋常得很，可是土裏土氣恂恂如也的徐復先生在教壇上卻是不厭其煩、循循善誘的現代學者模樣。他自擬古代漢語教學大綱，自

編授課講義，開列教學參考書目，他選發名家學者的論文或名著序跋。他講課有條不紊，重點突出，難點複述，例句典型且見趣味。他講課從不故作高深，引經據典，雲山霧罩，而是先繁後簡，結論鮮明。語言簡潔，從不東拉西扯。他偶爾穿插語言學掌故，也在古文字庫存中發掘。例如，章太炎為女兒起的名字，險些引起一場婚姻危機。章有三個女兒，一女名㸣（展的古字），一女名㸚（音力，窗櫺），一女名叕（音見，眾口）。三位千金貌美出眾，知詩識禮，年屆出閣，卻無冰人登門說媒，後來得知因為媒者不識其名字，難送庚帖。章太炎為此設席解釋了三字，終於一一嫁得如意郎君。講罷，教室中如小鳥枝頭，生意盎然。他的講課就是這樣引領學生走在山陰道上，應接不暇。他一邊教學，一邊研究，他的科研論文作為教材的補充，讓學習上犯饑餓症而吃不飽的學生得到加餐。我的講義還保存先生的論文〈漢語語法中幾個小品詞的試探〉等，都是具有創見的文章。我希望編纂先生學術文集的不要遺漏。先生講課更為難能可貴的是，他自知中古音研究不足，他邀請同在中文系對中古音研究聞名學壇的葛毅卿教授代他講課，這不是他人指定，是他自己在教學大綱上寫明的。不啻如此，葛先生講課時，徐先生坐在教室窗口邊位上聽課，記錄，恂恂如也；學生是很受感動的，不只是我。

翻閱講義，我想起先生是國學大師章太炎的入室弟子，我在聽講章太炎女兒名字掌故之後就聽高年級的師兄談起了的。上個世紀三〇年代，章太炎在蘇州創辦章氏國學講習所，徐先生深

受太炎先生恩重，深佩太炎先生的道德學問，誓做太炎先生國學
（主要是經學與小學）的傳人。太炎先生我也是知道的。一九三
六年太炎先生逝世於蘇州，在日本留學時的太炎弟子魯迅先生扶
病執筆寫了兩篇悼念先師的文章，稱太炎先生為「有學問的革命
家」，稱他是「先哲的精神，後生的楷模」。徐復先生對魯迅的
結論是深有同感的。他注釋太炎先生的《訄書》，起始於上個世
紀的五○年代末。《訄書》是章太炎早期的學術著作，共收《原
學》、《原人》、《原教》《哀清史》等論文六十三篇，具有強
烈的論戰色彩，但是文字古奧，又無標點符號，一度被後來的學
術界稱為「讀不斷、也讀不懂」的書。徐先生出於對章先生的景
仰，知難而上，啃硬骨頭。我清楚記得，七○年代初期，我從任
教的北地回無錫探親，路過南京，到先生的府上趨訪，先生留我
吃飯。飯罷，他從內室捧出一長方鐵盒，我以為糖果糕點待我，
連忙上前致謝推卻。他讓我坐下緩緩打開鐵盒子，我卻沒有想
到，竟是一本平裝本的舊書《訄書》。翻開書頁，寫滿了先生的
字，有鋼筆寫的，毛筆寫的；有紅筆的，藍筆的，墨筆的，密密
麻麻，天頭地腳，字行之間，無處不字。瞅著先生書稿，望望先
生略顯蒼老的臉色，我心中欽敬先生的學術天平上自又加重了砝
碼，不禁感歎道：國學園地上結成了一枚碩果。後來出版了，又
獲獎，在我看來，都是不存疑問的事了。

翻閱講義，我想起，我在南京師範大學畢業之前發表過多
篇文章，大多經徐先生審閱過。我挨過「反右派」的亂棍批判，

雖未公開結論，但心有餘悸，留校任教的希望幻為泡影，我被分配到靜悄悄的微山湖濱一所重點中學任教高三語文。離校前向先生告別，他鼓勵我振作精神，不要氣餒，寫點文章，搞些科研。很可喜的，是在二十餘年後，我卻遇上了與徐先生共事的機緣，我與先生共編《漢語大詞典》，他是《漢語大辭典》江蘇省的主編，也是《漢語大詞典》編委之一，我是《漢語大詞典》無錫組的主要編纂人員，探究釋義，發掘書證，互審初稿，如琢如磨，雖有爭議，不傷和氣，其意泄泄，其樂融融。我在《漢語大詞典工作簡報》第九十二期上發表的詞典論文，我在吉林《社會科學戰線》一九八四年第一期上發表的釋義書證文章，徐先生都是預先審閱，提出了修改意見的。在一次《漢語大詞典》編纂研究例會上，他見到我之前，似聽傳聞，我在寫一本研究性長稿，他問我是什麼書稿，我支吾其辭，沒有明確告訴先生。我有個壞脾氣，書稿不寫完，決不對外揚言。只因我心中沒有把握能否完稿，即使完了稿，又怕胎死腹中，被出版社一筆斃之，落了自我吹牛的臭名——但是，我始終感謝先生的厚愛。

翻閱講義，我想起，我不僅有面聆謦欬之雅，我還得到先生的手教，那是一九六〇年，我因研究魯迅《摩羅詩力說》遇到詞語釋義上的困難，他的賜書端正我了作科研的路向，深受鼓舞，我保存先生的賜書近半個世紀，紙質因受潮而生黴跡，現在恭錄全文如下：

海發同學：

你上次來信要我把魯迅的《摩羅詩力說》的一些詞語改譯成白話，當時我以此事涉及專門，商請朱彤先生協助。他懂得外文，可以做得好些，但一直因為趕著向黨獻禮，接著教學改革，很少時間做這個工作，他也因為要批判修正主義思想，心情也不好，要請你原諒。我的意見，還是你多花些時間把它先譯出來，暑假裏，我們商議後，再提出意見，修改後即可成為定稿，你看這樣好麼？朱先生下鄉勞動一個時期，你的稿子待他回來後再寄你。

我近來寫一部《續方言十種輯注》的稿子，將近完成，約五十萬字，近想寫一篇敍論，還沒有時間著筆。你能在教學之暇從事寫作，這是很好的，但最重要的一點，要持之以恆，不要見異思遷。青年人的朝氣是最可寶貴的，同學中像你這樣努力的還不多呢。昨天黃希堅同學來信，我還把你的事告訴他呢。〈孔雀東南飛〉一詩的考證，我已進行修改，但結論沒有改變。你的意見，我已考慮過，徐銘延同志還寫過文章批評過我，我總以為語言是有繼承性的。任何一篇文章中，不可能都是一些新生詞語。後來的人承用前人的詞語是不足為怪的。能起決定性作用的詞語要特別注意。你能全面地再考證一番，我是歡迎之至的，希望你寫得快些。就要上課了，不多寫了。祝

進步

　　　　　　　　　　　　　　　　　　徐復手書

　　　　　　　　　　　　　　　　　　四月二十六日

我又找到了好多晉書上的例子，如「紛紅」、「淚百行」等。

　　徐先生的諄諄教誨，我至今沒有忘記，如果說我在科研上總算有所成績的話，我首先感謝的是師長徐復先生。信中提及的朱彤老師，係南師大中文系教授，研究戲劇，研究魯迅有開拓性的貢獻。徐銘延係南京師大中文系教授。黃希堅曾任江蘇古籍出版社副總編，南師大中文系同窗，編纂《漢語大詞典》時我與他共事。關於〈孔雀東南飛〉的寫作年代有爭論，徐先生從語言角度考證其寫作年代。我也寫有一文，後來發表在《河南師大學報》一九八○年第四期上。

　　二十世紀即將告別遠去的時候，我終於將先生關愛過的一部研究詩詞史的長稿殺青，題為《二十世紀中國詩詞史稿》，中國文史出版社二○○四年出版，《文匯報》、《文藝報》等報刊作了評論介紹。當我拿到樣書的時候，先生衰病纏綿，骨瘦如柴，僵臥在床，我是很想得到先生再次指點的，他也在此之前，多次託同窗問起我書稿出版如何，提醒我出版後別忘記寄他。我衷心感激先生於我的眷眷之心，但是如果我將這八十八萬字、厚逾磚頭、重達一公斤許、多達一千餘頁的拙著寄他審閱，於老人無異於罰他沉重的勞役，考慮再三，我沒有寄先生。前年秋深，黃葉紛飛，白髮皤然的同窗於隨園舊址敘晤。我去看望先生，他想

了想，終於清楚地叫出了我的名字，還算好，他沒有提及我出的書，我也避而不談，否則我又將支吾其辭了。

我走出先生府邸，踏著寒風碎葉，想到先生從出版《秦會要》起，到《方言十種輯注》，到《漢語大詞典》，到《〈詬言〉注釋》，到《徐復語言論文集》，嘉惠學林，功不可沒，不虛此生矣。如果國學園地中真有「人生在於貢獻，而不是索取」那樣的而又「恂恂如也」的大師，那麼，徐復先生是當之無愧的一位。

錢仲聯先生在病中

一

　　歲月倥傯，畢生傾情國學的名師錢仲聯先生駕鶴西去，已經五個年頭了。人天遙隔，思念日深，先生的音容笑貌卻保存在學生的記憶中。

　　我在南京師範大學清代隨園舊址讀書的時候，中文系有兩位身材矮小的先生，一位是古代漢語學教授葛毅卿先生，一位是任教古典文學的錢仲聯先生。錢先生走路快，像要去趕火車似的。他一口蘇州常熟口音，我是無錫土著，聽來怪親切的，不覺地親近了起來，當我向他停步鞠躬致敬的時候，我們會說上幾句話。有一次在南師校園大草坪邊路上說話，他問起我認識一位叫朱文熊的老師否，我告訴他認識，朱先生是我就讀師範時的老師，教我們中國史課，講課受學生歡迎。他告訴我朱先生也是他的老師，無錫國學專修學校時教他古文選讀，很有學問的先生。他停頓片刻說這叫「同門」。先生的真誠，先生的謙抑，讓我汗顏。

我立即回話說我是您的學生。從此，我們之間感情上拉近了距離，我心中記住了他的音容，記住了他說的「同門」，記住了他衣著整潔身材矮小的儀表。此後，我畢業了，到徐州任教；我也聽說錢先生離開隨園，調往江蘇師範學院（今稱蘇州大學）執教去了。

二

　　錢先生孜孜矻矻，兀兀窮年，投身於國學研究園地，辛勤耕耘，乃至付出他畢生心血。他見過我的一本著作後說：「著書立說，要讓二百年之後還有人提及它。」先生就是在這個崇高目標的照耀下一步一步前進的。他無錫國專畢業時十六歲，即在出名的南京《學衡》雜誌發表近代詩歌論文，二十九歲在商務印書館出版著名詩人黃遵憲《人境廬詩草箋注》，可謂年少成名，青春得意。一九三七年，抗戰初期，東海揚塵，兵荒馬亂，南京淪陷，他側身西南天地，執教，吟詩。後歸滬寧，任職中央大學教授兼文學院院長，每每談及，不勝惶愧。抗戰勝利後，回鄉常熟，任教中學語文，他面對現實，不失奮鬥自強之心。利用課餘時間，他完成《人境廬詩草箋注》的修訂，完成南朝宋代詩人鮑照《鮑參軍集》補注，這些都是國學研究的重頭生活。解放後一一出版。

　　他研究沈曾植詩。始於一九四七年，他應沈曾植之子沈慈護

之請,從事沈曾植詩文的整理出版,二〇〇二年沈曾植詩集《海日樓詩注》出版,錢先生很高興,與我談起沈曾植,有一次筆談,(他因長期服用治癌藥物而失聰),抄錄如下:

我問:沈曾植詩地位有多高;

先生筆答:在他一生中,詩、書法都是舉世第一。至於學問雖然是影響近代學術的發展,中外學者都欽佩。但學問是不斷發展的,他的學術成就雖大,但已過時了。

我問:沈當過民國時期的教育部次長?做的大事,年輕人,解放後,不太知道。

先生在我「沈當過民國時期的教育部次長」一句的「沈」字之後寫「不曾」二字。然後又寫道:他是清末的省級地方官,官至安徽布政史、護理巡撫。宣統二年即辭職回(浙江)嘉興老家,民國後客居上海租界,成為前清的遺老,曾參加張勳復辟之役,失敗後歸上海。

我問:沈與您可能有私交嗎?

先生筆答:無私交。他死的時候,我剛十來歲,一生未見面。他的嗣子沈慈護、孫子沈乙孫與我有來往,識面的。孫子培孫是乙孫之兄,兩兄弟都研究科學。乙孫今在加拿大。

我問:書銷得好嗎?(言下之意是贈我一部)

先生筆答:一搶而空。

《海日樓詩注》,中華書局二〇〇二年出版,兩厚冊,精裝本,甚漂亮,甚高雅。我見識淺陋,沒有見過這麼考究的書。我

在南京師大常國武教授處見到錢先生的贈書。常先生說當代有誰
注釋得了呵。讓我羨煞，心生乞討之意。

這裏且不說八十八卷的陸游《劍南詩稿校注》成書於錢先
生之手，《清詩紀事》的整理並出版，代表他國學研究的高峰，
完美地表現他的博大精深的國學造詣，贏得海內外學界同仁的高
度評價。《清詩紀事》凡十五冊，八百萬字，收錄清代詩人六千
四百七十家的詩作，超過了《全唐詩》的詩人數目的三倍。先生
告訴我，國務院古籍整理出版規劃小組將此任務交給他，請他作
為領軍人物起步時，他誠惶誠恐，猶豫不決，我問他當年高齡幾
何，他說七十又七了。但他終於交出了一份可謂優秀的成績單，
榮獲了第四屆中國圖書獎。一九八七年十二月二十五日錢鍾書致
函蘇州大學云：

> 體例精審，搜羅弘博，足使陳松山卻步，遑論計有功、厲鶚。
> 仲聯先生自運，卓爾名家，月眼鏡心，必兼文心史識之長，煩
> 代致傾倒之忱。

夢苕庵室內牆上有一照片，是他的博士研究生為他留下的
一幀攝影。先生衣裝簇新，身旁是摞積的大著，竟然近於他的身
高。先生說這是《清詩紀事》出版後，他的博士研究生們鬧著玩
的。「著作等身」於先生不是溢美之詞，這張照片為成語「著作
等身」的解說留下了生動的佳話。

三

　　錢先生積勞成疾，當他做完《清詩紀事》之後，他的身體日見衰弱，他說終年沒有走出樓門一步，怕跌跤。他的夫人長期患病，臥床不起，先生說夫人沒有公費醫療享受，醫藥費用負擔重。夫人過世，先生精神更見不振作。他用的保姆係夫妻，日夜陪護。但他還想發揮餘熱，雄心不減。有一位法國博士慕其大名，從安徽大學博士畢業，找到蘇州大學，陳願做先生的博士後，請他指導，且已簽約，秋後即來蘇大。先生話語間流露他的愉快與興奮。不幸，天意不從人願，錢先生腹部不適，早有所覺，不以為意。經醫生確診為結腸癌。「既來之，則安之」，先生泰然處之。蘇州大學請醫學院院長著名教授為他手術，效果是好的。我去看他，他坐在沙發上，敘述手術經過說，切下的腸子烏黑烏黑的。他還說醫囑要吃藥，一直要吃到老死。他指指小書架上掛著的藥袋，一大包，有多種。保姆說先生術後情緒正常，只是脾氣變得急躁了。從此，先生處於養病中。

　　先生處於養病中，他遠在浙江的哲嗣來陪護他，他高興；他女兒來看望他，他高興；蘇大校長看望他，他高興；朋友來看望他，他高興。其中香港大學饒宗頤教授來看他，使他感激不盡。他問我知道饒先生嗎，我說讀過他的著作，我書室中購存他《楚辭研究書錄》等。他說這位先生有學問，他也在桂林的抗戰內遷

的無錫國專教過書。他指指牆上的一幅畫，稀疏的山水、樹石，是饒宗頤專為贈送先生畫的，還有一張字幅，裝裱了的，寫有四個大字：「渾崙氣象」，稱譽錢先生的道德學問。先生說饒先生書法也是精品。饒先生的趨訪委實給了他戰勝病魔的勇氣與信心。我聽他不止一次講起饒先生。

先生處於養疴中，他得讀《槐聚詩存》。此前，我為了寫我的《二十世紀中國詩詞史稿》，我將《槐聚詩存》作了箋注，詩存中有涉筆錢仲聯先生的一首詩，題〈偶見江南二仲詩因呈振甫〉對錢仲聯先生有貶意。他病前，我問過他是否見到《槐聚詩存》，他說沒有。我沒有告訴他錢鍾書先生有那首與他有關的詩。他要我弄一本，我似應未應，支支吾吾。二○○一年秋後我去看他，見他書架上有此詩集。不知怎麼會談起《槐聚詩存》，他很惱火，他說了好多話，我沒有記下，我把話題錯開了。不管怎麼說，「江南二仲」已經歸檔在中國現代詩壇的庫存。如果把《槐聚詩存》作者一九八七年十二月二十五日寄蘇州大學函，稱譽仲聯先生「卓爾名家，月眼心鏡，致傾倒之忱」云，一起拜讀，二重人格，豈不昭然於紙上焉。但是一生謙遜為懷的周振甫先生談起此詩，在給我的信上明確表示：「錢仲聯先生是我的老師，我不如他。」〈偶見〉詩在先生養疴中渾似幽靈，給他養疴造成負面影響，是我難以忘記得了的。如果錢鍾書文中將錢仲聯的矮小貶稱為「侏儒」，也被仲聯先生知道，而錢鍾書先生也將尷而又尬矣。父輩從小就訓戒鍾書要「默存」，不要口無遮攔。

唉，改正也難。

先生在養疴中，大概難免回顧自己走過的人生道路。有不愉快的，有他難忘的，後者似橄欖在夕陽中反覆咀嚼。我請他在小本子上寫幾句話留念，他坐在單人沙發湊在膝蓋上寫了這樣的話：

> 余今年九十四歲，今年五月割除結腸癌之後，尚未完全復原，養病在家。余為江蘇教委會定為終身教授，故今尚在蘇大任博士生導師，並任「博士後」研究生導師。余碌碌一生，無何成就可說，自覺慚愧耳。今後尚當盡其餘熱，為文教事業效力，以報答國家耳。
>
> 錢仲聯
>
> 二〇〇一年十月十五日

「終身教授」、博士後研究生導師，這兩頂桂冠是高校知識份子求之不得的，這對於視學術為第二生命的錢先生也很珍重。二十世紀八〇年代，省教委在省屬高校中將四位先生定為終身教授。他們是南京師大的宋詞學家唐圭璋，心理學家高覺敷、揚州師院的曲學專家任中敏、蘇州大學的詩學專家錢仲聯。選瑾擇瑜，千淘萬洗，珠圓玉潤，僅此四賢。「終身教授」證書，見證了錢先生數十年在學術道路上的艱苦跋涉，著作等身。錢先生既未本科畢業，更未放洋留學，國專畢業，大專學歷，榮膺終身教授，錢先生為此在口頭，在紙上迴環複遝，也就不奇怪了。

畢竟，錢先生是智者，是賢者，他撩開蛛網似的糾纏，走自己的路，做想做的事，即使在養疴中，他想的也是「盡其餘熱，報答國家耳。」

四

錢先生是教授，錢先生也是詩人。我多年前在《人民日報海外版》發表一文，稱他「詩人情懷，教授本色。」他的研究生拿給他看，他閱後不予置評，只是微微點一下頭。我為了寫作《二十世紀中國詩詞史稿》多次求教先生，或寫信，或叩蘇州大學螺螄浜夢苕庵門扉，先生無不熱情接見或回函。我的書中詩人名單的確定，詩作的採選，結構篇章的擬稿，乃至序文後跋文字的修飾，先生提出了寶貴的意見。他原先也有為我寫篇代序的意思。他答應寫詩給我存念。只因病重，沒有執筆。我催過一次，男保姆在旁護駕說，醫生不許他作詩作文了。此前我收到他專為我重寫了〈聞平型大捷喜賦〉手稿，我已作為詩人手跡插入二〇〇四年出版的《二十世紀中國詩詞史稿》中。

九〇年代我做過一本文天祥《指南錄》詩集校注本，出版後我請他提意見。他在扉頁上題了兩句話：「翻閱一過，俱見匠心。」

我出版了《大鵬折翅：記李白的悲劇人生》，我對李白中年後的坎坷人生有所發掘，我為李白的「刑餘之人」（今稱刑滿釋

放犯）的痛苦人生深表同情，筆下流淌我憐憫的熱淚，我懷著切膚之痛寫下這本書稿。書中有我實地踏勘後的結論，對〈獨坐敬亭山〉詩的詮釋獨持新見，等等。我面贈錢先生，他說：「好，就寫這個。不要寫什麼與人爭論的文章，那個傷和氣。」

我在許姬傳寫的記梅蘭芳的書中，讀到清末翁同龢的事，說錢仲聯先生是翁同龢的表弟。我面問先生，他告訴我，翁家與錢家是親眷，錢先生的祖母是翁同龢的親姐姐，名翁端恩。他告訴我翁同龢被革職回鄉（江蘇常熟城中），不是因為推薦康有為入朝，他聽錢家長輩說過，翁認為康有為心術不正，不可靠近。他還告訴我物理學家錢三強是他的隔房兄弟（又稱叔伯兄弟），其父錢玄同與錢先生父親為親兄弟。

錢先生給我寫過好多封信，文革前寫的，文革後寫的，近日尋覓先生華翰，僅得三封，抄錄於後。

一九九七年十一月五日錢先生信

海發同志：

十一月一日大函敬悉。振甫先生信今遵命寄回，即請檢收。內人老年癡呆病，兼併發症，日重一日。聯憂心如焚，己身亦病，今天不知明天。草草奉覆，不多言。

即頌

大安

錢仲聯

十一月五日

海按：周振甫於一九九七年十月二十八日給我一信，是我跟他
　　　討論錢鍾書〈偶見江南二仲詩因呈振甫〉詩，周振甫信
　　　上說：「錢仲聯先生是我的老師，我不如他遠甚」云。
　　　我轉呈錢仲聯先生奉閱。

二〇〇〇年九月十二日錢先生信

海發同志：

　　九月八日大函收悉。無他物。

　　大著欲插入聯手跡一幀，茲寫奉平型關一詩備採。

　　至於照片一事，則聯素不擅長，家中並無照相機，況拍
書畫之照相機，乃專用之機，非一般之機也。一個月來聯兩
次病危，今腰部又生外症，痛苦不堪。舍中除保姆一人料理
生活外，子女也已年老，且在外省，不多言矣。敬頌

節安

錢仲聯頓首

庚辰中秋

海按：平型關詩我原先想只要影印件即可，先生卻以珍貴手
　　　跡逕寄於我，只因無照相機云。我是不勝感謝。

二〇〇一年十月十九日錢先生信

海發同志座右：

　　大函敬悉。談話稿一紙遵命補簽名奉還。

　　昨日九月初三，是聯生辰，小生辰，而不少老門生一定要為我祝壽，在酒樓設午宴。恰巧嘉興的文化局長等為沈曾植紀念館開幕事，也在昨天上午乘他們自備車到舍，也加入祝壽宴熱鬧一場。聯身體未復原，晚間起到今日，覺賤體不適，只得臥睡不起身，為閣下寫詩事，緩日為之，乞諒。匆覆。敬頌

秋祺

錢仲聯

二〇〇一年十月十九日

　　海按：談話稿指上文所引「余今年九十四歲」云耳。

　　當日沒有簽名，我寄回請先生補簽。談話稿愈寫愈潦草，難認，只因他在養病中。我記得他寫完了，我扶他從沙發起身，他逕進臥室休息去了。

　　先生畢生傾情於國學研究、著述宏富，海內名家。先生之風，山高水長，不虛此生焉！

　　我還收到先生哲嗣學增的來信。

　　要寫錢先生，我還可寫，且待以後吧。唉，我也老了。

借李白的酒杯，澆胸中的塊壘
——記郭沫若暮年的隱痛

本文提要：

唐代李白受到兩次讒毀，被打為「世人皆欲殺」的罪人，因為文字（詩文）惹下的禍。郭沫若之子世英被打為「反動學生」，勞教於前，被迫害致死於後，也因為文字（書信、日記、詩文）惹下的禍。

郭沫若寫《李白與杜甫》始於一九六九年初春，距世英命喪大樓窗外，僅隔半年多的時間；文人寫作是「把我自己的經驗融化在了裏面的」（郭沫若語），他對於文化大革命「有些事情我們不能理解」（郭沫若語），對世英的慘死，他懊悔痛心之極。多方面的證據說明郭沫若寫《李白與杜甫》是懷有隱痛的。這隱痛就是借李白的酒杯，澆胸中的塊壘，表述他的痛心、憂傷、鬱悵與憤懣。「此心鬱悵誰能論，有愧叨承國士恩」。郭沫若借用李白詩句，表示自己這樣做也是不得已而為之也。

一

　　郭沫若對唐代詩人李白產生了激情，於一個深思熟慮之後的清晨，他操起了那支使用有年的湖州毛筆，不無感慨地寫下一句話：「李白生平曾經受過兩次讒毀。」

　　這句話寫在一九六九年夏秋之間——一個史無前例的人心惶悚的內亂年代。這句話似繩子一樣繞住他寫作《李白與杜甫》時的不平靜的思考。讒毀、栽誣等詞，郭沫若在書中似乎忒有所感，使用頻率之高是少見的。

　　「李白生平曾經受過兩次讒毀」，讓我們翻開其中受過的第一次讒毀，時在李白三十歲，即開元十八年（西元七三〇年）。李白應召赴京都長安，授命為翰林院待召。翰林院是怎樣的機構，郭沫若並不在意，北宋沈括《夢溪筆談》卷一，有一則專記〈翰林院〉，其文字如下：

> 唐翰林院在禁中，乃人主燕居之所（皇帝宴樂居住場所），玉堂、承明、金鑾殿皆在其間。應供奉之人，自學士已下，工伎群官司隸籍其間者、皆稱翰林，如今之翰林醫官、翰林待召之類是也。唯翰林茶酒司止稱翰林司，蓋相承闕文。

　　關於翰林院學士，《夢溪筆談》卷一，也有一則筆記如下：

> 唐制，自宰相而下，初命皆無宣召之禮，惟學士宣召。又學
> 士院北扉（門）者，為其在浴堂之南，便於應召。今學士初
> 拜，自東華門入，至左承天門下馬待詔，院吏自左承天門雙
> 引至閤門，此亦用唐故事（舊有規定）也……至如挽鈴故事
> （拉門鈴的老規矩），亦緣其在禁中，雖學士院官吏，亦止
> 於玉堂門外（止步於玉堂門外等候召見），則其嚴密可知。

翰林學士院規章制度嚴格，出入，應對，草詔，坐次，乃
至行止，穿衣，著靴，戴襆等，均有嚴格規定。這是郭沫若忽視
的。李白作為一介書生，連科場都未涉足一次，對學士院的規章
制度、對應對禮儀，對詔告之類文體的格式、語氣、稱謂、尊卑
等的遣詞造句未必熟稔，他又是個不及檢點生活細節的人，難免
被左右供奉官員哂笑與議論。李白在長安宮中不到一年，準確點
說是開元十八年秋至開元十九年春，即被唐玄宗生厭，但是讓李
白不失面子，賜金還山，賜給李白一筆銀兩，放歸民間，做他的
謫仙詩人去。考其原因是多方面的。我在拙著《大鵬折翅》中曾
經敘及[1]郭沫若則抓住李白受到讒毀，做大文章。李白有一首詩，
題〈翰林讀書言懷〉這是李白在長安宮中任翰林院待召時候寫
的，是抒懷之作，張垍憑此詩讒毀李白。郭沫若這樣寫道：

---

[1] 見《大鵬折翅：記李白的悲劇人生》一書。中國文聯出版社，二〇〇一年
十二月。

　　他（張垍）手裏也掌握著可供讒毀的第一手資料，那就是上舉〈翰林讀書言懷〉那首詩。張垍既在供奉翰林，李白的詩當然也「呈」了給他。他盡可以把這首詩拿去給唐玄宗看，說李白十分清高，身在魏闕而心存江湖。這樣便可以輕而易舉地把李白驅逐出朝了。

　　進讒者張垍之外，還有宦官頭目高力士，還有楊玉環，證據在古代小說、筆記中，郭沫若舉出《太平廣記》與宋代樂史撰寫的〈李翰林別集序〉為證據。

　　總之，李白在唐玄宗照拂下而賜金還山，放歸民間，原因在於受到讒毀。

　　「李白生平曾經受過兩次讒毀」。讓我們翻開其中受到的第二次讒毀，時在唐玄宗天寶十五年，即西元七五六年。李白跟從起兵平定安史之亂的永王李璘，充當幕僚。李璘兵敗於兄長肅宗，被肅宗麾下的高適等人征討，最終被殺害。李白因此獲罪入獄流放，「世人皆欲殺，吾意獨憐才。」李白闖下了殺身之禍，什麼原因呢？郭沫若認為是再一次受到了讒毀，也就是李白受到的第二次讒毀。

　　李白是詩人，他看到李璘起兵沿江東下的軍紀是相當好的，寫到李璘的水軍：

　　「秋毫不犯三吳悅，春日遙看五色光。」寫到李璘用兵出征的動機在於收復黃河以南地區：「諸侯不救河南地，更喜賢王遠道來。」再加上李璘派人專做李白的勸說工作，李白懷著「為

君談笑靜胡沙」的光明磊落的動機，踏上了李璘水軍的樓船，加入了平定安祿山叛亂的隊伍。不到兩年時光，李璘遭到異母兄長李亨（也就是唐肅宗）對其沿江東下搶先收復江東富庶地區大為懷疑，因而死命追殺，李璘最終被殺於江西大庾嶺下。作為社會名流的李白，作為李璘麾下的幕僚，李白遭到嚴厲無情的整肅，入獄，流放；遭到不實的讒毀。官方的輿論是一律的，紛傳謠言說李白接受了李璘拉攏他的「五百金」，因而捨命為人主。「世人皆欲殺」，李白竟犯上了彌天大罪。李白在一首長詩〈經亂離後，天恩流夜郎，憶舊遊書懷，贈江夏太守良宰〉中辯駁了讒毀，但是無救於他的入獄流放。郭沫若把李白的受到讒毀與戰國詩人屈原遭到讒毀同日而語，可見郭沫若對已經陷入政治大案中的李白，深懷同情與尊敬。

李白的入獄流放皆因為從璘而闖的禍，這是《李太白集》注釋者清代王琦早已辯論過的[2]；郭沫若卻把坐牢與流放分開論處。他認為入獄是因為從璘而得的禍，流放是因為有一篇文章〈為宋中丞自薦表〉而得的禍。郭沫若又認為自薦表不是李白寫的，是別有用心者認為李白「世人皆欲殺」的官僚「任意栽誣」的。（郭沫若僅憑推測，並未列出證據）這是郭沫若的獨創之見。

---

[2] 見王琦注本《李太白全集》附錄的《李太白年譜》。

　　郭沫若為什麼這樣深文考索，是不是有別的用意，筆者在下文會說到的。李白從璘得禍，根源在於讒毀與栽誣，這就是「李白曾經受過兩次讒毀」的第二次讒毀。

　　敘寫這兩次讒毀，郭沫若用了李白部分三分之一以上的篇幅。大肆渲染，別有用意也。

二

　　我複述郭沫若《李白與杜甫》中的兩次讒毀，用了不短的篇幅，似乎不是不必要的。文人著書立說，表述的思想、理念與隱衷是複雜的，正確地發掘深蘊於著作中的豐富內涵，發掘作者感時、感遇、感懷的縱深層面的隱衷，是深入的、獨創的學術研究工作中不可或缺的一筆。很可惜的是，歷來似乎有人忽略了這一層面的探討，所以魯迅先生在上個世紀三〇年代講過一段話，不妨錄下：

　　「倘要論文，最好是顧及全篇，並且顧及作者的全人，以及他所處的社會狀態，這才較為確鑿。要不然，是很容易近乎說夢的。」[3]

　　知人論世，顧及全人，顧及社會狀態，是理解文人著作的一條原則，那麼，郭沫若在寫作《李白與杜甫》之前，他本人以及

---

[3] 魯迅《花邊文學·看書瑣記（三）》。

他的家庭發生了什麼重大事件了嗎？話得從一九六三年說起。

北京有所一〇一中學，很有名氣，只因為學生多為高幹子女。其中北京大學哲學教授、中央人民政府委員會委員張東蓀的孫子張鶴慈、全國人大副委員長郭沫若的兒子郭世英，解放軍將門之子孫經武，還有一位女同學葉蓉青等，這四位是一〇一中學的同窗，張鶴慈與郭世英堪稱摯友。後來他們離開一〇一，郭世英進入北京大學，張鶴慈進入北京師範學院，葉蓉青進入北京醫學院，孫經武進入部隊。在此期間，組織了一個叫X詩社的團體，發起人就是上述四位。另外還有十九位學生作為X社成員，其中高幹子女六人，一般幹部子女六人，高級知識份子子女三人，反革命份子子女和右派份子子女四人。這是X社案發後一份公安部門報告上寫的。X社出版雜誌名「X雜誌」，發表文章詩歌和通信。郭世英寫文章是出名的，深得郭沫若的喜愛。郭世英寫了不少文章在X社雜誌發表，雜誌對反對蘇聯的修正主義集團，對大躍進，對中國言論自由等都提出了與主流媒體相悖的言論，後來，這個X社被一位同學檢舉揭發，被打成反動社團一鍋端掉，發起人被公安部門逮捕，郭世英等受到審訊，書信、文章、日記均被作為罪證抄沒。此案震動高層，震動高校，公安部門有一份絕密文件題〈幹部子弟蛻化變質九例〉，時在一九六三年毛澤東、劉少奇、周恩來分別作了批示。張、孫、葉三人被判刑勞改，惟有郭世英未判刑，發往河南華西農場勞動教養，這或許是周恩來總理批示的效力，從輕發落。但是此案對郭沫若夫婦

精神壓力之大是不難想像的。[4]郭沫若如果有所難解的話，他不能不對文章、書信、日記的「反動性」結論表示懷疑。他對這位「稚子」真的喜愛的話，他不能不袒護世英，稱那些檢舉之輩是讒毀之徒了。他如果為世英的勞教有腹非的話，他必然會想到世英是被人讒毀的犧牲品，是極左政治路線下的犧牲品。質言之，世英的勞教是作為父親的郭沫若產生讒毀之論的溫床。

如果說世英的勞教像磐石背在在郭沫若年邁無力的精神肩膀上的話，那麼，世英的不正常死亡的遺體，則將郭沫若立足於左派的精神防線徹底摧垮了。據公安部長羅瑞卿的女兒羅點點的回憶：

「世英所在的農業大學裏各路造反派們開始為爭奪『文革』運動的領導權，大打派仗。世英『文革』前由於懷疑共產主義理想被勞動教養的事又被翻出來，他被當作反動學生，先由造反派管制，後來，造反派則私設公堂，對他進行嚴刑拷打。」

僅僅一年，在鋪天蓋地的政治風暴中，郭沫若接連失去了兩個剛剛成年的兒子。

郭世英慘死在北京農業大學一幢大樓的窗外，時在一九六八年四月二十二日。

4　郭沫若夫人于立群於一九六三年患上了失眠、譫語等的精神病，於是年到江蘇無錫太湖風景勝地小箕山休養近一年，郭沫若為此專程陪伴到無錫，後又迎歸北京。筆者在四川《郭沫若研究學刊》一九九三年第二期發表一文談及這個問題。

　　郭民英是世英胞弟（同為郭夫人于立群生），在中央音樂學院學習，因為用當時希罕之極的盤式答錄機欣賞古典樂曲，被斥為崇拜大（人）洋（人）古（人），宣揚資產階級生活方式。毛澤東很快批示說：「類似這樣的事應該抓一抓」[5]，民英後來參軍進海軍部隊，聽聞胞兄世英慘死，在部隊自殺身亡。兩個兒子在同年同月（一九六八年四月）非正常死亡。這真是郭沫若匪夷所思的事了。

　　一九六八年世英民英像花朵一樣凋謝。郭沫若拿起寫了多年使用的湖州毛筆寫起了《李白與杜甫》，時在一九六九年初春。[6]

　　一九六八年四月二十二日，郭世英的遺體，橫在一幢大學樓窗外的地上，血肉模糊，作為父親的郭沫若，這樣的現場刺激不會不痛徹心肺，不會不在心靈上留下傷疤。他寫作《李白與杜甫》時能將血肉模糊從眼前趕走嗎？何況這是他的才華橫溢的兒子，何況曾是一個活鮮的嘉年華的珍品，更何況這個血鑒不遠，就在猴（戊申）雞（己酉）之間的一瞬之轉呢！

　　文人寫作往往是「把我自己的經驗融化了在裏面的。」（郭沫若語）。此前九年，郭沫若寫了劇本《蔡之姬》。他在序中說：

　　「法國作家福樓拜，是有名的小說《包法利夫人》的作者，他曾經說：『包法利夫人就是我──是照著我寫的。』我也可以

<hr/>

[5] 見羅點點《紅色家族檔案》。南海出版公司，一一二頁。
[6] 關於寫作《李白與杜甫》的起始日期，據郭沫若身邊的工作人員黃烈回憶，一九六九年十月郭沫若請他查一首儲光羲的詩，知道郭正在寫作《李白與杜甫》。儲光羲與杜甫有關。據此推算，寫李白當在此之前多時，我認定在一九六九年初春。黃烈文章刊於《社會科學戰線》一九七八年第三期。

照樣說一句：蔡文姬就是我！——是照著我寫的。」

郭沫若還這樣說：

「因此在《蔡文姬》劇本與現代之間，讀者或觀眾可能發生某些聯想，是在所難免的。」[7]

那麼，我們閱讀《李白與杜甫》的時候，會在郭沫若與李白之間產生某些聯想，會在郭沫若家難特別是世英與李白之間產生某些聯想。什麼聯想呢？就是「曾經受到兩次讒毀。」

李白在長安翰林院受到的第一次讒毀，在於一首詩〈翰林院讀書言懷呈集賢院諸公〉，在於文字之禍。世英在×社雜誌上也發過詩文，也是當作把柄被人讒毀的。李白此詩基調也不是挑戰性的，他不過是自我檢點，有自我否定的意味，郭沫若也找不到確鑿的史料來證明，張垍這位皇上附馬是拿此詩作讒毀的。但是郭世英是在文字上引發亂子的，郭沫若似乎在硬生生地拼湊一個雷同的先例，以默寫自己心中的難以排解消蝕的鬱悵。不啻於此，郭沫若為了寫李白的遭讒而失敗，他引用的論據竟然有用小說筆記如《太平廣記》中的記述，虛構的真偽難分的小說零星文字怎能說服人呢？郭沫若不會不知道；但是為了讓讒毀成為結論，以暗合世英遭難的起因（讒毀），郭沫若也顧不上這些，讓黃牛拉來當馬騎吧——很有意思是，許多專家批評《李白與杜甫》，卻沒有批評其論據的軟弱無力與生湊。

---

[7] 見郭沫若《蔡文姬》自序。文物出版社，一九五九年七月。

　　李白遭受的第二次讒毀，下獄受罪，與世英的遭受嚴刑逼供，很能讓聯想能力不發達的人作出活的聯想。李白第二次遭讒，還在那篇〈自薦表〉上。〈自薦表〉是文字的東西，郭世英被北京農業大學一幫人綁走之後，讒毀、栽誣、刑訊拷打的證據，除了在北大時的勞教這一扉紅色的歷史之頁外，就是郭世英此前寫下的日記文學。據說有九冊之多。日記應是私人的思想放飛的天空，日記應是憲法言論自由條款劃撥給每個公民的思想自留地。郭世英這位見多識廣、思維活躍，敢於獨立思考的郭沫若家得寵的稚子，不會不坦率地記下思想解放、實事求是的言論，記下難免與主流媒體扞格的獨立思考。這些都是那個「史無前例」年代不容許的，反而成為了上綱上線的材料，成為了據之加工為讒毀、栽誣的罪證。

　　李白與郭世英都是殞於詩與文字。我的這個聯想還有根據。上個世紀末，我為了寫作已經由中國文史出版社出版的《二十世紀中國詩詞史稿》，曾經到前海西街一幢古老庭院郭沫若故居參觀過，世英的日記置放於書桌的右上角。據館中工作人員說，郭沫若從世英死後，日記是他經常翻閱的，直到他最後去世。這本充溢血淚的日記[8]，成為郭沫若寫作《李白與杜甫》揮之不去的聯想，完全是可能的，合情合理的。

---

[8] 郭沫若把這位稚子的日記謄抄一遍，共九冊，常常翻閱。

不必多作推論，我這樣說有證據嗎？有，證據在郭沫若留下的信件中。一九六九年一月郭沫若寫給郭世英讀北京大學哲學系的同窗周國平（今為西南政法大學教授）的信上這樣說：

> 我在看世英留下的日記，剛才看到一九六六年二月十二日他在日記大書特書的兩句：「全世界什麼最乾淨，泥巴。」讓他從農場回來，就像把一棵嫩苗從土壤裏拔起了的一樣，結果是什麼滋味，我深深領略到了。你是瞭解的。[9]

郭沫若寫此信的日期是特別值得注意的，一九六九年一月，正是寫作《李白與杜甫》的時期。信中末尾二句「結果是什麼滋味，我深深領略到了」，郭沫若這樣痛苦與懊悔的經驗肯定會寫進書中的，因為郭沫若在寫作《蔡文姬》時說過：文人寫作往往是「把我自己的經驗融化了在裏面的。」

三

《蔡文姬》也罷，《李白與杜甫》也罷，郭沫若均在擺弄歷史人物，都是把自己的經驗融化進了作品中。「蔡文姬就是我」——坦率的獨白倒不在於此話的石破天驚，而在於給了我們理解

---

[9] 周國平〈我的心靈自傳〉。《新民晚報》，二〇〇四年六月二十七日。

郭沫若筆下歷史人物的一把鑰匙。不禁要問，郭沫若從李白身上借到了什麼題目呢？

　　對於文化大革命郭沫若理解嗎？從他發表於文革期間的大量詩詞看，他是歌頌的；從他一九六六年四月十四日在全國人民代表大會常委會上的發言看，他是覺醒的。但是，從他私下的話語看，他對文化大革命不會否定的，但對有些做法是「不理解」的。據郭沫若的忘年交陳明遠回憶：「一九六六年底（海按：應為十二月十四日）吳玉章追悼會上，陳明遠最後一次見到郭沫若。」當時文革已經如火如荼。他說，有些事情雖然我們不能理解，但毛主席自有他的考慮。從這話裏也能感到他內心的矛盾。不久，我就失去了自由，此後再也沒有見過郭沫若。[10]請注意，一九六六年十二月郭沫若已經產生了「不能理解」。郭沫若說的「有些事情雖然我們不能理解」句中的「有些事情」，不會不包括抄家、遊街、戴高帽、武鬥、打人至於傷人死人等事情吧。

　　陳明遠又說：「一九六三年以後他心情明顯不好。一件大事是階級鬥爭搞到了他們家裏。他的兒子郭世英被打成反動學生送去勞教。

　　當時問題是從信件中查出來的。郭世英出事後，郭沫若把我的信還給了我。」（見同上）

---

[10] 丁東〈陳明遠談郭沫若〉。《湖南文史》，二〇〇四年第五期。

　　由信件與日記羅織罪名、無限上綱、深文周納，那是不會不用讒毀這個經典方法的。郭沫若從李白身上借到的就是讒毀的論題。

　　再舉郭沫若的秘書黃烈談到的：「在林彪『四人幫』猖獗的時期，郭老的心情是沉重的，但他沒有停下手中的筆，他仍然在戰鬥。一九六九年十月，我接到郭老一張便箋，要我幫他查一首儲光羲的詩，當我得知他正在寫《李白與杜甫》時，不勝感慨。」「他的心情是沉重的。」這是值得注意的一句話。

　　在這樣嚴重家難背景的陰影下，在心情明顯不好的背景陰影下，在心情沉重的背景陰影下，特別是在「四人幫」的猖獗背景的陰影下，郭沫若寫作《李白與杜甫》，他內心世界的狂瀾，他長期積壓的憂傷，他失子之痛的抑鬱，怎能不有所釋放呢！郭沫若說過：「他（李白）不敢明言，卻屢屢借題諷喻。」（《李白與杜甫》第六十四頁）郭沫若借到了李白生命史的兩次讒毀的論題，曲折而筆帶感情地敘寫自己在階級鬥爭火線上掛花負傷的聲聲歎息。

　　許多杜甫研究者認真評論《李白與杜甫》，寫了不少批評文章，似乎還沒有人發現郭沫若的隱衷：痛心、憂傷、鬱悵與憤懣，這不能不說是學壇上的一個不大不小的遺憾。

　　說《李白與杜甫》存在隱衷，還可從此書的著作體裁上說幾句。大概沒有人不把此書看作郭沫若專業的學術論著，我卻不以為然，論著是有嚴密的學術規範的，是一絲不苟的，可是此書不乏隨意的閒筆，不乏隨心的想當然之言，不乏筆記、傳說、小說、札記的引章摘句，這些都能埋下結論動搖的禍種，與撼泰山

易撰結論難的學術論著要求差之遠矣。我仔細考察，認為此書是論著與隨筆的結合體。隨心所欲的筆記或放言是俯拾即是的。涉及個人遭際的話語為文體所限，但也不是沒有透露。例如：

「本來是出於一片報國憂民的誠意，誰想到竟落得成為一個叛逆的大罪人？他是異常悲憤而傷痛的。」（《李白與杜甫》六十八頁）

另外一處，文章本來可以畫上句號了，但郭沫若又加上一句：「作父母的對於自己的兒女，儘管已經長到二三十歲了，始終是看作『稚子』的。」

是啊，世英死時二十七歲，同年同月死的民英二十四歲，這樣的「稚子」卻像鮮花一樣突然凋謝無存。隨筆式的絮絮的短語中寄託了郭沫若一片深情的懷念。

讀者沒有發現，我卻發現郭沫若寫李白的遭遇充滿憐憫、同情的語調，有時隨意抒懷，句句動人，卻不像寫杜甫專論部分那麼拘謹，那麼嚴肅，那麼板實，這難道沒有心路歷程的痕跡嗎，結論應該是郭沫若「把自己的體驗融進了作品中」。所以說把郭沫若褒揚李白，當作一種學術態度，而不當作一種人生歎息，來自一位年邁力衰的浪漫詩人，他從殘酷的階級鬥爭火線上敗下陣來，未免太遺憾了。不把李白當作郭沫若的形象代言人，真是太遺憾了。

宋代詞人劉克莊也喜好用詞牌〈沁園春〉作詞，他在一首〈沁園春〉中吟道：

「老去胸中，有些塊壘，歌罷猶需著酒澆。」

郭沫若寫《李白與杜甫》就是借李白的酒杯，澆胸中的塊壘
——這就是郭沫若《李白與杜甫》寫作的隱痛。

四

《李白與杜甫》在郭沫若去世後，引起了學術界的批評，有
的人認為郭老在寫作《李白與杜甫》之前是揚杜抑李的，一九五
三年他題成都杜甫草堂的抱聯：

> 世上瘡痍，詩中聖哲；
> 民間疾苦，筆底波濤。

郭老稱杜甫「聖哲」，聖哲一樣的詩人。有人想不通，沒
過幾年，郭老又改變為揚李抑杜了。是的，郭老壓抑杜甫，褒揚
了李白，當你知道了郭老在一九六八年四月，先後痛失兩個「稚
子」的嘉年華的生命，當你知道郭老遭受這麼嚴重的家難，當你
知道這種家難又是不正常的內亂之劍戕害的，當你知道這種戕害
又是與讒毀、栽誣相糾結，且與李白有相似之處的，當你知道郭
老遭此厄難而又無處訴說甚至無處可以一哭，這時候，你也會得
出結論，郭老是借李白的酒杯，澆胸中的塊壘。郭老在無法明言
的窘況下，作借題發揮的文章，他怎能不把自己的經驗寫進書中

呢，他怎能不把階級鬥爭火線上的切膚之痛寫進書中呢，他怎能不在李白身上傾情宣洩自己的失子之痛呢？知道了這些，郭老「揚李」完全是可以理解，也是可以鑒諒的了。

　　《李白與杜甫》在人民文學出版社一九七年出版前後，郭沫若於此書不發一言，沒有寫過文章，沒有寫自序，沒有寫後跋，這在郭沫若寫作研究生涯中是僅見的，他留下了數百萬字的著作，凡是自己編定的專著，總會寫上或長或短的序跋，此著卻放棄自己的話語權，絕對地表示緘默。「此心鬱悵誰能論，有愧叨承國士恩。」請注意一個「愧」字，這兩句被郭沫若借用過的李白詩句，似乎已經為自己的鬱悵，自己的隱衷寄託在《李白與杜甫》中，作了曲盡其苦的辯護，表示這樣做也是不得已而為之也！

憶藏書家瞿光熙先生

　　高校文科教師中，喜好藏書的不多。原江蘇師範學院中文系瞿光熙先生堪稱藏書家，我在他書齋聽他侃侃而談，不止一次。談收藏，談版本，談朋友，多的是談周瘦鵑先生。

　　瞿先生的學生曾經是我的學生，我的同事也有是瞿先生的學生。我認識瞿先生，時在上個世紀六〇年代初期，是我的學生引領走進他的書齋。瞿先生原在上海文化系統工作，一九六〇年他調到蘇州的江蘇師院任教，他從上海搬到蘇州，傢俱之外，全是書。他自稱文化人，是新舊文壇的觀察員，瞭解文壇的掌故、軼聞，他又有豐富的藏書，特別是收藏一些罕見的雜誌與報紙，走上高校中文系講壇，真是得其所哉。他搬家運書的軼聞，在大樹古木鬱鬱蒼蒼的蘇師校園不知疲倦地傳頌。他的書太多，託火車運，騰騰挪挪、折磨太多，易損易壞。他雇了一艘貨船。為了捆紮，他請了人工，購買十幾捆繩索，裝了船艙滿滿當當。大船從蘇州河西下，直奔姑蘇城下，真有當年杜甫「漫捲詩書喜欲狂」的輕快，也有「便下襄陽向洛陽」的氣派。藏書家兼教授，瞿先生成了江東高校教壇的新聞人物。他曾經告訴我，他是省南通師

範出身，對教師工作情深似天性。他從機關走到高校，他這一步
棋子走對了嗎？後來殘酷無情的事實證明，他是走錯了棋。

他的藏書我瀏覽過，他的收藏多在文史政治書籍方面，他對
「五四」以來新作家著作收藏豐富，郭沫若、茅盾、葉聖陶、冰
心、盧隱、淦女士、丁玲、郁達夫、朱自清、聞一多、林語堂、
胡適、瞿秋白、周作人、沈兼士、陳衡哲、徐懋庸、曹靖華、周
瘦鵑、蕭紅、胡風、鄒韜奮、艾蕪、歐陽山、章雪邨、夏丏尊、
葉紫、曹聚仁、梁實秋、汪精衛等人的著作他都有收藏。他送我
一本收藏書目錄油印本，一百四十來頁，很不齊全，好像是請人
編印而又半途而廢的小冊子。我的印象至今記得的是，一、很多
是作家著作的專藏，例如葉聖陶、柔石、鄒韜奮等的著作幾乎全
有收藏；二、大多是作家著作的初版本或早期版本。他把周瘦鵑
譯的《歐美短篇小說集》抽給我看，並說此書得過國民政府教育
部的獎，是時在教育部擔任僉事的周樹人（魯迅）負責頒的獎；
三、瞿先生對魯迅先生很有感情，很尊重。牆上掛有魯迅著作的
手稿（不是原稿，是石印本，內容是魯迅錄寫的老子文字）。他
收藏魯迅著作的名貴版本，《中國小說史略》一九二三年北京大
學新潮社初版，印數極少，他收藏了這個初版本。《華蓋集》、
《華蓋集續編》、《野草》、《南腔北調集》他收藏了初版本。
更可欽佩的是，他收藏的《且介亭雜文》集封面有個印章「查禁
有案，禁止發售。」這是政府當局蓋的。他給我看一本書名題為
《拾零集》的薄書，說這是魯迅的作品集。我露出懷疑神色。他

說這本書原名《二心集》。《二心集》我是知道的。他說這是此書遭到刪去大半篇幅，魯迅憤怒，將剩餘十六篇，改名出版。拾零者有諷刺之意。關於這一類的軼聞，瞿先生或許能講個沒完沒了。

瞿先生的藏書不是秘不示人的，他為編輯出版部門提供了複閱、校核的方便。一九五六年前後魯迅逝世二十周年紀念之際，擬出《魯迅全集》注釋本，工程巨大，談何容易。他將自己所藏的初版本提供給出版注釋者參考。改正了多處重要的誤植。魯迅於一九一二年發表一組詩，題〈哀范君三章〉。一九三四年，因為發表時間久遠，魯迅也忘記了其中二句，即補上二句「幽谷無窮夜，新宮自在春」。後來一九一二年發表此詩的報紙紹興《民興日報》發現，魯迅原詩發表稿查明，魯迅補作二句與發表稿相異，發表稿是「此別成終古，從茲絕緒言。」提供《民興日報》的就是瞿先生。他講起這個掌故，真有點眉飛色舞的樣子。

還可記一個他人講的掌故。一九六二年，高校組織一批資深的老師編寫一套中文系教材，邀請了錢仲聯、夏承燾、郭紹虞、朱東潤、馬茂元、胡雲翼、王瑤、王起、田仲濟等參加，住在上海國際飯店。其中要編的有一本抗戰初期的報告文學選。據資料可知，錢杏邨（阿英）編過一個選本。但是踏破鐵鞋無覓處，怎麼也找不到。尋到瞿先生處，他在藏書中找來了錢杏邨編的《一二八事變報告文學選》。這為負責編寫這個課題教材的老師解了圍。告訴我這個掌故的是文革中與瞿光熙同住一個牛棚的錢仲聯先生。他對同在中文系的瞿先生很佩服的。

　　二十世紀五〇年代末期起，上海啟動了影印「五四」以來的進步報刊的工程，瞿先生提供了《新青年》、《文藝新聞》、《創造季刊》、《創造月刊》等多種舊刊。如果說這些還不足為奇的話，那麼，關於重慶《新華日報》影印時的軼話則值得重提。解放前的《新華日報》是中共主辦，在抗戰後方發行的報紙，創刊於一九三八年一月，同年十月遷往重慶出版。出至一九四七年二月二十八日。出版了三千三百餘份報紙。上海準備重新影印出版，首先要搜羅齊全，當時全國沒有一家圖書館能夠提供全份的《新華日報》。調配補缺，一時難以齊全，徒歎奈何之際，有人推薦去訊問瞿先生。他卻從書室中呈獻了全份的沒有一份缺失的《新華日報》。他說他早就知道《新華日報》是重要文獻。他原先家藏的此報也是不全的。他利用業餘時間，從解放前至解放後，到處搜購這張報紙，不辭辛苦，終於成為全璧。記得《新華日報》有個說明，還提到了他的貢獻。上海出版方面還付給他一筆酬金。

　　他的收藏不像舊時的藏家秘不示人，他利用自己的收藏著書立說。他在六〇年代初撰寫了《左聯五烈士資料編目》，我收藏此書。他從一九五九年起，在上海《新民晚報》「紅雨」版，闢有專欄，自題「現代文學史札記」，陸續發表多種書話，不與唐弢書話雷同，短小活潑，發人所未發，後來結集為《中國現代文學史札記》出版，作為「現代文學史資料叢刊」之一，瞿先生聲名遠播。

　　我那時在徐州高師函授站任教，教材中涉及左聯五烈士，我就著名詩人殷夫生平問題有所探索。殷夫被捕多次，究竟幾次，魯迅文中似也模模糊糊，不能確認，我寫了文章，投寄中國科學院哲學社會科學部文學所的《文學評論》雜誌，雜誌社轉請瞿光熙先生審稿。我為此問題與瞿先生通信，彼此意見相左。他的信我還保存，似寶貝一樣收藏了半個世紀之久，只因為師友情厚，我很珍惜這份情，雖然意見是相左的。

　　後來文革起來了，因為我寫了〈與姚文元同志商榷〉一文，我成了被批判的「黑幫」，但我很關注有關瞿先生的大字報傳抄印刷品。他的藏書成了他致命的尤物。他有三〇年代的電影畫報，其中有上海女演員的亂七八糟的鏡頭，涉及藍蘋，被抄家發現，不為紅衛兵理解，鬥得他肉體上、精神上傷痕累累。他雖然研究過魯迅的阿Q精神，但他不以阿Q的精神勝利法為是，一九六八年的一個深夜中，竟含冤陳屍在一座大樓的窗外，自殺乎？年僅五十七歲。

　　關於瞿藏的後話，我也可一說。瞿先生的藏書畢竟是一筆精神財富。有幾個單位很想收購保存這批藏書。花落誰家，還是未知數。遠在山東濟南的田仲濟先生獲悉瞿家在處理這批遺藏。田仲濟是山東師大中文系主任兼副校長，他與我有深交，我還保存著他多封來信。《山東師大學報》上發過我多篇文章。至今沒有一個人瞭解田仲濟怎麼會知道瞿家處理藏書的（山東師大馮光廉教授或許知道），其實是我在通信中告訴他的。田仲濟得知後，

憑他山東師大副校長身份積極活動。上文寫到瞿光熙提供《一二八事變報告文學集》的事，書就是給田仲濟的，而且是瞿光熙親自交給了田仲濟。應該說他們之間是認識的，田仲濟也知道瞿家藏書豐富達萬餘冊。田仲濟與瞿夫人許醒亞女士聯繫上之後。這批瞿藏大多數駕到山東濟南山東師大落了戶，尋到了一個好去處，現在山東師大以現代文學研究中心出名，瞿藏幫了他們不少忙。我總是認為，一個校長不懂書的重要，不懂圖書館的重要，是辦不像樣學校的。田先生是教育界的人中之麟。

　　瞿光熙先生給我的信，不止一封。瞿先生作古後，我還沒有交上像他那樣滿腹書話的朋友。——雖然我一度認真地尋找這樣的朋友。

《開卷》百期的風采

　　在我按期收閱的幾種刊物中，《開卷》是我愛讀的一種，從尾讀到頭，一頁也不落，七八年來無不如此。

　　我與《開卷》邂逅，時在二○○○年初秋。我攜一大摞八十餘萬字的書稿，在南京尋求出版，出版社負責人待我彬彬有禮，翻閱書稿之後，表示了欽佩，然後是一個但書。經驗告訴我，正面話語之後的但書，就是委婉否定的良言。什麼學術著作受眾面窄，出版印數就少，出版社要生存，不能虧本云云。這部書稿就是後來在北京中國文史出版社出版的《二十世紀中國詩詞史稿》。我碰壁之後，拖著沉重的腳步，耷拉著失落迷茫的腦袋，踏進了湖南路上的鳳凰臺飯店。在電梯口，我看到了它，樸實無華的《開卷》，三十二開，三十二頁，膠光紙，封面沒有名媛淑女的招搖，僅存古文字與藏書票嫡傳的縹緲書香。我坐在客堂沙發裏，從頭至尾，一頁一頁讀過，似徐徐清風，揮去了我的汗水，拂去了我心頭的失望苦惱與無奈，我在迷迷糊糊中，似乎坐到了一方荷塘邊上，我很自然地吟起李白的詩句「清水出芙蓉，天然去雕飾。」

月前，董寧文執行主編寫信告訴我：「再過三個月，《開卷》就滿八歲了，並將在二〇〇八年七月迎來出刊百期之喜。」要我為百期之喜寫一文，我有義不容辭的責任，不僅因為寧文每將《開卷》按期寄下拜讀，一期不落；更主要的是，《開卷》雜誌豐富了我的閱讀視野、補闕拾遺，抄存了我在舊體詩詞研究上必須擷取的史料。

為寫此文，我將《開卷》二〇〇〇年四月出版的創刊號，直至二〇〇八年出版的總第九十四期，全部搬到書桌上，重新翻閱，一本讀書雜誌，民間刊物，揮手之間，辦了八年，辦刊者的勤奮，令人感佩，刊物的聲譽，讓人難忘。小小《開卷》，知榮知恥，完善人格，傳播知識，團結作者，誠然功不可沒者也。

我是每期必讀的，我讀到些什麼呢？

我在《開卷》上讀到了數以百計的久違的名字。時達十年之久的被建國以來歷史問題決議稱之為「內亂」的政治運動，使許許多多頗有學術造詣的文化人久而不聞其名。改革開放以後不知其生存狀態，不知其是死是活，不知在讀什麼書，寫什麼著作。像上海施蟄存教授復出後在報上發表〈告存〉一文，以慰親友的畢竟少數。《開卷》很理解懷有惺惺相惜心理的讀書人心態、將令人掛念的文化人請上了《開卷》。他們是季羨林、施蟄存、柯靈、錢鍾書、程千帆、錢仲聯、胡風、韋君宜、蕭乾、龍榆生、冀訪、艾青、黃裳、賈植芳、錢伯城、趙瑞蕻、王元化、何滿子、張元濟、卞之琳、張中行、吳祖光、陳白塵、宗白華、

孫犁、杜運燮、林如稷、吳興華、姜椿芳、黃苗子、邵洵美、戴乃迭、巴金、李一氓、章克標、林散之、華君武、凌子風、王伯祥、劉節、周作人、路翎，等等（抄不完，不抄了）。這些文化人不僅有遺聞逸事的鱗爪飄落人間，而且他們曾經為當代文代史寫過或輕或重的一筆。這些文化人敲起來噹噹響，讓他們的名字與業績，留在《開卷》中，這是《開卷》編輯人的智慧，歷史將會記住他的智慧。

我在《開卷》上也讀到一批撰稿人的大名，他們是：于光遠、舒蕪、周勳初、鍾叔河、楊憲益、姜德明、王辛笛、錢伯城、來新夏、綠原、黃宗江、范用、周有志、卞孝萱、金性堯、黃裳、化鐵、紀申、蘇叔陽、謝蔚明、車輻、朱正、李歐梵、司馬中原、郁風、邵燕祥、戈革、呂劍、豐一吟、朱金順、張威廉、潘旭瀾、黃苗子、楊絳，等等（抄不全，不抄了）。這其中有的是我的知交，有的是贈我大著的作者，有的是我心儀已久的學人，有的是我寫作專著的同道。他們學有專長，著作等身。有的經歷過不正常歲月的折騰。現在他們發文亮相，為文化論壇平添不少活氣，也為《開卷》的天空描繪了斑斕的色彩。眾所周知，人的生命往往是很脆弱的。絕症攻擊首選的對象，不是賴活如我輩的人，往往是看不穿紅塵風波而又長期倦縮於憂傷、鬱悶低谷的人。這些作者中就有帶著遺憾遺恨遠行的，上海復旦大學中文系潘旭瀾先生就是。他思考深刻，很有學術創見。可惜這位閩南學人告別《開卷》，攜著未竟的研究不再回來了。

　　我在《開卷》上還讀到頗有價值的閒話。閒話的意思，在我無錫地區除了閒言碎語，亂嚼舌頭的話之外，正經話有價值的話也稱閒話，所以二〇年代北京大學教授、俺老鄉陳源（西瀅）先生出書，取名《西瀅閒話》，出了大名（陳源死於聯合國教科文組織，歸葬太湖之濱陳家墓園）。《開卷》的董寧文於事業有心，他將文化人的著書立說、編務生涯、讀書心得、人事往還、書信電訊、臺港交流、名家行跡、書刊出版、民間會商等有選擇地拾在《閒話》中保存，特別多的是記文化人的新著出版，讀書興趣。是的嘛，書應多讀，我曾記錄一副名聯於一本舊著中。它是：話多必失，少說幾句；開卷有益，多讀幾行。《閒話》中還記下我的閒話，我很高興，不在於自己的文字被印成了斧頭也砍不掉的文字，而在於文史館老人周退密先生讀了還與我商榷，不亦快哉。我說過，司馬遷如果再世的話，他也會將「閒話」存儲在自己的電子信箱備用的。這些閒話多數出於作者本人的通訊、其資訊的公信度不用置疑。

　　意外，我在《開卷》中還讀到自己的塗鴉。為寫此文，我又將《開卷》翻閱了一遍，我發現了已經遺忘的文字，都是寫在有關文章的天頭地腳，現在我抄錄幾條如下：

　　在二〇〇〇年四月出版的創刊號封面上寫：「喜得《開卷》，但願命長。」

　　在二〇〇〇年九月出版的第六期封面上寫：「雜誌開本並不起眼，在浮華為時尚的書刊中，給受眾送來一縷愉悅的清風。」

在楊憲益撰的〈難進牛津〉一文旁邊，我寫：「楊憲益先生的回憶文字，我讀來特別親切。他說他的文字功底在留英之前已經不錯。他寫舊詩始於天津讀書時，他贈我一本舊體詩集《銀翹集》並有一篇題詞。當時他與夫人暫住在北京友誼賓館後院綠樹深處，因他的住房要拆建。那時他夫人戴先生已在沉疴中，我與她外孫扶他入臥室午休，已難舉步。」

在張暉〈龍榆生年譜〉一文旁邊，我寫：「張暉是南京大學中文系學生，讀書時即能出版專著，自是佼佼者。不過南大中文系頻出人才，非自今日始。記得五〇年代，南大即有大學生時代發表學術論文於大報刊者，有位研究長詩〈孔雀東南飛〉者，名字叫孫殊青（可能記錯），發表論文於《新建設》雜誌，影響甚廣。我與張暉通過信，討論他年譜中的問題。」

在〈追思趙瑞蕻先生〉一文旁邊，我寫：「趙先生與我誼兼師友。他是詩人，詩人氣質存乎他的眉宇，存乎他的舉手投足，存乎他的文章。我與他為魯迅〈摩羅詩力說〉有切磋，他的來信總是很長。他曾任江蘇省魯迅研究學會第一任正會長，我是他的麾下理事。他曾當面對我不止一次說過，匡亞明校長在會上表揚我的魯訊論文立論可靠，資料新鮮。」

我在戈革先生〈他們仨〉一文旁寫：「戈革先生文，可為我的錢鍾書《槐聚詩存》注釋補充一則資料。」這裏補充幾句，我寫《二十世紀中國詩詞史稿》過程中，曾將《槐聚詩存》作了全詩的箋注，是在周振甫先生指導下，似頭頂石臼做完的，但是未

見戈革文中的新鮮資料。書稿保存在手邊。北京張雋介紹出版去處，最後僅僅因為說不清的版權當事人的不賣面子而作罷。

我在〈又見賈先生〉一文旁寫下：「文章頗有趣。賈植芳的人格魅力，可寫本書紀錄之。我欽佩他培養的研究生出色，才、學、識、膽，堪稱一流，李輝、陳思和可為例。賈先生五〇年代就以施教有方而令他的學生念念不忘，曾伯華、范伯群是他的高徒。范是我的畏友、良友、不酒不肉的好友。

就抄這些吧。執行主編董寧文編的雜誌於我有益，他勤謹為人辦事我也難忘。我的書出版後，他把陳遼先生發表的評文寄我，他把舒蕪先生在網上評文寄我。我們還交換自己的著作。我與寧文是好朋友。

《開卷》出版八年了，我在創刊號上隱憂的祝願似乎是多餘的，那麼，禱祝《開卷》長久辦下去。出它個二百期，三百期。

魯迅筆下的有恆先生

　　現在知道徐州有位時有恆先生的人，恐怕不會很多了。他可是一位藏書家，他可是魯迅先生的朋友，他可是抗戰時期中國文藝家抗敵協會成都分會的委員，他可是抗敵協會雜誌《筆陣》的編輯，他可是成都書刊市場頗有名望的「末名書鋪」的老闆，他還與葉聖陶先生是文友。

　　時有恆是魯迅先生的知音，魯迅先生敞開心胸向他傾訴心中的鬱悶，吐露時代的感懷，寫了〈答有恆先生〉一文，時有恆是收信人。現在《魯迅全集‧而已集》收存了這封信。這是研究魯迅思想發展歷程的重要文本。

　　魯迅寫下〈答有恆先生〉是有原因的，話得從有恆早年的生活經歷談起。時有恆告訴我，他生肖屬小龍（蛇），一九〇五年生，徐州人。他一九二六年入伍當兵，在新軍周鳳歧部下。部隊開拔到江西南昌，周鳳歧識得時勢所向，倒戈起義，時有恆成為了北伐部隊的戰士。然後隨軍到江蘇昆山，一九二七年「四一二」之前他被部隊開除出來，流徒上海街頭。天已熱起來，他還穿著那身舊軍裝，生活無著。他讀到了魯迅《華蓋集續編》以及

《北新》雜誌、《語絲》雜誌，看到眼前的社會情形，想到自己的走投無路，孤苦，狼狽。他在臨時棲身的上海劉公祠裏，坐在一張缺了一腳的桌子旁，寫了一篇散文〈這時節〉。文中提及魯迅先生，並希望他出來帶領青年人前進。他用了比喻說「救救孩子」要緊啊！稿子寫了一遍謄清時再修改修改，在《北新》雜誌發表，小三十二開，報紙型。時在五六月間。

這是他第二次向《北新》雜誌投稿，在此之前《北新》已登載過他一文，是一首新體詩。他寫〈這時節〉，時為二十三歲。沒有料想，魯迅會撰文回應他，一九二七年九月五日《魯迅日記》記著：「下午寄小峰信於上海並稿。」「稿」應指〈答有恆先生〉一文。魯迅此文發表前，時有恆在上海北新書局看書。老闆李小峰告訴他，魯迅先生給他一封信。「快給我看」。「要公開發表的。」李老闆給他讀了，他讀後還給了李小峰。時有恆說很激動，他是無名小輩，他感到光榮。時有恆說他不能以七〇年代末的認識作為那時候的感懷。他只覺得魯迅了不起，他待人誠懇，言之由衷，不以我淺薄視之。更讓時有恆覺得愉快的，魯迅在以後的文章〈意表之外〉（也收入《而已集》）中再次提及〈答有恆先生〉，在《三閒集‧通信》中又一次提及〈答有恆先生〉。

魯迅不僅撰文回應時有恆，並將名字寫入題目中，魯迅日記上記及時有恆的有十六筆。

一九二七年十月十五日：上午得有恆信。

十月廿六日：得有恆信。

十一月七日：得有恆信。

十一月十七日：寄有恆信。

一九二八年六月二十日：有恆來。

九月一日：午後時有恆來，不見。

十二月八日：下午時有恆來，不見。

一九二九年四月十四日：時有恆來，不見。

一九三四年十一月五日：午後得時有恆信。

十一月廿七日：寄有恆信並泉（錢）二十。

十一月三十日：午後得有恆信。

一九三五年二月六日：得時有恆信

二月八日：覆時有恆信

十月二日：得有恆信。

一九三五年《魯迅日記》年尾居帳中記下時有恆地址：（上海）南市斜橋製造局路惠祥弄樹滋里十號時有恆。

同時提及的居帳還有鄭振鐸、王冶秋、日本友人增田涉。

魯迅給時有恆信已不存世。時有恆告訴我，一九三一年他坐牢時遺失的，以後生活不安定，播遷不寧，個人什物，無法保存。信的內容大多已忘記，只記得有一信是附給內山完造的，是交代他去內山書店取款二十元的憑證。魯迅救了他的燃眉之急。

他說二十元是一筆可派用途的錢數，那時候上海一個人一個月
的包飯費四元左右。時有恆回憶此事，話語中不乏感激、感恩
之情。

時有恆能作詩，且自成一格，他寫給我兩首詩，皆為紀念魯
迅的，現在抄下：

酬答海發贈詩（步原韻）

不分雌與雄，有愧稱謙沖。

原信書無用，投筆以從戎。

魯迅真健者，後輩敢居功？

已近桑榆晚，何必萬歲松。

一九七五年一月十八日徐州

魯迅故鄉有憶

初見先生青少時，此來紹興二毛絲。

曩時戰鬥如磐夜，今日故園遍赤旗。

為探蘭亭尋舊路，更看禹域賦新詩。

先生泉下應含笑，萬眾同歡歌彩衣。

一九七六年十一月紹興

時有恆不僅寫詩贈我，而且跟我通信多年。那時我在徐州，
業餘我研究魯迅，當時有文章發表在山東師院等校學報上。（我

將這些文章附錄在《魯迅詩歌編年譯釋》中，中國社會科學出版社二〇一〇年一月出版）。時有恆寫給我十餘封信，我還保存，以後擬整理發表。

時有恆有上海灘十里洋場的流徙生活，使他愛上了書，他拿起筆來寫了許多散文隨筆，發表在上海《北新》雜誌、《申報》等。俄國契訶夫說，大狗叫，小狗也叫。他自稱上海文壇的小狗。抗戰伊始，他流徙四川成都，他開辦了發售新舊書刊的書店以謀生，取名未名書鋪，在成都頗有名氣。文人作家、知識人士經常光顧。他記得巴金、艾蕪、章靳以、朱自清、蕭公權、李方桂等名家都去買過書，其中葉聖陶先生及其長子至善是常客，頗為熟稔。解放後乃至文化大革命中，彼此還掛念。七〇年代末，他從我處得知葉聖陶府址，在兒子陪侍下重遊北京，他還到北京，東四，八條胡同葉府趨訪，一起照了相，很愉悅，在信上告訴了我。葉聖陶在給我的信上也告訴了我，並回憶了彼此認識的經過。葉聖老的信我也珍藏作紀念。

時有恆除了售書結識葉聖陶外，他在編輯中國文藝家抗戰協會成都分會機關刊物《筆陣》的日子裏，與葉聖陶有更頻繁的往來。《筆陣》是十六開本的雜誌，二十來頁的樣子，粗糙的草紙，草黃色，又薄、又脆、易碎，他保存一套《筆陣》，從書堆中找出來給我寓目。時與葉均為成都分會的委員，葉聖陶常常去看稿、審稿、校對。他說：與葉聖陶交往，真如《三國演義》程普說的「與周公瑾，如飲醇醪，不覺自醉。」

　　作為未名書鋪的老闆，經營有方。抗戰勝利前，他的書鋪已有三間鋪面，閣樓也堆滿新舊書刊。他說書刊數量在兩萬冊左右。抗日勝利鞭炮一響，流寓四川八年之久的他，漫捲詩書，歸心如箭，「白日放歌須縱酒，青春作伴好還鄉。」他雇傭一艘大木船，捆捆紮紮，將兩萬冊左右的書，踏著波濤洶湧的長江而東下，巴峽長、巫峽險，過襄陽，終於平安到達故鄉徐州。他在城南戶部山三號的時府，我拜訪不止一次。他將存書收藏在戶部山的三大間軒敞的舊屋中。這裏原是清朝官員府邸，屋簷高朗，通風向陽。他沒有再次開帳，再作書商，而是守護著這些愛之如命的書冊。解放後他在市教育局中教科任科長，生活從此波瀾不驚。他的酒量大了起來，有點「酒中仙」作派。

　　十年浩劫的破鑼響起，時有恆被推入災難的漩渦。遊鬥、抄家，他畢竟是有行伍鍛煉經歷的人，他臨驚但是不懼，他夫人卻恐懼得要命。紅衛兵跨過戶部山三號不矮的舊式門檻，發現一個大屋的藏書，有線裝的，有平裝的；封面有金剛怒目的，有美女美腿的；有陳舊的，有半新的。抄家者似發現了地主家的窖藏。從此時老藏書家名聲不脛而走，傳遍徐州的大街小巷。他的藏書有的被「破四舊」之邪火燒毀，大多卻被抄走，存放在博物館院中。後來雖發還部分，可是字畫、出土文物、書籍等很多卻不知了去向。

　　抄家的厄運使得時先生獲取了藏書家的名聲，且徐州城中無出其右的藏書家。我在與徐州師大吳奔星教授閒談中，告訴他戶

部山三號的寶物，他有聞所未聞的喜悅，表示了極大的興趣，並說不要聲張。但是，沒有多久，上海魯迅紀念館及紹興魯迅紀念館都知道了這位藏書家時先生，先後客氣地拜訪他。臨走都要撿走書刊一大摞。時有恆還把陳鳴樹等人留下的字條給我過目，似有得其所哉的愉快。

最為幸運的是，徐州師範大學囊括了時有恆的全部藏品。所謂藏品，包括了書刊、字畫、還有地下出土的文物，我見過的有漢代銅鏡、古陶器、畫像石、玉器等。時有恆讓他的藏品給徐州師大保存，是很願意的，他給我說過不止一次。他在吳教授（他對吳奔星這樣稱呼）請他吃飯時也明確說過這樣的話，只是徐州師大的代表似乎欠缺溝通藝術，引他生氣，一度延宕交接時間，使他的藏書有的流失他處了。

徐州師大最終還是禮遇了時有恆，曾經訊問他有何要求。他提出了兩條，一是讓他的戶口遷入徐州師大，作為師大的屬員。他告訴我他身體不健，有高血壓病，進市立醫院或許方便些，這是他的私願。師大同意了。一是為他的藏品編個完整的目錄，特別是書目。他也告訴過我，他讀書寫書、售書、藏書，書隨侍了他大半生，他有感情，編個書目作一本總帳，師大也同意了。

時有恆的暮年生活是愉快的。他是徐州市教育局退休幹部。人生最美夕陽紅，他吟詩，他飲酒，儼然神仙。但他過於貪杯。他的意外是他中風了，醫療條件不太好，住在街道醫院裏，我去看望他，他是高興的。他下床小解都很困難，不幸中的大幸，保

牢了他這條經歷坎坷的命。第一次住院，終於平安出院了。在戶部山三號時府中，我與他有短短的對話：

「時先生發病可能是小酌了吧？」

「沒有啊，那天我早睡了，頭暈暈的。」停頓後又說，「是，喝了。當天沒有小酌，前兩天喝了？」

「以後……」我想告訴他。

「以後我不喝酒了。」

過了二年，時有恆又發病了，還是中風，我去看望過他。他還是挺過來了。

一個秋時，頭天喝了酒，他又發病了，這是第三次中風了，從此不起，時在一九八二年十月二十二日，終年七十八歲。徐州師大為他開會悼念了他。那時我已調離徐州，回故鄉任職，編《漢語大辭典》去了，很抱愧，沒有去行訣別禮。

他在病中，我去看過了他兩次，他叨念的，不是文物，不是書，而是那本他要的藏書目錄。

對於愛書的時有恆先生最好的紀念大約無過於為他編一本藏書目錄了。我想。

一位不忘「五四」精神的文化老人

　　我得悉舒蕪先生病逝的噩耗，已經在其親友與他遺體告別之後了。我腦海中立即浮現出，在並未降冷的秋天裏，有一位文化老人，穿著絲質面料的飾有花紋的薄棉大衣，擁在沙發裏，似睡非睡，正在養神，這就是我第一次見到的舒蕪先生。感覺告訴我，這是一位寂寞的文化老人。聆聽談吐之後，不，這是一位不忘「五四」新文化運動精神的文化老人。這樣的老人已經不多了。物以稀為貴，人以稀為寶，他已成為鳳麟之輩了。

　　我知道舒蕪的大名不算晚，他在獨一無二、威重於世的輿論陣地《人民日報》，發表長文，後來又繳出胡風私人往來信函，從此出了大名，闖下大禍，背負罵名，成為爭議人物。這時候，我知道他原先當過高校教授，當過中學校長，後來他進入文化出版界。我見到他，他已經住在北京皂君廟路的高樓裏。他已入住此樓二十餘年，原先是中國社科院文學研究所蓋的樓。入住之初，這一地區荒涼，現在則已高樓林立，車水馬龍。他與女兒女婿一家住在一起，兒子在外地，在深圳電臺工作。兒女待他很

好，很能理解他的遭際。這些是他告訴我的。我們正在閒談，她女兒招呼他吃飯，一聲「爸」，既響亮又親熱。他有書房兼會客室，在此寫作、讀書，晚年生活愉悅。他從一九五七年擴大化的深淵上岸之後，告別階下囚的不正常，享受生活的陽光，成為座上客。他原先住地下室，又暗又潮。他住上了高樓第三層，書齋名為碧空樓，是請南京大學程千帆先生題的。牆上還掛有舊友臺灣大學中文系教授臺靜農先生的題聯。與他同住一樓的有文學所的吳曉鈴諸位老先生，他說很少往來。舒蕪復出之後，寫得很勤謹，書也一本一本地出，但是「知音稀，弦斷有誰聽。」他的多卷本《舒蕪文集》出版，讀者對他似已陌生，似「出土文物」，文集僅印四百套。誠然，他是一位寂寞的文化老人。

　　儘管舒蕪是一位有爭議人物，但是我很想拜訪他。唐代詩人賈島，「推敲」的掌故就是這位阿彌陀佛的和尚詩人落下的花絮，他是北京房山區韓村河地方上的和尚。韓村河是個富村，花上數百萬元為他擴建了賈公祠。中華詩詞學會，房山區政府聯合主辦賈島學術研討會，我有一論文獲獎。我應主辦方的邀請與會，時在二〇〇七年十月。我欣然與會，可以借機北遊，可以拜訪舒蕪。我對舒蕪的著作讀的不多，但他的《回歸五四》和《周作人的是非功過》是讀過的。我看到舒蕪對「五四」新文化運動提倡民主，提倡科學是肯定的，他認為這是「五四」精神的靈魂，雖然「五四」運動中也有過火的偏頗。對孔子的「惟女子與小人為難養也」等偏見有所批判，那是為提倡尊重女權，尊重人

格必須掃清的路上的絆腳石。我還發現，舒蕪闡述周作人在「五四」時代的思想亮點就是為女權呼籲，這些我對舒蕪是很佩服的，「英雄所見略同」，我不是英雄，但是所見與我不謀而合。這也是我與舒蕪在思想上「剪不斷，理還亂」的原因。說來還有一個原因，舒蕪在二〇〇七年七八月間，他在上海《文匯讀書週報》上發表一文，談周作人，提出對周作人這位「五四」新文化運動中的卓有貢獻，後來在抗戰中又落水的特殊人物，其歷史地位可以用人與文分別論定的辦法。舒蕪的思想研究方法我不全部同意，但是我主張還是用魯迅提出的研究方法好，即「壞處說壞，好處說好」，不要攻其一點，不及其餘，何況金無足赤，人無完人，總之好處不誇大，壞處不諱飾。舒蕪文登出後，有一位並不生疏的老人在《文匯讀書週報》上發文批評舒蕪為漢奸辯護云云，我不同意。我去拜訪舒蕪，是有討論周作人評價問題。首先我問他有無答辯的意思，他不想答辯。我告訴他，周作人在一九五〇年代初，他敢先後向周恩來、毛澤東寫信（周叫他向毛澤東寫信），請共產黨把他看作「自己人」，意思是不以漢奸待之，這不是白撞槍口嗎？如果是漢奸的話，正義法庭作判決是要看雙方辯詞的。至今周作人的信不予公佈。更有一點，抗戰初期，共產黨的政策是「三國志」，這一點國民黨方面的政要黃紹竑是看了出來的。這是李銳在《廬山會議實錄》中公佈的會議紀錄。「三國志」是個複雜的問題，周作人問題也是複雜的問題。我拜訪他，為了請教他。

　　儘管舒蕪是一位有爭議人物，我還是想拜訪他。我在二〇〇四年公開出版《二十世紀中國詩詞史稿》，是第一部研究二十世紀中國舊體詩詞史的專著，我想聽聽文化老人對拙著的評價。舒蕪對詩詞理論頗有造詣，詩詞創作自成一家。我請揚州大學顧農學兄與他聯繫，問他願不願翻閱拙著，寫下點感想、意見，顧農轉告舒先生身體還好，願意一讀。我將拙著寄給他，他給我電傳了這樣的一封信，全文如下：

　　海發先生：

　　　　大著奉讀已久，一直沒有得到您的地址，無法回覆，甚歉。清末民初以來，做舊體詩的人很多，有的是餘事偶作，有的是專門名家，總之共同構成一個詩壇，是客觀存在，可是一直沒有人加以研究。大著首先開闢這個新區，功績甚偉，佩服佩服。如何進一步研究，先生自然早有計劃。竊以為上述兩種詩作者有不同處，研究者的取捨權衡如何統一標準，恐怕是個大問題，先生以為如何？專此布達，順頌。
　　健康

　　　　　　　　　　　　　　　　　　　舒蕪頓首
　　　　　　　　　　　　　　　　　　　二〇〇七年七月十二日

　　奉收大函，我是很感動的。在我收到來信評議拙著的師友中，舒蕪是最為年長的前輩，他提出的取捨權衡的統一標準也是

我要尋求解決的。雖然我在拙著中論述了周作人的詩，但我囿於成見，我對汪精衛、鄭孝胥等在民族氣節上有愧的詩人，則採取棄而不論的做法，似乎還可商榷的，我拜訪他，為了感謝他的指點。

　　他的書架上擺滿了書，拙著列於顯眼處。我請他女兒為我們留了影。

　　尊重女權，尊重人格。握手告別時，我耳邊仍然響著他話語的回聲。

　　舒蕪走了。一路走好，先生！

懷谷林先生

今天下午赴市圖書館聽錫圖講座，這是二〇〇九年第一期，邀請的嘉賓係南京大學中文系教授、博導莫礪鋒先生。他生於無錫，二歲時離錫遷居蘇州，不會講無錫話。他的講題〈唐宋詩詞的現代解讀〉，三個小時娓娓道來，博得滿堂稱讚。他講詩詞例子，他講個人學術經歷，頗為新鮮，無一句之陳言套語。他對博士導師程千帆先生不勝欽佩，認為程先生的熱愛中國文化，努力傳承文化精神的執著讓他難忘，刻骨銘心。

聽罷講座，在報刊閱覽室閱讀《中華讀書報》，見二〇〇九年一月十四日報導；文化老人谷林先生病逝，不勝意外。我知道他，是在翻閱他整理的《鄭孝胥日記》。我寫作《二十世紀中國詩詞史稿》時，翻閱了鄭的日記，發現鄭氏在戊戌變法中，遞呈奏摺，力主辦新學，頗為積極；戊戌流血，他驚惶不安，他與六君子之一林旭交誼甚厚。家丁進門報告，林旭囚車剛被押赴刑場，有一婦人隨車哭喊，鄭孝胥聞之痛苦不已。谷林為日記標點斷句甚為清楚、正確，我讀之得益匪淺。鄭氏的詩民國前言之有物，語出諸己，可圈可點，而且鄭詩的花瓣遺落在汪精衛詩行

中，可見其藝術影響深廣。但是民國後的詩作一股遺老氣味，懷念清廷，再也沒有正視現實的積極詩作產生。如果我在詩詞史中立一專節，鄭氏日記中留有背景紀錄，寫來也不難。但是斟酌再三，還是放棄了，沒有寫鄭詩。不過，我很感激谷林先生整理日記頗下功夫。他為鄭氏日記寫的一篇前記，堅實、詳細，沒有空話，切中肯綮，足見他的舊學功底深厚。

他在《開卷》、《書友》、《文匯讀書週報》發表的大文，凡見者無不讀之為快。我們通過幾次信，他無不很快回信、語辭客氣，謙遜為懷，一位足有修養的文化老人也。

我翻閱先生華翰，深以為悼。現將二〇〇六年七月的一信錄下：

> 七月十日收到六月賜寄大函，甚出意表，倦倦垂念，至感深謝！我出生於一九一九年，顏齡已進入八十七周年，距百歲只差十三載了，思之惶惑。飲食起居，雖猶如常，然目鈍思遲，記憶衰退，大非昔比，幾於讀寫皆廢。唉，寫了以上幾句，很想擲去重來，因為您也是有了孫兒的人了（見「烏篷船[1]」二七八頁「作者與孫兒」照片）。後來又疑心此文作者與文中的主角是本家，則我又是誤會了。不過這不要緊，年歲自非決定因素，決定因素是精神狀態，而我的精神狀態確已垮

---

[1] 「烏篷船」即拙著散文集《學術河上烏篷船》。東南大學出版社，二〇〇四年。

了下來，無可奈何，《書友》、《崇文》、《開卷》我都連按期閱讀的氣力也沒有，更不要提供稿了，而承蒙您不但並不棄置，還竟然操大筆加以論列，感慚奚似！先生豈不知這三疊舊簡就是因為老朽只剩有一段爛木頭，讓止庵代為出力、加工，收拾成一束傀儡，勉強出場應付的。

上海古籍社印行海藏詩，我沒有見到，大札稱「價不菲」，甚以為怪，我初抵北京，買過線裝初版縮印本，只費八角錢。後在博物館工作重買一部，則費了三元半，當時頗恨中國書店敲竹扛，今日何日，乃致「不菲」！好在我如今既不出門，更無足力逛書店，雖廉價也不再買它了。此翁日記，中華重印本已出版，價似比初版漲了一倍光景，但紙張比初版本改好。重版無改動，中華先曾來函徵詢意見，弟實話實說，告其我已無精力任此，故一字無增改也。弟久已與世相遺，從未參加任何社會活動，順聞。敬頌大安！

勞祖德拜覆

二〇〇六年七月十三日

說夏承燾先生的學術道路

一

夏承燾先生（一九〇〇～一九八六）專治宋代詞學，且長於吟詩填詞，卓然名家。我年輕時，向他請教過詞的創作（《天風閣學詞日記》一九六一年一月中有記錄）。我在中國文史出版社出版了作為「江蘇社科學術文萃」之一種的《二十世紀中國詩詞史稿》，為夏承燾詩詞立一專節，小標題為「詩聲更比杜鵑苦」，我在文中說：

> 詩詞應該現代化、大眾化。夏承燾是詞學家，他深知舊詞的弱點，更知新詞的出路。他把為抗戰鼓吹，當作自己的使命。

我認為是把夏承燾的學者與詩人身份都概括了。但是，當我寫此專節時，《夏承燾集》尚未出版，我文有所缺失，深感遺憾。

《夏承燾集》凡八冊，浙江古籍出版社與浙江教育出版社聯

合出版，繁體字本，豎行排版，夏先生的博士研究生吳戰壘參與編輯並寫了前言。版權頁上不注出版年月，為出版界僅見。第一冊收《唐宋詞人年譜》，第二冊收《唐宋詞論叢》、《月輪山詞論集》、《瞿髯論詞集句》、《唐宋詞欣賞》，第三冊收《姜白石詞編年箋校》、《龍川詞校箋》、《宋詞繫》，第四冊收《天風閣詩集》、《天風閣詞集前編》、《天風閣詞集後編》，第五、六、七冊收《天風閣學詞日記》，第八冊收《詞學論札》。

　　胡小石先生講中國文學史，提出「一代有一代之勝」的命題，唐代有詩，宋代有詞。詞學研究起於明清與近代，近人唐圭璋先生輯《全宋詞》與《詞話叢編》，有集大成之功。夏承燾開拓之功在於為詞人編撰年譜，出版《唐宋詞人年譜》。他年輕時讀蔡上翔所撰王安石年譜，考訂荊公事蹟，按年按月比勘，辨誣徵實，判然決疑，因知年譜文體，不僅可校核事蹟發生之先後，並可鑒定其流傳之真偽，誠史學之優長也。得此啟發，他在二十八歲左右翻檢群書，排比史實，隻字片語，窮搜盡索，積年累月，編撰十家詞人年譜，他們是：韋端己（莊）年譜、馮正中（延己）年譜、南唐二主（李璟李煜）年譜、張子野（先）年譜、二晏（晏殊晏幾道）年譜、周草窗（密）年譜、溫飛卿年譜、姜白石年譜、吳夢窗年譜等。他做的年譜大多短篇，三四十頁篇幅，一二萬字而已，南唐二主年譜，因為是帝王之譜，留存史料多，但也不過九十餘頁，六萬多字。一九五四年十一月，結為《唐宋詞人年譜》，在上海問世，得到學術界的好評，程千帆

先生說：「自屬草迄今且二十餘載，旁搜遠紹，匡謬決疑，為後之論次詞史者闢其疆理，為勤而功亦偉矣。」唐圭璋譽之為「空前之作」，並推為「詞學研究者必讀之要籍」。夏承燾深以為幸者，他所撰年譜訖，即寄情友人補充之，或寄予學界名流作參考之用，陳寅恪、唐圭璋、張爾田等名家倘有引錄，必注明其出於夏承燾年譜手稿。《唐宋詞人年譜》出版後，國內學界有好評，日本京都大學著名教授清水茂在學報發文肯定其成果，光明日報一九五七年十月六日譯載全文。這是發生在上個世紀五〇年代的學壇盛事，希罕事。京都大學學報的一聲禮炮，把夏承燾的學術名聲抬上了學壇的高峰。《唐宋詞人年譜》出版之前，夏承燾已有為詞人作年譜的美譽。這與當時學界風氣誠信踏實有大關係，絕不像現在學人之無聊者，明爭暗奪，抄襲剽竊，掠人之美，不作一句注明，自詡為創獲所得。這時的夏承燾已過知命之年，應屬大器晚成之作了。解放前夏承燾先後任小學教師、中學教師、私立之江大學教師，並非名牌名校名師，解放後併入杭州大學，專著流布，教授職稱，奠定了他在詞學界的翹楚地位。

　　無可否認《唐宋詞人年譜》的開拓性，但是我在唐圭璋談話中知道，他曾指出過書中的疏漏。我書架上也備有大著，我也曾指出書中的失誤[1]，此時夏先生已逝世，無緣奉文向他請益了，不勝悵惘。

---

[1] 拙作〈為《唐宋詞人年譜》訂正一條誤記〉。江蘇《無錫教育學院學報》，一九九八年第一期。

二

　　夏承燾被大學聘為教師，在二十世紀三〇年代。他的成名之作在於釋讀姜白石詞譜。宋詞原是可以歌唱的，市井酒樓以之助興遣閒。但是宋代以後詞譜失傳。姜白石存世的十七首詞旁注有曲譜，但與規範的民族音樂工尺譜迥然不同，難以釋讀，一時成為了絕學。可是絕學被夏承燾讀破，寫成專文〈白石歌曲旁譜辨〉，發表於北平《燕京學報》，一舉轟傳學壇，名聞遐邇，終於被聘為大學教師。一九五三年西安發現樂曲抄本，在民間藝人保存的破舊蛀蝕的抄本上，抄錄千餘首古曲調，且有七十餘位藝人能夠識、能夠唱、能夠奏。姜白石譜在西安古曲中可以找到徵信。夏承燾又寫成長文〈姜白石詞譜與校理〉發表，夏承燾成為古典文學界唯一首先識得姜譜的人，真正成了孔老夫子提倡的「繼絕學」的名家。另有三位學者唐蘭、楊蔭瀏、劉瓊蓀對姜譜也有研究，但非古典文學研究界中人，筆者以前講古典文學，講到姜夔〈揚州慢〉（淮左名都，竹西佳處）興致所至，課堂上往往唱它一曲，就是用的夏承燾釋讀的姜譜，課堂效果真有「吹皺一池春水」之美呢。

　　關於岳飛〈滿江紅〉詞，學術界不止一次為此詞的真偽爭論。一九六一年，學術界為岳飛〈滿江紅〉一詞又引起爭論。夏承燾寫了長文〈岳飛《滿江紅》詞考辨〉參與爭鳴，以為不是岳

飛之作。他認為是明朝人因為外患日急而創作的詞章。筆者認為
是岳飛之作，可以無疑。根據在於岳飛之孫子岳珂著有《桯史》
一書，錄有〈滿江紅〉。宋代陳振孫《直齋書錄解題》第十一卷
有記：「《桯史》，十五卷，岳珂撰。桯史者就是桯記也。《說
文》桯，床前記也。」岳珂出生於宋孝宗淳熙十年，生活在宋光
宗、寧宗、理宗三朝。父親岳霖為敷文閣待制，岳珂係第二個孩
子。岳霖曾任紹興知府等職。岳珂見聞廣博，史料不難搜集。記
得唐圭璋以及朱彊村等都不懷疑岳飛之作。討論當年，我注意到
夏承燾的文章。我還發現《羊城晚報》上有文章將近人汪靜之的
話偽靠於《直齋書錄解題》，我將此笑話告訴唐圭璋先生，唐先
生覆信很生氣，這樣說：

> 《羊城晚報》登《直齋書錄解題》語，荒謬之至，此非僻
> 書，何不查一下。拿汪靜之的話當作《直齋書錄解題》，可
> 曬之至。我偏頭痛，尚不能多寫。

　　汪靜之係當代詩人，時任教於杭州大學。這可堪稱學術界
的一則軼聞了。其實，編造古人古籍的史料，此非僅見，這都是
不良學風惹起的笑話。夏承燾考證論述雖然有五千字以上，但
是，「撼泰山易，撼岳家軍難」，即使要撼岳珂《桯史》的記
錄也難啊。

三

夏承燾作為學者，除了遺有多種學術專著外，他寫下長達六七十年的日記，很值得一閱。

（一）日記記下他成名成家的腳印。

夏承燾談起寫日記的緣起：「予兒時讀李蓴客《越縵堂日記》，甚好之，自十餘歲輒學為日記，迄今已七十年矣，中經兵亂，雖顛沛流離，而日記未嘗一日中斷，歲月既久，積稿盈篋，約有六七十冊，十年浩劫中，頗有散佚，無法追回。」作為學人日記，學術界的鱗爪記錄豐富，讀來有味。夏承燾係溫州中等師範學校畢業，學歷不高。任教於小學，他於一九二〇年暑假赴南京高等師範開辦的暑假學校聽胡適的講座，他也想報考高師，但是他的英語、數學成績差，難以考取，「從此決定在教師崗位上邊工作邊自學。」三冊日記記他的勤奮好學，夤夜苦讀不輟，追求成名成家。日記的字字句句，似乎都是夏承燾學術路上艱難掙扎、辛苦跋涉的腳印，

追求成名成家的人，往往注目名家動向，渴望結識知名學者，學習名家文章，汲取精神涵養，一九二九年一月二十一日日記寫道：「閱報梁任公先生以十九日午卒於北平協和醫院，年五十六。為之太息。早歲讀任公書，時形之夢寐。幸得並世，竟不

及一瞻顏色」，未得謀面，他是多麼遺憾。

一九二九年五月十七日日記寫道：「發至松岑上海一函，問朱彊邨先生寓址，擬以夢窗譜寄正也。」朱彊邨係當年研究詞學的名家權威。一九二九年十月二十七日開始通信並將夢窗年譜寄他印行出版，朱彊邨的讚語曰：「詞高朗，詩沉窈」。他高興地記在日記上。

早年的夏承燾與同輩次的研究詞學者常通音問。他與時在鎮江中學任教的任半塘（後來的元曲學者）通信，他與時在金陵女子中學任教的唐圭璋通信，他與吳梅、張爾田、錢名山等人通信，報告生活近況，讀書所得，切磋詞學問題。當時不見經傳的年輕人，後來都在學術上大有建樹，成為名家，夏承燾也成為詞學權威。記得前年秋天，石城楓葉如丹，我坐在常國武先生客室談話，常先生參與編纂中國科學院文學研究所主編的中國文學史宋代文學分冊，並且剛剛在人民文學出版社出版了他選注的《新選宋詞三百首》，無論選篇、箋注、闡釋都有新意。他與夏先生有交往，對夏承燾的學問頗為欽佩，談起成才路數，我插了一句：

「專攻一門，持之以恆，不怕沒有成就。」常先生不語，大概表示同意。夏承燾從中師畢業之後，主攻學問的方向，一度游移不定。他日記上寫道：

「年來治舊學嫌瑣碎支離，無安心立命處，頗欲幡然改習新文學，又苦不解西方文學，年齒漸長，尚在傍徨求索中，愧懼交作。」

　　這時的夏承燾正在浙江嚴州中學任教，三十歲，他不能安於現狀，他欲往杭州謀教職，求發展。他在研究新文學還是舊文學之間遊移，他還曾經在研究宋史與研究宋詞之間遊移。最後他沉潛於宋詞研究，收縮平臺，博而後約，專攻一門，鍥而不捨，終於名聞天下，他在書齋月輪樓吟起詩句：「野煙爐篆各輪囷，五月江風最健人。夢裏不知天在水，二更伸腳動星辰。」神情十分得意。

（二）日記記下他國難當頭時的心態。

　　「天下興亡，匹夫有責」，老一代知識份子多有身居陋室，心憂天下者，夏承燾的日記可以作證。我注意到一九三一年的「九一八」事變，日軍的炮聲驚動了知識份子的心。一九三一年九月廿二日日記寫道：

　　　　抄《花草粹編》，念國事日亟，猶敝心力於故紙，將貽陸沉之悔。

　　　　又，黑龍江守軍將領馬占山打勝仗嫩江於前，不久卻又變節投降於後，夏承燾寫詩，先祝其戰捷，後斥其降敵。後一首題〈聞馬氏變節後題〉：

　　　　傳檄初看涕淚傾，臨危何意墮家聲。
　　　　少陵錯料陳濤事，三歎重刪苦戰行。

　　第一句寫馬氏通電，辭甚慷慨，有云：謹以邊荒一旅，先邦人而殉國云。詩人夏先生為之感動落淚。第二句說馬家歷來有戰將，如漢朝馬援。馬占山敗壞了漢家馬氏的名聲。第三句說唐朝詩人杜甫當年對房琯指揮的陳濤戰役慘敗感到意外，這裏指夏承燾對馬占山敗於敵寇感到憤慨。末句說刪改此詩一再歎息。

　　一九四五年九月九日，夏承燾作詞慶賀抗戰勝利，題為〈浣溪沙・九月九日夕觀祝捷提燈〉：

　　　　猶有秋潮氣未平。八方聽角學秋聲。深杯莫問醉阿爹。
　　　　夜夜關心忘卻月。家家人面好於燈，八年前事似前生。

　　我在《二十世紀中國詩詞史稿》中，對抗日戰爭時期的詩詞極為重視，但是竟會將夏承燾的這兩首詩詞遺漏，深感遺憾，因為夏先生可不是「兩耳不聞窗外事」的象牙塔中詩人。

（三）日記記下他學者生涯的風采。

　　日記中有夏承燾的讀書筆記。一九四八年九月十七日日記「閱錢鍾書《談藝錄》博覽強記，殊堪愛佩。但疑其書乃積卡片而成，取證稠迭，無優遊不迫之致。近人著書每多此病。」

　　「疑其書乃積卡片而成」，這又是學者型的一句，又在揣摩同輩學人成功的秘密訣竅了。

　　夏承燾日記保留史料豐富，還可舉一例。

　　朱生豪是翻譯英國《莎士比亞全集》的第一位翻譯家，他的譯文是散文體，不是韻文體，卻比韻文還要富有抒情色彩，筆者年輕時讀英美文學莎士比亞章節時，為《羅密歐與茱麗葉》、《哈姆雷特》傾倒，不少段落能夠背誦，至今我還保存人民文學出版社出版的莎劇朱生豪譯本。夏承燾記載的朱生豪軼事似乎還沒有讀過。一九四八年十月七日日記上寫道：

> 閱《羅密歐與茱麗葉》一過。燈下讀生豪自序及宋清如之譯者介紹，記生豪盡瘁此書，卒以身殉，語甚動人。憶曩年在之江大學初識生豪，即念其孱弱如不勝之，屬彭重熙諸人勸其出遊，竟卒不得永年。前六七年予攜眷離上海，生豪偕清如過予泰來里寓樓，請予次日為其證婚，予以行色匆匆辭之，即以寫成一婚聯與之。二君共坐，悵然即去，此為最後一面。生豪以肺病卒於三十三年十二月廿六日，年三十二。譯此書前後共十年，得各種莎集版本，至死未譯完，遺命囑其胞弟文振為之續成。生豪臨終，謂著早知一病不起，悔不顧性命，為一氣呵成。此語可佩，亦可悲矣。

　　記得《羅密歐與茱麗葉》後來又出版了孫大雨譯本，曹禺譯本，我都讀過，我還是喜歡朱生豪譯本，譯語親切平易，很有抒情特色。夏承燾所記讓人心頭留下了並非名校出身卻以專攻一門

殉身的朱生豪——一位出色的翻譯家。

日記中還有生活鱗爪記錄。一九四〇年九月八日日記寫道：

「松岑謂石遺七八十尚誕子，同英國博森夫人同為近世人妖。」石遺即《石遺詩話》作者福州籍的陳衍教授。七八十歲生子，飯桌談助，別的不提，可為男性生育史提供年齡上的實證。花心永遠不老，是不容懷疑的人性。誠然為道貌岸然之輩撕下假面具。又如一九六一年六月二日的日記，記夏承燾與錢仲聯晤談「仲聯之祖父振倫注鮑照集，淮南集，娶翁同龢女，因此自湖州遷居常熟，非常熟牧齋後裔。」據錢仲聯先生面談及來信，非翁同龢女，而是翁同龢胞姐。夏承燾記錯了。

日記是許多人愛讀的，很遺憾的是，許多日記為後裔整理出版，往往有刪節改動，乃至遮掩作者真意。周作人日記遺存數十冊，售與魯迅博物館時，他作了改動，現存手稿上留有了不少墨瀋。夏承燾日記據他自己交代，日記不曾中斷，現在出版的日記，不僅中斷許多，而且有字句改動。（十年浩劫中被抄走不歸，不在論列中），不免感到可惜。

結語

夏承燾雕像屹立於學壇，屹立於浙江大學學術長廊，屹立於東瀛學者的心中，這為低學歷的人自學成才找到一個範例。他的《唐宋詞人年譜》堪稱他治學路上的里程碑。此後他還寫了不少

關於宋詞的文章，但與他的《年譜》之作相比，簡直不可同日而語了。如果說《唐宋詞人年譜》是條起跳線的話，以後他卻不曾越過這條起跳線，值得深思。

　　夏承燾先生學歷不高，專攻一門，鍥而不捨，抱上了《唐宋詞人年譜》的金娃娃，既而釋讀絕學姜詞曲譜，五○年代踏上了學術高峰，建立了學術路上的里程碑。此後年事已高，沒有越過自定的學術起跳線，又不甘於平庸，認真寫日記，揮筆詩詞創作，為學壇留下了實實在在的史實之筆，這就是我所理解的夏承燾先生的學術道路。

銘感錢學森先生

　　我教過錢學森先生寫的〈現代自然科學中的基礎學科〉一文，他寫給我兩封信。我深感榮幸。

　　錢學森的名字留在我記憶中，還在我年輕時代。一九五五年金秋九月，他從美國攜眷飛返祖國，消息在高校不脛而走，廣為傳頌。北京有家《新觀察》雜誌，將笑容滿面的錢學森頭像做在封面上，並有專訪長文發表，介紹他是空氣動力學家，研究航空、火箭的專家，是美國科學家馮‧卡門的學生，有「馮‧卡門──錢氏公式」傳世。他的歸國充滿艱難曲折。當時身為中國科學院院長的郭沫若，請錢先生全家人到自己家裏，把酒接風。並有〈贈錢學森〉詩發表，稱他為宇宙巨星「大火」。詩的首聯「大火無心雲外流，登樓幾見月當頭」，是讚賞他久有不願服務異國，一心回歸故國的願望。錢先生說過：「經過五年多的鬥爭，我終於在一九五五年九月擺脫了美國特務的監視下的生活，回到祖國來了。」（錢文見《中國青年報》一九五九年一月六日）此後我很關注錢先生的文章。

　　一九七七年十二月，我在《人民日報》讀到錢先生撰的一

文，題〈現代科學技術〉，覺得行文簡明、扼要，而又活潑生動，是中學生學習科學說明文的不可多得的教材。我曾經把我的讀後感想寫給教育部教材編輯室，建議作為教材編入教科書；我至今還保存發表這篇文章的《人民日報》。一九八三年秋季開學，錢先生大文終於入選高中語文課本第一冊。後來我在致函錢先生時也提及了這件事，雖然微不足道。至今，錢先生大文仍然選在高中語文課本中，成為經典名文了。

課文選自錢先生大文的第三節，命題為〈現代自然科學的基礎知識〉，編在說明文單元中。一九八六年我第一次教學這篇文章。當語文老師的大抵都有這樣的一種偏好，凡自己感興趣、有講頭的課文，備課忒認真。我教錢先生大文確實是花了點心思的。

就以第四節介紹天文學一節來說。這一節共二十五行。分為三層，開頭三行的兩個句子是總說天文學研究的內容。這節末尾一句是再次強調天文學也是物理，首尾照應，重點突出。這節中間的二十行是分別述說天文學研究的成果。

中間二十行是重點講的內容。作者錢先生運用舉例說明的方法，例如科學家知道了研究太陽內部、恒星內部，就用研究可見的光譜、頻段，終於認識恒星也會爆發，古人難以解釋的忽來忽往的「客星」終於解惑了。天上又有一種星是密度非常大的中子星，天上又有一種星叫黑洞，是光出不來的星。天上還有星系。星星會爆發，像氫彈爆炸一樣嚇人，而且爆炸就要延續幾個月。星星有吸引力，黑洞引力特別強，強到光線被吸住射不出

歲寒時節
97

來，一旦地球去靠近它套近乎，那麼將被黑洞吸住，地球也就沒得命了。不過，同學們不要害怕，那是在若干億年之後的「天方夜譚」。現在害怕，為時尚早，這叫什麼？請用一個成語回答。「杞人憂天」。

這一節最後一句「要瞭解這些天文現象，沒有物理學是不行的。」是再次強調基礎科學的基礎——物理學的巨大功勳。

這篇文章的最後一節錢先生這樣說：

> 所以，天、地、生、化四門基礎學科，用現代科學技術體系的觀點看，都可以歸結到物理和數學。

這裏錢先生說的次序是天、地、生、化，但是上文敘述的次序是一說化學，二說天文學，三說地學，四說生物學。前後所說次序不同，似乎有點「亂」，什麼原因，請錢先生是否可以將「天、地、生、化」改一改，改為「化、天、地、生」，我是意在請教，無心好為人師，無心自作聰敏。我在備課筆記寫完之後的深夜，寫了一信，將我的上述講課設計及心中疑問奉告先生。他回覆了我一信，不僅覆信文字是先生親筆，所寫信封也是先生親筆：

> 吳海發老師：
> 　　九月十八日來信收到，您下功夫教好語文課，想得很仔

細，令人敬佩！

　　我想為了你們講究修辭，為了學生們好記當然可以力求簡單，規範化；但宇宙間的事物是複雜的，有其發生發展的歷史規律，簡單化規範化了，也有失真的可能。按我們今天對科學的認識，固然不妨把六門基礎學科排為數學、物理、化學、天文、地學、生物，但人們認識客觀世界的歷史卻是以天、地、生為先，而後數、理、化所以人們也就習慣地講自然科學的基礎科學為天、地、生與數、理、化了。

教學生宜教會他們從多方面，多角度去看問題，只從單一角度去看問題，簡單些，可能容易，但也可能把學生教笨了！

以上請酌。

此致

敬禮

錢學森

一九八七‧九‧三十

　　錢先生的賜函，說明我的提議是多餘的，不必要的，天、地、生、化，這個次序有科學性。人類認識自然，是從研究天文肇始，提出種種疑難問題，例如恒星的光怎麼下手研究，物理學界將疑難接手過去，終於研究出了光譜、光的頻段。天文學界又將物理學的光學運用於天文學，終於對太陽有了認識，終於認識客星的真面目與來去走向。錢先生的智慧讓我這個笨伯開了竅。

這還不是主要的，我感到欣慰的是錢先生面對笨伯的提問，不是一頓訓斥，而是作了科學解釋，態度那麼親切，語氣那麼平和，說明又那麼清楚。

賜函的最後一節讓我深省。先生說「要從多方面多角度去看問題，只從單一角度看問題，可能把學生教笨了。」先生的話高屋建瓴，也怵目驚心，抓住了我國大中小學教育的癥結。中國培養不出創新型人才，這是他在病中說過的話，令人深省。這可能不僅有教育體制、辦學思想上的原因，可能也有大中小學教學方法上的原因，例如先生說的死記硬背，人云亦云，知識面狹窄，好奇心殆盡，想像力弱化，創新的翅膀折斷了，長此以往，把學生就教笨了。笨學生中不可能產育創新人才。先生的信曾經壓在我三耕書室的玻璃板下，我常常念的一句是「可能把學生教笨了！」我在上課時，常常鼓勵學生大膽發言，回答問題。「請再想一想。」我常說這句話。只要回答有新意的，雖然是不確的，學生坐下去之前，我也會對學生獎上一句：我非常欽佩您的大膽發言。有時還翹一翹染滿粉筆灰的大姆指。畢業多年的學生見我，說我上課好說的一句話是「請再想一想」，成了口頭禪。「可能把學生教笨了」，似警鐘，啟示我這樣做。

我不僅為錢先生大文作了教學設計，我還仔細研究了錢先生這篇科技文章在遣字造句上的推敲。我在教學中發現，課本文字與《人民日報》一九七七年十二月九日第三版上的發表稿有不同。我寫了一篇專題研究文章，題〈談錢學森對一篇科技論文語

言的修改〉，近三千字，發表在吉林省寫作學會與長春光學精密機械學院主辦的《應用寫作》雜誌一九九○年第五期上。我文最後說：「錢學森以科學家名世，聰明睿知，學識淵博，他也是寫作科技論文的高手，他的認真修改文章的精神，也堪稱師表。」此文後來收錄在我的散文集《學術河上烏篷船》中。我將發表稿寄請錢先生雅正。他又親筆回了我一信，全文如下：

> 吳海發老師：
> 　　十月廿四日信及大作稿收到。
> 　　您文章寫得好，但那篇課文是編教科書的班子利用我在《人民日報》的文字修改而成的；所以磨劍人是編者，不是我。您講的那些好話應該送給他們；我不敢當！
> 　　原稿奉還！
> 　　此致
> 　　敬禮
>
> 　　　　　　　　　　　　　　　　　　　　錢學森
> 　　　　　　　　　　　　　　　　一九八七‧十一‧二

　　錢先生如果說的真話，那麼他謙遜為懷，不願沾他人的一點兒光，不願攫取他人的榮譽，人品千古。但是課本注釋中有交代，「節選自〈現代科學技術〉（一九七七年十二月九日《人民日報》），選入本書時，作者作了一些修改，題目是作者加

的。」明明是作者作了一些修改嘛。我一時懵了，我也沒有再深究下去，聊備有興趣的人去考證吧。

錢先生的賜函，當年有同事讀過。同事為我慶幸說，被科學大家稱之為「老師」，被科學大家稱之為教學「仔細」，被科學大學稱之為「文章寫得好」，這些半是真話，半是玩笑，我沒有擱到心上。錢先生這些賜函隨意放在書櫥中，二十餘年了。但是，錢先生的雅教，錢先生的謙遜，錢先生的不擺架子，平易待我，我是縈繞在懷，衷心感謝，沒有忘記過。近日搬家整理藏書，錢先生賜函翻了出來，奉讀再三，不禁泫然，師恩難忘，寫下以上文字，作為我對錢先生的紀念與銘感。

被命運扼住咽喉的先生

　　一個稻穗鋪地、金桂飄香的秋天，我走訪了歷史文化名城揚州、淮安等地，我不常有的詩弦撩撥得淙淙作響。歸途中，我在淮陰的一個公車站上。握別高師時代的同窗，沿著高速公路抵達南京。在街上備了微薄的但是適合老人胃口的食品，叩響了匡廬路十五號三〇一室的門鈴。吳奔星老師躺在靠牆的小床上，正睡著。陪伺身旁的小保姆告訴我病因：吳老師按慣例到南師大文學院領取報刊信件，然後到學校老幹部活動室坐坐，翻閱翻閱家中未訂的報紙，在出門方便的時候，不慎摔了一跤，立即送往醫院搶救，幾次宣告病危，住院數月後回家靜養，從此不良於行，整日臥床居多，說話困難，近乎失語。不一會兒，吳老師醒來，示意要起床，我等扶他坐上椅子。他氣色是好的，只是說話不清楚。家人指著我，考問是誰，他盯著我，囁嚅而最終無語，告訴他是無錫的吳海發。他恍然大悟似地立即重複了一遍：無錫吳海發。他拉住我的手。我與吳老師有段對話：

身體好嗎？好。

還作詩嗎？作。

他的爽快的答話，使得藏書滿檔的屋裏響起愉快的笑聲。他一生全身心地投入詩歌創作及教學與研究。他告訴我，他當過小學老師，後來才讀北京師大，成為語言學家黎錦熙先生的「高足」之一（另外兩位廖序東教授、張拱貴教授，均為我的老師）。他對「學高為師、德高為範」的師範教育事業忠誠不二，敬業之至，他的答話是對自己痊癒之後的一種美好期待吧。

握著他瘦弱的手，看著他睿智的眼神，聽著他低微的顫音。我記憶的視窗顯現的卻是他年輕的、充滿智慧的師長形象。吳老師是一九五五年由蘇州江蘇師範學院奉調金陵南京師範學院的。現在唱世上只有媽媽好。那時只有蘇聯好。師範學院文科理科分院而辦，南師辦成文科師院，據說這是蘇聯經驗。古木蔥蘢、四季飄香的隨園舊址花花草草，似乎都很喜氣洋洋地歡迎這一批年輕又有學術潛力的教授們。吳奔星這個富有想像餘地的名字成為中文系師兄、師弟的談論對象。上課鈴聲響過了，我們靜候著他的腳步聲。一身挺括的薄呢淺灰色中山裝、皮鞋光亮、頭髮一絲不亂，四十出頭的年紀，很符合師兄弟們想像中的年輕教授的派頭。他轉過身，在黑板上寫「祝福」二字，再寫魯迅的大名。小說《祝福》我們並不陌生，對主人公祥林嫂的苦難人生已經了然於胸，但是怎樣認識其主題思想與藝術結構，怎樣剖析小說中的

「我」，小說中的祥林嫂，小說中的魯四老爺，還有那個作者所費筆墨不多，但又不能忽視的柳媽，師兄弟妹等候著吳老師的循循善誘的研究與分析。兩節課罷，師兄弟妹無不頷首稱是。再續前課，一個爭論出現了：

《祝福》的高潮在哪裡，意見不一，吳老師提出尋找高潮，首先要弄清楚什麼叫高潮，有多人站起來發言，我不敢，只是洗耳恭聽。一個坐在我身後的同窗響動了椅子之後說：高潮就是小說矛盾鬥爭結束前的一刹那。妙哉。以子之矛攻子之盾，小說《祝福》的高潮何在？同窗答曰：我看在祥林嫂砍門檻的一刹那。認同的聲音使課堂上生意盎然，鳥語花香。請問姓名。我叫李極。像這樣的活潑的課堂氣氛，何止一次？真有雜花生樹的生態美。吳老師講艾青的〈大堰河，我的褓母〉、講田間的〈堅壁〉、講臧克家的〈老馬〉、講聞一多的〈死水〉等，都給學生留下深刻的美好印象。老師講課是有藝術可講的，嚴密的邏輯說服力，科學的系統性，突出重點，分明主次，插以趣聞佚事，有輕有重的書面講課語言，有條有理的板書，這些都是講課人要講究的。吳老師是很講究的。有的教授是一貫忽略的。在淮陰的同窗憶及南師老師，第一個提到的就是衣著挺括的頭髮一絲不亂的吳老師。他的講課風格就是一種範式，如果說我在教壇給學生講課，給成人講課，我在國內、國際學術會議發言，能夠賺取聽者的好評，因為潛移默化，我學了吳老師一生。吳老師生前多次問起李捷。他在畢業前的一個深夜裏失蹤，再也沒有回到班裏，幾

十年了，始終沒有聯繫。同窗聚會，也不見他瘦瘦的身影，是死是活，誰能告訴吳老師？

握著他瘦弱的手，看著他睿智的眼神，聽著他低微的顫音。我記憶的視窗顯現的卻是他蒙難後的拄杖緩步的師長形象。一九五七年的一場擴大化，在報紙發表〈右派就是反動派〉一文後，宣佈處理結論，南師召開全校師生大會，在長長的右派名單上有心理學家高覺敷、有地理學家李旭旦，還有吳老師，工資降了兩級。我呢，因為反對詰屈聱牙的蘇聯版的《政治經濟學》筆試，主張寫論文；因為在胡風文藝問題辯論會上發言，被視為異端，為此遭到整肅。文化大革命中，當局拋出個人檔案，我們才知道，被內定為中右。跟陳寅恪先生一樣，我想我們不是天分很高的人，我們出身農家，閱世不深，不懂陽謀；我們卻懂得吃苦，懂得奮鬥，我們沒有野心。我們有理想，我們孜孜矻矻，我們追求真理；我們愛書，也愛讀書；我們學會了寫文章。在學生時代，我們在科研上不是白卷之輩，二十年之後這些被人恥笑為「拾人牙慧」的研究論文，卻一一在高校學報見刊。吳老師調到徐州師院，差不多同時，我們由中文系大字不識一斗、自稱「大老粗」的娘們分配蘇北。我們在陌生路上剛剛舉步，檔案中那些處心積慮、深文周納的暗箱操作的垃圾，無異為我們在陌生的人生沼澤地艱難跋涉埋伏了淒厲的風雨。歷史已證明，錯的不是我們，而是整肅者本人。我們無心做先知先覺者，我們心地單純，追求真理，憑事實說話而已。實事求是，當年絕對不能容忍。在

這些方面，我與吳老師的心是相通的。

同在一個城市，我與吳老師的聯繫較多。不過我印象中，他在十年浩劫中的際遇是難以忘記的。他患上了心臟病，心律不齊，血壓又高，從此拄著拐杖緩步。徐州醫院有進口特效藥，教授沒資格配到，他到北京就診，請黎錦熙先生幫忙開後門，終於配上脈通，有效的。我去訪他，攜了十枚雞蛋贈他，我有點因吝嗇而害羞，他似乎看出來我臉上的局促不安，說下不為例，這樣吧，他讓我在近郊集市上購買一些雞蛋，或許應該便宜些，我滿口應承。一筐雞蛋送到府上，任務完成，無意邀功，誇我幾句沒問題的了。我報了價：一角二分一枚。吳師母說不算便宜，還比市里價高一分二分的。我的臉刷地紅了，難為情極了。吳老師打了圓場，故意湊身過來看雞蛋，說雞蛋比市里的大一廓（其實不大）。吳老師吳師母不會想到，辦公室同仁常笑我書生模樣，不會買東西。同仁九分、一角買雞蛋，而且還大。集上農家女見我總會喊價高個三分四分的。萬不得已，我是不趕集買東西的，只請同仁特別是女老師捎帶買點啥。我把這個笑柄說明後，吳老師吳師母哈哈大笑——文革中少見這麼樂過，不亦快哉的大笑。

君子不記小人過，老師不記學生過。吳老師還托我買舊書，值得一記。教授不喜藏書，不為少見。我到朋友家總喜歡看看朋友的藏書。周作人先生說過，書齋是不宜給人看的，往往會被人發現大著的淵源。吳老師藏書豐富，四壁是書。他研究魯迅有成就，出版專著，常發論文，一九三八年版的《魯迅全集》，紅

布面精裝，二十大卷，不收魯迅書簡。一九五八年版《魯迅全集》，是收錄魯迅書簡的，由於眾所周知的原因，只收錄了三百四十四通，僅僅只有已經搜集到的魯迅書簡總數的四分之一。我同仁中有一部《魯迅書簡》上下冊，收錄魯迅書簡千餘通，人民文學出版社刊本，許廣平先生寫了後記。同仁在文革中生活狼狽，有意出讓。我與吳老師談及，他很興奮，要我問問價格，並說十元之內不必還價。我回去一問，索價僅五元。我將書送到吳老師手上，他捧書翻著，如獲至寶，喜形於色。其實吳老師手頭並不寬裕，文革中他的教授工資一度停發，他愛書只因為愛學問；他愛學問，只因為愛魯迅。他愛魯迅，只因為魯迅是他精神上的導師，任何力量也不能阻擋他拄著拐杖在現代文學書山上跋涉。

握著他瘦弱的手，看著他睿智的眼神，聽著他低微的顫音，我記憶的視窗顯現的卻是他勤奮研究學術的師長形象。一九七六年十月之後，人們臉上的笑意綻放，呼吸的空氣似乎也不同以往，清新了些。一次訪吳老師，他已離開那間陰暗潮濕的平房，搬進新樓，坐下之後，照例由吳師母遞來一杯熱茶。吳老師雖然年過花甲，但是在學術研究上「不待揚鞭自奮蹄」，夜以繼日，完成了一本又一本新著《文學風格流派論》、《中國現代詩人論》，主編《中國新詩鑒賞大辭典》等，頗有影響。我在文革之初，因為投稿《文匯報》，就海瑞問題〈與姚文元同志商榷〉一文再次闖下大禍。歷史已經證明，我們不是異端，錯的不是我們，而是批判者本人。姚文元當年是「最高」的喉舌，終於淪為

階下囚，何其速也。我們不是諸葛亮。我撰文商榷，不過據史料說話而已。實事求是‧當年絕對不能容忍。輪番清算、鬥爭，不死算是萬幸。儘管如此，江山易改，本性難移，寫作與研究是我的志趣。我根據搜集的三〇年代舊籍，例如郁達夫著作，例如《文藝新聞》上的史料，對魯迅的詩歌提出我新的解讀，七〇年代發表在高校學報上，在魯迅研究界引起爭議，田仲濟、周振甫等先生都參與了。有觀點與吳老師相異的，他見了我，不是責備我，而是鼓勵我百家爭鳴，提出新見。他談及師生學問淵源，他遞來一張字條：「所謂教也，教人自知適當其可之準，非教之捨己而從我也。」他說這句話是清代書院教授章實齋說的，這就是吳老師的學術風度。我的拙文已經收錄在東南大學出版社出版的拙集《學術河上烏篷船》中，可惜吳老師已經不及賜閱了。

　　吳老師對學術界的弄虛作假、剽竊他人成果的現象是深惡痛絕。我作為《漢語大詞典》的編纂研究員，為《漢語大詞典》編纂近二十萬字的詞目。每一條詞目上蓋有我的名章。我離開編纂處以後，我的詞目手稿大多被剽竊，稿費僅給五十元。《辭源》修訂主編黃秋耘，中華書局專家周振甫等先生都叫我上法院控告。吳老師也叫我上法院控告，他在信上說：「此事不幹則已，要幹，便一幹到底，特別是揪出對你侵權的主要人。」

　　無奈之下，我請求上海法院查閱我早期交上去的來不及被剽竊的辭目手稿，被告竟撒謊說手稿找不到了。最後法院給我一紙文字，不了了之，連法院的公章都不敢蓋上，至今已經十餘年

了。我還保存法院的這個文字留作紀念。吳老師的知識份子的良知，讓我沒齒不會忘記。

吳老師不僅在學術研究上收穫頗豐，他還在新詩舊詩創作上獨具特色。新詩且不談，我已不看好多年了，僅僅說他的一日詩創作。他銳意拓寬舊詩題材，銳意深化舊詩的主題藝術，銳意開發舊詩的藝術技巧。文革前的詩，他也是遠離痛苦、遠離悲情的大合唱。文革中，他歷經磨難，與蒼生百姓同甘共苦，時有切膚之痛，寫的詩似乎有質的飛躍。蘇軾說過：「逆境並非全不幸，南來每助筆生花。」蘇軾在遭貶嶺南之後，他寫出了這兩句詩。詩人生活的沉浮是對詩人的一種煉獄。吳老師晚年的舊體好詩是生活奉獻給不幸詩人的一種補償。他知道我以舊體詩研究專題已經多年，他將一本收有舊體詩的詩集贈我，我很欣賞。我研究的二十世紀舊體詩，務必是當年寫下的原汁原味之作，抗戰之作務必是抗戰年代之作，文革之作務必是文革年代之作，而且實行一詩否決制，若發現一首詩作偽，最好的詩集我也不再青睞於她──即使她再美再好，我也絕仁絕義。

我的書稿已經近於尾聲了，鑒於吳老師的詩藝，在《二十世紀中國詩詞史稿》中，我還專為吳老師立一專節，題為〈吳奔星：被命運扼住咽喉的詩人〉，以彰吾師的詩學成就。

吳老師走了，以九十二歲高齡駕鶴西去，論事業，大概不會遺憾。當我看著他服下黎錦熙恩師配給他的藥物脈通的年代，我不曾想像吳老師的九十二高壽。子女對自己患難之父的理解與孝

順也是他高壽的一個因素。吳老師走了，忘記了痛苦，忘記了不幸，他活在了我輩心中。寫這篇文章的時候，我的回憶的神經遠涉將近半個世紀前的角角落落，我也已經老了，儘管不是氣息奄奄，畢竟已經日薄西山，我也時有「趕快做」的想頭了。倘我還能寫點什麼，無意於藏之名山，委實是為了紀念與承傳吳老師的道德風範與執著的學術研究精神罷了。

「不解知難退」
——我心中的吳世昌教授

一

　　吳世昌先生是《紅樓夢》研究專家、詩人、古典文史學者。他待我好，我雖然發表過學術論文，出版過小冊子，但我籍籍無名，他不以為意，他信中待我好，他見面待我好，我難以忘懷。翻閱他寄贈的大文大著我懷念他，翻閱他的賜函我懷念他。

　　我結識的師輩中，吳世昌先生的經歷特殊，讓我感動。他少年失意，當過學徒，後來考上北平燕京大學、不知艱難，苦學成才，使我這個農家出身的書生產生共鳴。吳世昌是儒雅博學之輩，他勤奮治學，虛懷若谷，卓有成就，他的英語造詣之深在同輩學人朋友中廣為傳頌。他少壯成名，他的名字在國內學術界重新叫響，則在是一九六二年秋天了。我清楚記得，一九六二年九月廿六日，《文匯報》以醒目的專文報導，報導題目老長，〈結束在牛津大學的十五年講學生活，吳世昌教授攜眷返回祖國〉。

其中一段這樣敘述：

> 廿六日凌晨，從莫斯科開來的國際列車，剛剛在北京站停下，吳世昌教授同他的夫人嚴伯升、女兒就跳下車梯，跑過去拉住迎候在月臺上的詩人卞之琳和物理學家周培源的手，緊緊地握著。——浪跡英倫，在牛津大學教了十五年書，他和他的家人回到祖國來了。
>
> 「看看吧，看看咱們的首都——北京」。
>
> 當老朋友們提起了這句話，不等吳世昌回答，他的夫人就在一邊輕輕地深情地說：
>
> 「要看的，要看的。這一路上，祖國河山原野，哪一幢樓舍，哪一株野花，不是看過了千遍萬遍的呢！」
>
> 吳世昌一家人，臨時下榻華僑大廈一個臨街的房間。還是清晨時分，一應起居諸事略為收拾停當後，他就從旅行提包裏翻出他的英文版的《紅樓夢探源》來。這時候，何其芳、周汝昌、吳恩裕等朋友接踵來訪，大家問起他歸國後的工作計畫，他說：第一項就是整理有關《紅樓夢》的研究著作；此外，如有時間，還要寫一本《詞學導論》的書。

這篇名家歸國的報導當時很希罕，很新鮮，很搶眼。

我對吳世昌先生歸國新聞感到興趣，因為我對吳世昌先生的名字並不陌生。我在南京師範大學讀中文系的時候，吾師孫望、

吳奔星等教授是他的朋友。吳奔星先生誇他的英語出色,孫望先生誇他的考證功夫扎實。所以,我把《文匯報》的這篇報導剪存了下來,匆匆已近半個世紀,剪報上沾染了油漬。重讀助我回憶,回憶起吳世昌先生的音容笑貌。

吳世昌歸國的新聞很像一枚新春的爆竹,響遍了沉寂平靜、波瀾不驚的大學校園,驚動了微風和拂但是沒有生氣的學壇長空。當時國內三年困難時期甫過,還沒有完全走出農業連年歉收、農村饑餓、市場蕭條的陰影。副食品供應嚴重短缺,城鎮人口憑著糧票、油票、布票、肉票、豆腐百葉票,橘子蘋果票過活(除布票外農民是不發給票證的)。儘管高中級幹部和統戰對象可以多領幾種副食品票證,但是跟倫敦超級市場豐盈的貨品供應相比,簡直是無法同日而語的。吳先生在牛津的書齋叫羅音室,它的窗戶,儘管能遠望祖國,但是難以看到北京商街王府井的黯然清淡與蕭瑟。朋友私下議論,國外有好日子不過,跑回國內與我輩風雨同舟,同甘共苦。不免替吳先生擔心,能否過慣這種要啥缺啥的生活。再者從學術研究角度而言,國內尚無吳先生的英雄用武之地。《紅樓夢》研究,經一九五四年炮轟胡適、踐踏俞平伯之後,已經沾滿了政治灰塵,成了一隻燙手的山芋,百家爭鳴已經變為姓「無」家族的一家獨鳴,根本不存在務實、平等、實事求是的學術爭鳴園地了。吳先生歸來不會感到寂寞無聊嗎?

但是,吳先生的歸國熱忱,註銷了朋友的擔心。他愉快地踏上了北京月臺,回到祖國的懷抱。他不以祖國的暫時困難為意,

這是一種寶貴的精神財富，為暫時停留海外、欲歸不歸的彷徨不定於國門之外的學有所成的海外知識份子樹立了一個榜樣。記得一九七六年七月廿六日，我到北京干面胡同十一號一三〇一室拜謁那天，他對我談的第一個話題是關於他的去國與歸國的問題。他一九四七年遠赴英國牛津大學講學，外面有個誤傳，以為是他本人自找門路而得的，以為是中英政府間文化交流計畫之一，他是被政府當局派遣出國講學的得寵學者，其實他一點也不知道。他嚴肅地對我說這是誤傳。他說這是英國教育部門直接聘請他的，沒有經過中國教育部，而是由英國駐華使館找到了他，知道他在南京中央大學任教。一九四八年一月他攜家眷到達牛津大學。當時同在南京高校任教的孫望先生，唐圭璋先生都知道他遠赴英倫牛津講學去了。原來如此，吳世昌先生不論是去國，還是歸國，都帶有那個時代的悲歡與色彩。誠如他在去國飛歐途中吟的一首詞中所說：「過眼方驚鄉國遠，回頭便是重洋隔。待他時拭目展輿圖，新顏色。」故國升起「新顏色」，就是吳先生懷抱中的善良藍圖。

二

再說紅學研究，吳世昌先生是大家，聞名於國中的紅學家。不能否認，國內紅學研究有的較為精深；有的較為細緻：有的則淪於繁瑣滑稽。這就不便於走出紅學圈子，不便於走出國門，

因此這「紅學」在異域顯得冷清。吳先生則大為不同，他在英倫要指導研究生，開始從事紅學研究，為紅學走向世界寫了不少文章，且用英文行文，等於為紅學插上了矯健的翅膀，輕快地飛翔於英語國度的窗戶下。一九七六年七月二十六日，我坐在吳府紅皮長沙發上聽他娓娓而談，我請他出示大著《紅樓夢探源》。這是我首次拜謁大著，硬封皮，有圖案，精裝本，牛津大學出版社出版，厚厚的，印象中有《聯共（布）黨史》那麼厚（比喻灰舊，可笑，不倫不類，但是印象真的如此）。英文本，發行於英語國度。這或許是中國學者的第一部英文原文的紅學研究專著吧。我請他譯成中文出版，他有此願望。但是苦於沒有時間，他忙著撰寫新的紅學文章，他說待以後得暇再譯述。他曾在信上見告，他寫有一長文，題〈我怎樣寫《紅樓夢探源》〉。這是一篇瞭解他學術工作的重要文章。

他研究《紅樓夢》的版本問題。《紅樓夢》有多少回是曹雪芹原作，有多少回是高鶚的續作；曹氏原作被高氏改動多少，高氏續作有哪些章節是曹氏原有的，有哪些是高氏的自作聰明，隨意創作。

他研究《紅樓夢》批註者脂硯齋到底是誰。他的考證結論是，曹雪芹的叔叔曹頫，年紀與曹雪芹相近。

他研究《紅樓夢》作者曹雪芹的卒年。他的考證結論是，曹雪芹病死於羊年，即癸未年除夕，西元一七六四年二月一日，也是乾隆二十八年。但是紅學界有另一說，曹雪芹病死於馬年，

即壬午年除夕，西元一七六三年二月十二日，也是乾隆二十七年。他不同意。郭沫若也不同意。

他研究《紅樓夢》故事與曹氏家世的關係。研究了曹雪芹祖父曹寅、父親曹頫的人生坎坷留在《紅樓夢》中的影影綽綽，真真假假。

為寫作本文，我將吳世昌先生四十年前的賜函翻檢出來重讀，眼下只找到六通，可能還有，一時我記不起置放在何處了。一九七二年八月二十八日的賜書，或可為紅學研究增補些鮮活的軼聞。全文抄錄於下。

　　海發同志：

　　　　來信敬悉，深感厚意。

　　　　一九六二年在《光明日報》發表的兩個片段，是我回國以前，該報從拙作〈我怎樣寫《紅樓夢探源》〉一文中摘錄（我的全文最先在一華僑刊物發表）。主席在《光明》讀到拙文後，對康老說，此二段既是「摘錄」，該報必有全文，要康老設法弄來一看，因此報社重新排了全文送給主席。後來舊文化部又把它列印多份，交文藝界討論。《新華月報》一九六二年六月號刊載拙作全文（一一八～一二七頁），您如有興趣，可向圖書館借來閱，並請批評。

　　　　我回國後，又曾根據新出現的材料寫過一些文章，刊在上海的《中華文史論叢》第六輯，北京《文史》第四期，香

港《文藝世紀》（中國新聞社組稿）等刊物，前兩種有單印本日內檢出寄上請教。

至於《紅樓夢探源》一書，回國後本想把它寫成中文本，因忙於搞新出的材料及其他事務，沒有來得及搞完，不久又有文化大革命，一切暫停，故目下尚無中文本。目下我又有別的任務，研究《紅樓夢》的工作又暫時放下，至早要到明年才有可能重理舊業。敬覆。

此致

敬禮

吳世昌

一九七二年八月二十八日北京

一篇見解獨到的論文，引起了最高領袖人物的矚目與牽掛，在閒人看來，這是無所謂的，但是作為當事人，作為學者教授，作為知識份子、作為社會名流、自會產生一種匪夷所思的榮譽感、成功感，在那個百家不鳴的時勢下，他心底會湧起莫名的知己情懷。吳先生敘說此事，儘管筆調從容淡定，也難以掩飾他的感恩心情。

吳先生是博雅之輩，他寫的多，很認真，有見地，他憑自己的學識為時代效勞。但是，文化大革命敲起的階級鬥爭破鼓，到他為我寫此信時已經延宕六年之久，作為一位珍惜寸金寸陰的潛心學術的學者，不能不感到厭煩了，「一切暫停」，區區四字，透露

了他內心的微辭與無奈。他一九六二年九月廿六日踏上寬敞新型的
北京車站月臺時，長於學術短於政治的吳先生或許是不會想到的。

三

　　吳世昌先生不僅是紅學家，還是詩詞作家，如果說前者反
映了他學術砥礪的一個層面，那麼後者則是紀錄他的風雨人生，
審美理想，一時感懷，道德性情。他常有作詩豪情的湧動，即使
在八年抗戰時代的顛沛流離生活中，詩神繆斯也會在午夜夢回之
後敲他的門，他筆不在手，而用燃燒後的火柴頭寫詩。一九六三
年他在香港商務印書館出版《羅音室詩詞存稿》一冊，其中《玉
樓春》（明珠難繫流光住）小序有此記載。這部《存稿》收錄他
三〇年代以後的文學創作。書中包括〈自序〉一篇，詩作三十九
題，詞作四十五題，〈詞跋〉一篇，附錄散文三章以及〈文跋〉
一篇。全書豎行排印。不用標點符號。散文篇章不作分段。行文
係通俗文言，不算古奧，閱覽不難。一九七六年七月我到北京看
病，造訪吳府。牆上掛一字幅，是吳先生自擬，請中山大學容庚
先生書寫，我清楚記得是兩句：「學問只如此，真理極平常。」
含義深邃，值得涵泳。他贈我《羅音室詩詞存稿》一冊，封面題
目用篆體字，吳先生自署。他談起詩詞創作經驗，他說一是多讀
（古人詩詞），二是多寫多加推敲，三是儘量少用典故。吳先生
在賜書中談及他的這本詩集，信中還涉筆別的內容，一併錄下：

海發同志：

　　來函早悉，事冗未能早覆為歉。您所問各點，簡答如下：

一、您說曹雪芹「詩格高古」這話很對，但您又問為何與《石頭記》中的詩迥異。這不奇怪，因《石頭記》中詩的「作者」是十五六歲的女孩子，其情調豈能與中年男子相同？小說中人物的詩應該和他們或她們的對話相應，小孩子作「格調高古」的詩就不真實了，這正是曹在第一回中批評了的「環婢開口，之乎者也」的壞習慣，作者當然要避免，其實一個作者要描繪小說中小兒女的口氣比直寫自己的話（例如為朋友題詩）困難得多。

二、發現曹逸詩的人把此詩抄去給周汝昌，周不在家，他留下了詩，卻沒有留下姓名地址，所以無法查核是誰。

三、吳奔星先生四〇年代也在桂林教書，我那時是桂林師範學院國文系教授兼系主任，因此相識。湘桂失守（一九四四年）後他去貴州，我到重慶，以後即沒有相見，如見請代問好。

四、《紅樓夢探源》的中文本屢譯屢輟，我初回國時因忙於整理新發現的紅樓材料，擱置譯事。最近有人催我，現正繼續此事，但我同時兼任文化部的《紅

樓夢》版本整理小組顧問及外文出版局的《紅樓夢》英文譯本顧問，再加本單位的工作，所以較忙；不能全力從事譯書，進行甚慢。以後若能譯成出版，當再奉聞。

五、關於宋江詞（不是詩）中的「爪牙」，因上句說到「猛虎臥荒丘」，所以照文字本身講是對的。「爪牙」作武臣解，來源甚古，最初見於《詩經·小雅·祁父》：祁父，予王之爪牙。因上文為「王」，則「王之爪牙」當然是武臣了。與宋江詞意不同。

六、我以前寫過舊詩詞，最早的在三〇年代和現在的情調不同了。六〇年代在香港印過一個詩詞存稿。回國後不常作。一九六四年《詩刊》五月號發表過我兩首詩。現附寄近作詞一首，請批評。匆匆。即致

敬禮

世昌手覆

一九七六年一月九日

吳先生最早一詩作於一九三一年冬，題為〈冬早東城待燕京校車〉，一首七言律詩。那時他是燕京大學三年級學生。香港印過的一個詩詞存稿，即《羅音室詩詞存稿》詩集不算厚，但是苦吟了大半生。

曹雪芹逸詩〈題琵琶行傳奇〉是一九七三年發現的。原文如下：

> 唾壺崩剝慨當慷，月荻江楓滿畫堂。
> 紅粉真堪傳栩栩，淥樽那靳感茫茫。
> 西軒鼓板心猶壯，北浦琵琶韻來荒。
> 白傅詩靈應喜甚，定教蠻素鬼排場。

這是不是曹雪芹的佚詩，發現之日即生爭論。詩中尾聯確是曹詩的佚句，但全詩已不復存在，這是毫無疑問的。這新發現的佚詩到底是不是曹雪芹作品，吳世昌在第一時間撰文肯定為曹雪芹之作。不久周汝昌先生撰文承認，詩是他湊合而成的，引起一片譁然。吳世昌認為周汝昌在撒謊，認為周做不出這麼老到、成熟、天衣無縫的好詩，論作者則非曹雪芹莫屬，這是吳先生的結論。不信的話，請周汝昌再做一首給大家看看。從此周汝昌先生沒有續詩的下文。從此，這首所謂曹氏逸詩成為紅學界的一椿懸案。我關心此道，請益吳先生，他談了上述意見。

吳世昌先生的紅學，我也算知音，他的詩學功底深厚，我也有親身受教之幸。遠在六〇年代初，我接受了講解文天祥〈指南錄後序〉的教務。我發現學員很喜歡閱讀此文，不時發出低微的感歎，被民族英雄的力挽狂瀾的拼命精神所感動。我利用寒暑假時間，將詩集《指南錄》全文作了注釋闡述，力求做得通俗易

懂，書後還附了文天祥年表，附了我的九篇考證文章。幾經周折，多年延宕，後來在一家出版社公開出版，時在一九九三年。我在後記中寫了這麼一句：「唐圭璋、吳世昌兩先生曾經提耳面教，永以志懷。」我永以志懷，因為在六〇年代，我將書稿寄請吳世昌先生教正。他在書稿中寫下訂正的意見，是一小張一小張的簽條，至今我還保存在我的《文山先生全集》中，抄下幾條如下：

一、有的指出典故所在。例如「注釋六十五當引《孟子‧告子下》」故天將降大任於是人也，必先苦其心志，勞其筋骨，餓其體膚，空乏其身，行拂亂其所為……以明其用典。

二、有的指出內涵寬泛而不當。例如「注釋一〈赴闕〉一詩，題已點明所寫。豈能包括『赴獨松關守衛』知臨安府」等內容。

三、有的指出與史書相悖。例如「占城，《宋史》卷四八九有傳，乃今越南中部地。稿注云今四川茂縣，乃唐置占州，與占城全然無涉。《宋史‧陳宜中傳》：『井澳之敗，宜中欲奉王走占城……至元十九年，大軍伐占城，宜中走暹，後沒於暹。』」原注「丟下益王先走占城」稍有出入。暹，即暹羅，今泰國。

四、有的指出臆想之誤。例如「注釋二十三榷木教場，《初學記》七引《廣志》：『獨木之橋曰榷。』由此義而引

申出「專利」、「專賣」之義，如官府食鹽專賣曰『榷鹽』，專賣茶葉曰『榷茶』。《說郛》十九引《因話錄》：『榷，獨木舟也，乃專利而不許他往之義。』榷木教場當即宋遼金元各在邊境所設的交易市場，時稱『榷場』者是。教場係軍隊練兵場所。『乾道元年，襄陽鄧城鎮、壽春花靨鎮、光州光山縣中渡市皆置榷場，以守臣措置，通判提轄。』稿注『榷木教場』之『榷木』為地名，乃臆想之誤。」

吳世昌先生歸國後是忙人，但他撥冗為我的《指南錄》注釋稿認真審讀，寫下了數十條寶貴意見，使我的書稿減少了貽笑大方的錯誤，提升了出版品質，我衷心感激他。人生諍友，學問恩師，都是可遇而不可求的。我的《指南錄》校注本出版後，獲得好評，北京大學宋史專家鄧廣銘先生給我以激勵，蘇州大學古典文學專家錢仲聯師閱後在書上寫了兩句：「翻閱一過，俱見匠心。」這應該說與吳世昌先生的悉心指導，提耳面教分不開的。讓我抱憾的是，當我《指南錄》校注本，在黑龍江成書出版的時候，吳世昌先生已經作古，我感到痛失恩師的低迴歎息。

四

我拜謁吳先生，圓了我渴望拜師的心願。他將香港版《羅音室詩詞存稿》簽名手贈於我，我感到愉快與興奮，我至今保存。

此前我不知道他有詩詞集出版。這時我已在構想自己的著作《二十世紀中國詩詞史稿》的藍圖，並寫了部分書稿。這是我長期研究魯迅詩歌的副產品，我想把魯迅為代表的詩歌園圃擴而大之，寫成一本舊體詩史專著。這是當時學人尚未做過夢的空白領域，我卻已經魂牽夢繞，在心中糾結有年了。吳先生贈我《羅音室詩詞存稿》，無異讓我發現了一位出色的學者詩人。我要請吳世昌先生進入詩史的殿堂，向他索要有助於理解詩詞的筆記、文稿、日記之類。他回我一信，全文如下：

> 海發同志：
>
> 　　此次您來京，得和您相識，深以為幸，可惜因地震您匆匆回去，未能多談為憾。
>
> 　　卅一日尊函，係由北京轉到。我們因北京有續震，經組織同意。遷地避震，因有親戚在此，故於二日晚離京，次早九時許到鄭州，來時只攜換洗衣服，輕裝上車。希望不久北京情況好轉，即可回去。
>
> 　　我在牛津因一切生活、工作、「交通工具」是英語，所以不大有心情寫詩詞，也因忙，無暇及此，也沒有留下隨筆日記之類。資本主義國家那種計算分秒的工作效率，非農業社會人民所能想像，絕無餘力作隨筆日記，除非退休了寫回憶錄之類。
>
> 　　您問起《紅樓夢》十二回末「贈銀」應否作「賻」，我手頭無參考書可查，大概是長輩送小輩喪禮，只能說

『贈』，「賵」字太客氣了。匆匆。致

敬禮

世昌手覆

一九七六年八月九日

　　一九七六年七月唐山發生大地震，我在慌亂中離開北京，狼狽不堪。吳世昌先生贈我的書上我寫著：

　　今訪吳世昌教授，承贈大作，謝謝。吳海發一九七六年七月廿六日於北京記。吳先生避地震而到鄭州。這封信是他在暫住的鄭州二七賓館三一四號房中寫的。他說明了在英倫不寫隨筆日記的原因。

　　雖然缺少參考資料，我還是認真諷誦他的羅音室詩詞之作，包括他歸國後在報刊發表的新作。吳先生在八年抗日戰爭時期歷經艱難，身懷民族氣節，談到自己的詩詞，這樣說：

　　「值國勢之危殆，宜有愴惻之音，留陳跡於鴻爪，未刪閒情之賦……抑在當時，亦唯直抒胸臆，自寫郁陶，初無意於流傳。」

　　他還說明了抗戰期間詩詞所作無多的原因：

　　「湘桂之敗，旅巢再復，摯婦擔雛，裹糧徒步，跋山涉水，數百餘里，圖書長物，委棄道路。八年困戰，不遑寧處，生計既劣，此事漸廢。」

　　儘管如此，他還是留下了〈對月一首，有感而賦〉、〈詠史〉、〈沁園春〉（開卷長吟）、〈減字木蘭花〉（文章誤

我）、〈鷓鴣天〉（謀國年年）等詩詞作品，從掩卷浩歌中寄託他金甌破缺之憂懷，燕巢危幕之傷心，哀鴻遍野之無奈。除此之外，他的詩詞還有另一面，記錄他在戰時顛沛流離生活中的樂觀情懷，而且出語不失自嘲、幽默趣味。例如〈戲題小照〉等。可惜這另一面在歸國之後的詩詞中已經淡出了。

據我的膚淺體會，我在已經出版的拙著《二十世紀中國詩詞史稿》中，懷著感激的深情，為吳世昌先生寫一專節，題〈長城腳下放歌〉，論述了他對故國的詩情，對民主自由新中國的追求。最後我稱吳世昌先生雖不是詩歌的大家，但他是詩史上的名家。在這裏可以說，我是第一個將吳世昌先生的詩詞延請入史，也算一位後學對師長還了報答心願。

吳世昌先生一九八六年八月三十一日病逝的，享年七十八歲。當時我寫有一文發表，不足以表達我痛失恩師的深情之萬一。吳先生在〈千秋歲〉（七十自述）中說：「半生勞碌，不解知難退」，先生一生勤謹，知難而上，很能反映他的道德與事業的個性，讓我就以此句當本文的題目。

隨意走筆

雁蕩山三日記

二〇〇七年十月十六日

江南秋日，氣候宜人，是外出旅遊的佳日。我與同仁踏上一輛旅行社的大巴，從太湖之濱的歐風街出發，開始了溫州雁蕩山的三日遊。

大巴在高速公路上行進，有力不得使，行行重行行，停停又停停，公路擴建，半邊路面通車，車又多，是主要原因。有霧也是原因。

「溫州雁蕩山，天下奇秀，然自古圖牒，未嘗有言者。」

這是宋代名著《夢溪筆談》中的話。其作者沈括，字存中，被一位英國科技史專家李約瑟譽為「中國科學史上的坐標」。天下廳秀，怎樣的「奇」，怎樣的「秀」，我雖從兩鬢青絲的青春時代讀過〈雁蕩山〉一文，教過〈雁蕩山〉一文，但是從未登臨此山，其山之奇，其山之秀，我在大巴中似睡非睡，迷迷糊糊，琢磨著奇秀二字，長達近十二個小時，在雁蕩山腳下的賓館仙樂

山莊門前止步，大巴疲憊地嘎的一聲把我喚醒。

旅行社辦的餐飲沒有豐盛的。簡單吃罷晚飯，我們踏著月色進山，觀賞月夜中的雁蕩山去。

山路一側是深壑巨溝，一側則是壁立千仞，黑魃魃的，不設路燈，有點怕人。女導遊的喇叭說，請停步，請抬眼遠望。好傢伙，一座山峰，似壓將過來，似巨人高聳著，又粗壯又厚實，非仰視不可，其高度在兩百米左右，一座高些，一座略矮，女導遊說，這叫情侶峰。從左邊望去，在朦朧月色下，山峰似擁抱著的戀人，高者湊著矮者耳朵，似在說悄悄話；從正中望去，在朦朧月色下，高者矮者之間，略存縫隙，保持適當距離，似乎還有需要經過深戀的考察，這條縫隙才會在歷史的風雨中退隱而去。「如果人們都付出一點愛，這個世界將更加美好。」舞臺上的歌手用歌聲呼喚世人的願望，雁蕩山則用山石巨峰彈奏人類之愛的優美樂章。還有公公峰，婆婆峰，極為形似，記不住附會的傳說，就不贅了。

回到賓館，看溫州地方電視臺片刻，倒在潔白清爽的床上睡著，一覺醒過來，螢幕上正在播映電視劇，對不起，我連劇名也沒有記住。

十月十七日

早飯吃的大眾食品，稀飯、饅頭、油條、雞蛋、榨菜，心不

在吃而在玩，飲食好壞不計較。早飯後，隨著導遊小旗走。

昨夜睡眠充足，今日登山不費勁，步石級二百有餘，聽見嘩嘩的澗流聲，伴我腳步，倒也輕鬆，不覺來到中折瀑。山中竟有一大片水面，圓餅形狀，水深一公尺許。水從哪裡來的呢？奇哉：這裏儼然一隻大木桶的底部，山是被淘空了的，活像縱切剖開的一隻桶，圓桶底的水，就是從山頂流下的懸空的瀑布。水澄清，河中久違的澄清，能見水底碎石卵石。桶底水面不小，此岸望彼岸能見人影，臉面則難看清楚了。懸空的瀑流不算大。郭沫若於一九六一年五月十四日遊覽此景，寫詩一首，手跡刻於石壁。詩中有句「水量當更道」。他在半個世紀前慨歎瀑流之小，可見這是老問題。我在此留影一幀。

靈岩景區，我也到過，需要經過一條棧道，百米左右，鐵製的。往下看，遊人在深壑中往來，摩肩接踵。倒掛的松樹，直指藍天的喬木，嶙峋石縫中的花花草草，不論近山，還是遠岫，皆可觀而賞之，我恐高，站在棧道上不敢多看。

走過棧道，到達彼端，排隊等候進入電梯（登山坐電梯，似無前例）。走出電梯，又是曲徑通幽處。腳下是站在山頭上。遠望過去，情侶峰又現眼前，似旁若無人地相擁在一起，卻已脫下朦朧的輕紗，顯露他與她的青春神氣，委實是一座萬千粉絲崇拜的巍然偶像。女導遊說，雁蕩山很像一座盆景山水，昨天夜裏，是站在盆中底部平地上仰看情侶峰。現在是站在盆景邊沿上俯視盆中情侶峰。盆景中的水在哪兒？且待下午。

　　據告知，雁蕩山是億年前火山岩成形的，是太平洋沿岸火山中最具完整性的白堊紀流紋地質山系，被地質學家譽為「地質天然博物館」。國外的地質教授如果在課堂上自吹一句，我某年某月某日登上中國雁蕩山考察過，將使莘莘學子肅然起敬，刮目相看。我們坐在雁蕩山徐霞客石碑處小憩時，就有老外走過，看其背包，看其行裝，不問即知是地質考察人員。

　　下午，小黃旗引領我們遊龍湫。《夢溪筆談》寫道：

　　　　山頂有大池，相傳以為雁蕩，下有二潭水，以為龍湫。

　　雁蕩者，大雁雲集洗塵之池也。湫，水池。我們未上山頂，無緣見雁蕩的大小，更未見大雁掠過。所謂龍湫，顧名思義，大概是龍藏身之池。水面不小，長形，清澈見底，湫中有竹筏二條，載著遊人，撐篙緩行；湫邊遊人攢動，玩水者有之，濯足者有之，攝影者有之，多為紅男綠女之輩。山頂距水面八十餘米，瀑流從高空飄然而下，似雨，似霧，似霰珠。雁蕩即使在大旱年頭，瀑流照常。當代女詩人舒婷認為雁蕩命名「帶幾分放蕩，幾分抒情。」誠然，雁蕩山具有不附五嶽的自信，具有不類他山的得天獨厚。

　　這就是雁蕩山的奇，這就是雁蕩山的秀。

　　雁蕩山是流紋岩石形成，山石多裸露，令人想不到的是，山上綠樹茂密，樹生山頂山腰間，樹生石縫間，樹生桌面大的泥

土中。中國畫家描繪雁蕩山，總是怪石崢嶸，煙雲繞峰，飛鳥往還，花樹森森，畫家們在奇字秀字上作稿。我的畫家朋友黃名芊教授先我遊雁蕩山，歸後，對雁蕩山的奇，雁蕩山的秀，揮之難去，畫過雁蕩山有多幅，藝術效果頗為不俗，博得范保文、傅二石（博抱石之子）的激賞。

我外出旅行，有瀏覽地方報刊的習慣。晚飯後，我坐在仙樂山莊大廳瀏覽當地報紙。見《錢江晚報》，讀到畫家吳冠中先生回到母校杭州中國美術學院講演的報導。吳冠中的散文出色，不亞於他的畫，我在報紙上為他寫過評文。他的江蘇宜興故居我去踏訪過，寫了一文發表。他的演說苦歎年老寂寞。他還說：

「人生的主要價值在於貢獻，貢獻最大者在於創造。

風格就是你自己的背影，自己看不見，別人能看見。」

其他講話，我沒有記住。但是清華大學美術學院劉巨德教授的話我記住了。他說，吳冠中先生外出寫生，帶個玉米棒子充饑，有時一天不吃東西。人們都說他是依靠光合作用產生能量的人，是植物人畫家。話頗有趣。

十月十八日

今天上午返鄉，大巴將順路馳往海寧鹽官鎮看錢江潮。

早飯後在街上轉悠，街道清潔，店鋪林立，市面生意興旺。我購買了葉綠新鮮、橘汁似溢的金色大橘，我不是必須要買的，

但是看到年近六旬的果農的懇買的眼光，我還是買了三五斤。車子開動時，我向果農揮了揮手，我似乎有話對他說，我與您差不多，您經時一年才摘下如此鮮果，還要挑擔趕往街上集市兜售；我是筆耕寫書的人，寫了多年的書稿投寄出版社，讓人挑挑剔剔，有的錄用，有的一退了之，命運何其相似乃爾。人的思維也真怪，明明是來遊山的，卻想到著書立說的艱難去了，可笑。

大巴到達浙江海寧鹽官鎮上，已是午飯時分。我們一行在清代名士陳閣老舊居所在地的街上用飯，嚐到了紅燒蹄膀鮮美之後，腳步輕快地趕往錢江大堤。這裏的景點僅此一處，觀潮。大海受到月球引力場作用，於每月初或中旬，錢塘江潮必來一展雄風。每逢農曆朔（初一）望（十五），太陽、月亮和地球形成一條直線，潮水就漲得最高最大，錢塘江潮特別高大的日期，倒不是在朔望，而是在朔望後兩天或三天。錢塘江的出口處杭州灣，口廣內狹，像個大喇叭，潮水從寬到窄，其產生奔騰的勁兒特別飽滿，特別雄勁，不可阻擋。海寧潮是出了大名的，歷代文人寫的觀潮詩文層出不窮，宋代詞中有位弄潮兒形象，「手把紅旗旗不濕，弄潮兒在濤頭立」，令人難忘。現代作家郁達夫、葉聖陶、郭沫若、夏丏尊、丁玲等都有觀潮之行。我們到達觀潮公園的時候，岸邊已是人山人海。下午兩點鐘左右，大潮在東邊初現真身，伴著潮聲，嘩、嘩、嘩，震天動地。白色的，湧動著，呼嘯著，潮聲似交響曲中銅鈸、大鼓，其聲壯闊，其浪雄渾，活躍、奔迸、起伏、抑揚。來了，來了，歡呼聲響起了。

江潮似一群白馬，一字排開，一往無前。

江潮在飛翔，其奔馳之迅速，其奔馳之強勁，其奔馳之精神，其奔馳之浩大，其奔馳之傲氣，其奔馳之豪邁；天地之大，壯觀無二也。

難怪一九一六年九月十五日，孫中山先生偕夫人宋慶齡，來此欣賞「天下奇觀」的錢江大潮，目睹呼嘯而來的推波疊瀾的江潮，胸懷強國大夢的孫先生不禁仰天感歎：「世界潮流，浩浩蕩蕩，順之者昌，逆之者亡。」

告別錢塘江往回走的時候，我想到江潮的豪邁氣魄涵養了海寧的有志之士。古代的不說，現代有王國維、金庸、潘天壽、徐志摩、吳其昌、吳世昌兄弟等都是從海寧走出去的學者鉅子。我對吳世昌先生還多一份懷念。他的巨著《紅樓夢探源》牛津大學英文版將傳之後世，是他在牛津任教時的重大研究成果，他的詩詞自成一家，我在拙著《二十世紀中國詩詞史稿》中為他立一專節論述。我稱他的詩詞創作雖不是大家，卻是名家。我曾經坐在北京東羅圈胡同吳宅的紅皮沙發上聽他談經論道，諄諄教誨，沒齒不會忘記。他的書齋羅音室牆上有一副聯語：「學問只如此，真理極平常。」我已垂垂老矣，但記得很清楚。這是中山大學容庚先生書寫的手筆，聯語是吳先生自擬的。

山山水水，天才、地才、人才的發祥地也。──大巴走在回程的高速公路上，我這樣漫想。

蠡園的詩情

蠡園，無錫風景區的一張名片。

無錫因有太湖而成錦，太湖因有蠡園而添花。

一九六二年郭沫若家中發生重大變故，其夫人于立群不堪承受巨大的痛苦，送往太湖之濱休養，郭沫若陪同到錫城，同訪蠡園，作詩貶蠡園美[1]；年餘過去，夫人康復，郭沫若喜迎夫人歸京，再次到錫，又同訪蠡園，作詩自斥，大誇蠡園之美[2]，兩詩合題，〈蠡園唱答〉，留下尾聯：

> 欲識蠡園趣，崖頭問少年。

誠然，蠡園是戀中人的樂園。筆者新近兩度訪蠡園，一在雨中；一在晴日，記識了蠡園的詩趣。

蠡園者，懷念春秋時代越國名臣范蠡之園也。

---

[1] 何用疊山丘，蠡園太嬌揉。亭台無雅趣，彩色逐時流。
　　無盡藏拋卻，人間世所求。太湖佳絕處，畢竟在黿頭。
[2] 汝言殊不然，人力可勘天。宙合壺中大，花添錦上研。
　　琴聲隨徑轉，歌唱入雲圓。欲識蠡園趣，崖頭問少年。

　　蠡園坐落萬頃碧波的太湖北岸，距錫城約七八華里，水路一葦可航，公交一車可達。七十餘年前，一位富商由滬回鄉構築此園。此園迴異國內私人園林在於：一大、二闊、三山、四水、五湖。太湖的水包容了它平靜恬淡的氣質、湖上的風詮釋了它江南人品的仁人性格，浩瀚的波濤聲標識了它志在追求的火熱胸懷。春秋時代越王勾踐的忠臣范蠡諫言越王臥薪嚐膽，同時派遣素有國色天香之美的西施，投入吳王夫差的懷抱，探取其情報，銷磨其壯志，沉溺其聲色，十餘年之後，勾踐終於在另一次戰爭中擊敗吳國，為越國雪恥。范蠡功成身退，不求功名爵祿，告別越王，攜手西施，來到無錫太湖北岸的蠡湖之濱，養魚營生，自食其力，在蠡湖的陋屋中撰有《養魚經》一書。無錫謠諺中有「種竹養魚千倍利，多謝西施與范蠡。」因此，無錫地名、橋名、港名、墩名、巷名，往往以蠡字命名以示感謝。「蠡」字原是海邊湖濱的貝殼，或指瓢勺，無錫人卻不忘這個不登大雅之堂的蠡字，甚至忘記其來自下里巴人的身世，將「蠡」字留在了錫城的港橋湖巷，將這位為民謀福祉的河南南陽人范蠡永銘口碑中，以誌紀念也。

　　這位富商叫王禹卿。一九三五年，王禹卿在湖濱築園、慕范蠡之德，取名蠡園。

　　一個春日晴朗的午後，我與同窗到蠡園遊散。灼灼桃花的盛情綻放迎接遊人，花下穿過的老人不多，多為對對情侶，或年輕的朋友，「人面桃花相映紅」，園中的青春火焰似在燃燒一般。

你看吧，千步長廊似鋪設在蠡湖邊上的一條紅色地毯，成百上千的年輕情侶款款緩步，或在桃花下，以蠡湖為背景，依欄留影；或者舉起紗巾，與遊船上的歡聲呼應，還有的不禁唱起了深情依依的歌〈太湖美〉。我們在荷池的亭榭邂逅一對年輕情侶，少女的臉色白嫩紅潤，漂亮可人；男小夥一頭黑髮，高挑的個頭難以遮掩他臉色的黝黑。女子自稱高等師範即將畢業；小夥子已經手握高校碩士畢業文憑，在科技園區成了上班族的白領，一舉手，一投足，似乎有點躊躇滿志的意味。我舉起數位相機說：給你們留影好嗎？漂亮可人的少女笑容可掬，似表同意，小夥則搖搖手，無此意思。同窗拋給小夥一句：莫失良緣。小夥一笑，牽著女子的手消失在擁擠的人群，遁形在灼灼的桃花中了。

蠡園，即是情侶園，熱戀中的情侶多以蠡園為定情的港灣，從此揚帆遠航，馳向人生的春天。

另有一次訪蠡園也可一記，那是秋雨霏霏的日子，我們走過假山，登上雲橋，穿過山洞，忽上忽下，已有幾分倦意，坐在月老亭，欣賞那副並不新鮮卻有詩意的對聯：

　　願天下有情人皆成為眷屬，
　　是前世註定事莫錯過姻緣。

一對異國遊客夫婦走過亭前，正在一位女大學生翻譯陪同下，譯釋對聯句意，聽罷不禁莞爾。我主動上前搭訕，我與異國

遊客有一段對話。

「請問先生，在錫經辦產業，抽空遊散賞園嗎？」

「不是，專程到中國旅遊的。」

「何方人聖？」

「英國愛爾蘭的。」

「無錫印象如何？」

「美極，美極。」夫人搶著回答。

「比愛爾蘭園林若何？」

「英國沒有像蠡園這樣的園林。」

我贈他一張名片，她倆聽女翻譯介紹名片上的「中國作家協會會員」，點頭微笑說：作家，作家。

他在我一本書稿的列印稿上簽下大名，讓我留念：

Makolm Hammand

女翻譯告訴我，這位愛爾蘭先生是位建築工程師，已經退休，夫婦倆耳食中國名勝之美，特地到中國旅遊。光臨蠡園欣賞。

這些，就是我尋覓到的蠡園詩趣。至於說蠡園銘記國家政要宦海風濤的餘韻，則是另寫一文的題材，這裏不費贅言。

玉蘭花苑

　　玉蘭花苑，不是住宅小區的名字，也不是當代富豪的名府，而是我馮巷舊家門前的綠地。她坐落在古城梁溪城北的近郊，千年運河的東岸，滬寧鐵路的南側。

　　玉蘭苑僅僅二十餘平米，呈長方形似一張複印紙。苑中栽有棕櫚一株，桂樹二株，紅楓二株，玉蘭樹一株；還有芭蕉、蘭草、月季、山茶等，後者的花卉都有過輝煌的年代，盛開的芭蕉、月季、山茶為古老的村莊平添了喜色，也吸引了左鄰右舍、過往行人的矚目。但是這些花卉先後被不懂事的鄰舍小孩糟蹋掉了，連同那兩株秀外慧中的紅楓；我常想念它，很想補栽上。

　　花木先得風雨之順，欣欣向榮，眼見樹幹粗壯，枝繁葉茂，爭高直指，讓我打心眼裏喜歡。如果有人問我最喜歡的樹種，我將回答玉蘭樹。啊，玉蘭樹，我心中的尤物。我喜歡他的葉，我喜歡她的花，我喜歡他的結實的身子，我喜歡她默默做事不事張揚的個性。究其原因：「豈伊地氣暖，因有歲寒心。」

　　這些花木是我從教書崗位上退休那年栽種上的。我請他們作伴兒，保駕護航，度過寂寞的筆耕歲月，讓我披拂此生難得的夕

陽餘暉，讓我離開生命終點驛站遠些，再遠些。

　　環保學家認為，栽種一樹，等於人增一肺。我那株玉蘭樹是最為善解人意的，她的生命史就是為人造福奉獻的一本書。先說玉蘭的葉。哲人說過，沒有兩片葉子是真的一模一樣的。他的葉那麼清爽厚實，勝過泡桐葉的邋遢落脆；她的葉色那麼蒼翠，濃於柳葉的淡淡。她的葉子家屬興旺，是個大家庭、有的居高，有的處下，親眷多，朋友多，鳥兒常來作客，但是相處融洽，禮讓有度。夏夜微風中葉兒聲輕，似在唱小夜曲，為忙碌了一天的人們送上和諧的歌聲。再說花兒，開得是比較晚的，她不會像山茶、迎春那麼趕熱鬧，也無意學梅花那樣在懸崖丈冰時獨具波俏，她含苞時已是百花爛熳的時分，但是玉蘭的花苞飽滿結實、直挺，如果昨夜來得一場春雨，花苞的純潔、嫵媚、奔放、豐滿猶如亭亭玉立的少女，給予多情的人留下豐富的想像空間。南朝梁代范縝在《神滅論》序言中說：「人生如樹花同發，或墜於裀席之上，或落於糞溷之中。」人生如樹花，女人如玉蘭樹。你看吧，積年累月，玉蘭默默奉獻，她為人們送上新鮮空氣，為人們清掃廢氣。白玉尚有斑點，玉蘭花則一生清白無辜，即使應對強風的挑戰，她的葉不會輕易墜地。她昂然屹立，似在守護著什麼，一副大度作派。二〇〇七年冬，意外中半個世紀不遇的雪災直壓得它氣喘吁吁，傷了她的枝，但是難撼其樹幹的挺立，她不介意，抖擻精神，依然神采煥然，迎接新的歲月，迎接春天的歌聲。

　　新春之後，玉樹臨風，玉蘭樹的葉子忙碌起來了。新枝上綻芽，舊枝上也綻芽，鮮鮮嫩嫩的這嫩葉似綠色的花，不要二十天，芽即成了葉，一樹新葉散滿在舊葉中充滿活力，這時玉蘭花已經由苞變成了一朵朵的花，白白亮亮，既嫩又潔，舊年的葉兒似乎完成了新老交替。葉兒已非舊時的清爽厚實，顯得臃腫蒼老；葉色已非舊時的青翠，顯得灰暗。葉兒在和風中告別了這個大家庭，告別了這個她曾經苦撐的家。她沒有像別的綠樹的葉兒在寒風中撒手即走，不管不顧，拋棄未來的一代而遠走。而且，玉蘭的葉悄悄落地，宛似有事的主人出門而去，但她不遠走，傍在樹根不肯再走了。她讓自己未曾乾枯的葉兒化作泥土，以盡最後的綿力。這就是玉蘭樹的個性，玉蘭樹的風骨，玉蘭樹的精神。

　　每當我讀書，或者寫作《二十世紀中國詩詞史稿》感到疲勞，思路感到滯澀的時候，我會走出我逼仄的三耕書室，來到玉蘭樹身邊，聞一聞她的清香，我感到神清氣爽，疲勞趕走了，鬱悶消失了，寂寞遠遁了。回想玉蘭漂漂亮亮的風格，回想玉蘭默默勞作不事張揚的品性，不禁慨繫之，我感到自己的渺小，自己的卑微，自己的「倚南窗而自傲」的無謂了。

　　玉蘭，我很喜愛你，我的左右鄰居喜愛您，到過寒舍的朋友例如葉至善、馮驥才、傅宏星也很喜愛您。

　　半生寫作我寫過不止一種的專著，有的還是長篇巨構，達八十萬餘字，我也算是中國作家協會的作家，但是欠缺默默奉獻不

事張揚的風範；我一生任教，教壇風風雨雨，我摸打滾爬，我風
雨兼程，我的弟子不止三千，賢者不止七十有二，但是我欠缺默
默奉獻不事張揚的個性。

　　啊，玉蘭樹，我靈魂中的坐標。

銀杏之歌

我的黃金時代獻給了蘇北古黃河濱的徐州。

我是南京師範大學畢業的，猶記得，當我打起行李和五大書箱告別清代詩人袁枚隨園舊址，跨過長江北赴徐州任教的時候，我也告別了園中一棵高大的銀杏樹，四個春秋，朝夕相處，與日情深：「再見了，隨園；再見了，我的銀杏朋友。」

星轉斗移，我已兩鬢染霜，事過多年，我卻依然思念它。

銀杏獨科獨屬，生物學家歸它為銀杏科銀杏屬，僅它一屬，捨其無二，彌足珍貴。它的左鄰右居白楊、槐樹、柳樹、楊樹之類，似乎遜它一籌，銀杏就憑著獨有的氣質與風姿，招引人們深情的一瞥。

銀杏身板結實，挺直，雖然樹齡當在耄耋以上，不見其龍鍾老態。它可不像柳樹既歪脖子，又彎腰弓身，先天性的病態。

銀杏枝繁葉茂，樹冠蒼翠葉綠，富有健康美，宛然年輕女性的頭髮，青絲滿顛，風中輕揚，沒有人見了不生喜歡的。它可不像楊槐枝條，橫逸斜出，粗髮亂頭，不修邊幅，葉兒黃兮兮的，稀稀拉拉。

　　銀杏潔身自好，落落大方，處世溫和熱情，它不像年輕女人憑藉性感吸引目光，它憑著一種氣質，一種情調，贏得人們的好感。過往行人在樹下歇個腳，喝杯茶，說個話，撫摸其皮膚涼爽，清解跋涉長途的燥熱。它不像白楊的過於頎長，心在藍天，綠蔭稀疏，葉隙落下的陽光照樣灼人。

　　銀杏雖然屬於尊貴的一族，但它隨和，忍讓，沒有嬌氣，更不養尊處優，享受任何特權。它不過喜愛深厚肥沃、排水良好的沙質土壤，如果無此條件，它客隨主便，在中性、酸性、石灰性土壤也能安家落戶，欣欣向榮。

　　銀杏有樹中壽星的美譽，山東浮萊山存活的一棵銀杏，已達三千餘歲，或許它還聽過孔夫子的杏壇歌聲，聽過孔夫子的「有朋友自遠方來，不亦樂乎」的感歎。

　　銀杏屢經劫難、傷痕累累，但它依然挺拔，大江南北均能見到它不屈無畏的身影。太湖之濱的一個山村，存活一棵碩大、高聳的銀杏，其粗壯需三個人伸臂合圍。關於它還有優美的傳說。但是電火雷擊像惡魔，不止一次企圖摧毀它，將它頭部無情撕裂，將它胸脯霍然剖開，將它巨枝無辜折斷，儘管千難萬劫，遍體傷痕，它卻凜然不屈，笑對磨難。

　　銀杏最懂得「志在奉獻，不求索取」的真諦。它一年到頭，忙忙碌碌。萬物復蘇的春天，它吐芽發綠；綠色蔥郁的夏日，它揚花溢芳；五穀成熟的金秋，它碩果掛滿雌枝。這位樹中壽星，它將周身無私地獻給人類。白果是中秋佳節待客的名品，果仁富

有營養，還可入藥。銀杏樹葉是製取治療心血管疾病藥物的原料，又能作殺蟲劑，又能肥田。銀杏性格端直，木質紋理細密。舊時婚嫁，如果有幾件銀杏嫁妝也能博得鄉鄰的口碑了。

　　愛護銀杏吧，它是秉性優越的象徵，它是穿過千劫萬難的時空，無私無畏、凜然不屈的象徵，它是深諳「立志奉獻，不求索取」真諦的象徵。它，不愧是人類的良師益友。

遊渤公島記

　　七月流火，夏日炎炎，我小遊渤公島，值得寫下一篇記文。

　　同遊者小陳，我們是相識已久的朋友，但不是事先相約，而是在公車上邂逅的。她是紙質媒體的編輯兼記者，文筆是出了名的好，她有「美女作家」之稱。她身材高挑勻稱，面如桃花，紅潤，富有健康美。她下筆快捷，行文流走，且有前衛之新意。朋友背後稱她佳人。「南國有佳人，絕世而獨立」，贊的似乎是她。我因為趕一部書稿，眼睛似感枯澀，模糊，外出賞綠，讓眼睛休閒。我問她浮生何來半日閒。她說渤公島美極，已經成為她獲取寫作靈感的具區勝境，正在為一部文稿的續文尋找構思上的契機。

　　步下公車，湖濱的風那麼軟，那麼柔，那麼清爽，迥異於辦公室中央空調的濕乎乎。跨過馬路，轉個小彎兒，巨石上「渤公島」三字在招引。進門便是大片綠地。步入長廊，消失了進入辦公室鳥籠的逼仄，開朗、明朗，自然，豁然。真有「久在樊籠裏，復得返自然」之感。長廊稱「渤公遺廊」，用鐵杆架子做成「ㄇ」字形。這是大陸已經停用、港臺正在用著的注音字母，讀

m。藤蔓已經覆蓋頂上，藤蔓多為葳紫科植物，我未見過，小陳未見過，標牌上注明從美國引進。莖細而青，葉綠而密，花多而小，如果下起小雨，長廊會響起沙沙沙的軟語，奏起叮咚叮咚的樂音。順著長廊左邊的斜徑，即是湖上的九曲廊橋和方亭，廊橋是木質的，且是本色，亭柱上少不了對聯，俗不可耐，意俗字不俗，一副也沒有記住。岸邊菰蒲，欣欣向榮。小陳見一位男孩身著北京奧運會會徽上衣，臉上貼兩個奧運吉祥圖案，一位年輕媽媽正在為男孩擺弄姿勢，準備照相。當年輕媽媽舉起數位相機一刻，小陳也用嫻熟的職業快捷將此鏡頭抓拍攬入了相機。小陳說，以後可能派上用途。

廊橋上有飲料、咖啡供應處，不開門。可能遊人少，生意清淡。這裏最為清涼，湖風陣陣，近可賞碧波粼粼，一望千頃；遠可賞鷗鷺翔集，健翮長空；對岸幢幢高樓隱隱約約，似有似無，錫城的經濟騰飛，高樓拔地而起，難有計數，它成為改革開放的標誌與信物。從製衣起家的紅豆集團的高樓有的說七十餘層，有的八十幾層，眼下尚未封頂，將成為錫城的地標性建築。紅豆，就是改革開放的春天綻放的名花。

湖濱有餐飲，有會所。後者據說是為成功的企業界年輕人服務的。我和小陳進去看過，服務員不論男女，年輕、漂亮，大方，還有笑容，誠然是亮麗的風景中的風景。

渤公遺廊沿著湖濱延伸，長達一千兩百米，站在遺廊右邊的望湖亭上，縱目遠眺梅梁湖波，心胸為之開闊，有容乃大，無

欲則剛，梅梁湖為太湖落戶錫城的咽喉，南國常有豐歲，但也不免乾旱荒年，是梅梁湖接下了旱澇保收的終身合同，將太湖的水引進梅梁湖，輸送到湖濱的千百條河道撲滅如火旱象。淫雨成災之際，也是梅梁湖張開巨口，湖納百川，將巨流推往外太湖中，確保一方平安。這讓我們想起一千三百餘年前，唐代錫城土著周渤。他眼見梅梁湖與太湖之間尚存一山，似屏障阻隔，不能將湖水融為一體。他發動百姓，群策群力，將梅梁山鑿通，打開一個大墾口，讓湖水自由出入。此項工程浩大，唐代經濟，科技雖有大的發展，但是要拿下這麼大的前無古人的大型水利工程，談何容易。據傳說，正當周渤在工地忙得不可開交的時候，忽然浮雲黯黯，風雨大作，一條身似天龍，首似黑豬的豬婆龍君臨工地，只見它三下兩下，前拱後拱，梅梁山的大墾口子出現在渤公眼前了。外太湖過來與梅梁湖相擁在一起，從此難捨難分，雨水似它們激動而心潮澎湃的熱淚。當我和小陳走出遺廊的時候，小陳指著一座大型石雕讓我欣賞；渤公似一代武士。騎坐在豬婆龍背上，騰空駕起，飛入太湖上空逡巡盤旋，這渤公豐功偉績似高山流水，一路歡歌，自唐以來，鑄就石雕，長存湖濱，俯視萬頃碧波，聆聽蒼生感恩。這是腹笥豐實的小陳告訴我的一個渤公為民造福的傳說。

走出渤公島，我們在湖邊樹蔭下歇息一會兒，碼頭停歇的遊船是漁船的造型，風檣具備，很少見啟碇出遊的。夏日炎炎，這是旅遊淡季吧，何況北京奧運會精彩的賽況吸引了離家遠遊的

腳步。我隨手拿過包中一張小報,是寫奧運會開幕式導演張藝謀的,寫到他當年導演《紅高粱》,和鞏俐廝守在一起,緋聞傳影壇,張藝謀對夫人實話實說。其口供是,在山東我們倆還沒有什麼,到寧夏後發生了那麼幾次,就是這麼回事。他老說「就是這麼回事」,怎麼回事哪,他不說我們倒還明白,他越說我們越糊塗了。沒興趣看怎麼回事,小陳把小報隨意扔進了太湖波濤中,踏上回城的公車。後來聽說張藝謀起訴了小報作者的誹謗,根本就沒有那個「就是這麼回事」。

還得交待一句,渤公島在無錫城外太湖中,長堤浮橋,連通了蠡園,黿頭渚、錦園、梅園的四大風景區。渤公姓周名渤,舊籍有傳。渤公島是紀念為民造福者之小島也。

小陳為文稿找到續文的契機否,我沒有過問。

寫於誼園

楓葉如丹，金秋季節，我在北京應邀出席賈島詩歌研討會之後，坐動車組到達天津，住進南開大學誼園。

誼園坐落在南開大學校園的東南角。繞過荷池，走過小橋，穿過花木扶蘇、曲徑通幽的花園，遠遠望見「誼園」二字，這就是南開大學的一處招待所了。

誼園環境清幽，服務員的和藹笑臉堪稱北方大學文明的一張名片。我是前天住進誼園的，明天我要告別的誼園，告別海河南歸，我坐在二〇二房間寫下這篇文字。

我是為我的現代舊體詩史研究尋找補充資料而來的。

我是第一次訪南開，我首先打聽文學院所在地。「東方藝術大樓」吸引我的目光，它坐落在荷葉已經枯敗的馬蹄湖畔。這是國畫家范曾捐款建造的功德，題字也是范曾的手跡。我讀過關於范曾一文，談到他為建樓捐款，從早晨四時半起床作畫，畫了三年的畫悉數被日本收藏，八十幀精品出售，湊足了建設此樓三百五十萬元的預算。東方藝術大樓終於矗立在南開校園，成為南開的一道中外人士注目的風景。范曾感歎：「三年畫一樓，兩鬢添

秋霜。」

　　我有計劃訪他，請他談詩，談他舊體詩中的掌故，這是我寫作研究的需要。我的拙著《二十世紀中國詩詞史稿》出版，我一度覺得遺憾，我在下卷中欠缺了一位畫家詩人。上卷寫了齊白石先生，下卷我擬寫范曾的詩。范曾是我欽佩的當代畫家，我在散文集《學術河上烏篷船》中寫到他。寫他留筆於江蘇南通狼山法乳堂的傑出壁畫（范曾祖籍南通，且是名門范當世的後裔）。儘管我接觸的北京朋友中對他或有微詞，但是他一九八九年發表的國畫巨作《鍾馗捉鬼》，一腔正氣，拖刀捉鬼，為民除害，其火藥味無人不知，表現了畫家支持正義、追求良知、懲惡揚善的勇氣。他有詩，我抄錄過，但是我要尋求專集，抄本也可，散篇則不能在史中立專節。我找而無著，也托認識范曾的南京朋友代為聯繫尋找，沒有找得，這就是我忍痛割愛、未將范詩列入詩史研究的原因。

　　於是，我步進東方藝術大樓，被人告知，范先生忙得很，不是每天上課的，據說不久前又去巴黎小住。如今的畫家都不是窮漢了，他法國有別業，我是知道的。今天很幸運，我在大樓看到了范曾的巨幅圖畫《高逸圖》，是原作，補償了我失望的無奈。《高逸圖》掛在東方藝術大樓醒目處：在山下，白髮皤然的高人正在對奕，或許棋子走向怪、異、險、僻，把一位似懂非懂的總角少年吸引過來湊趣，三人神態各異，性情各異，栩栩如生。如果說八〇年代末以後，范曾的生活似乎有所沉寂，他被扔到艱

難人生的破船，扔到《高逸圖》中類似的山谷，掉進一種落寞孤寂、淡淡憂傷、莊生曉夢的語境中，是畫家自願的嗎？未必也。

　　既然他不在校內（？）那麼留待以後吧，況且即使在校，他能否相見也難說，這位仁兄誠然有點高逸的脾氣。雖然此前幾年，我訪吳祖光師，他對我並非開玩笑地說：你說是我的朋友，他（范曾）沒有不見的道理。

　　我在東方藝術大樓得到的補償還有，我欣賞了南開藝術設計系薛義、高迎兩位教授的作品展。展出設計作品近百幅，構圖、造型、色彩，十分豐富。我看了這些展品有個感想：傳統繪畫與現實之間僅隔一層詮釋性符號，而現代派繪畫藝術與現實社會、現實生活不僅隔著一層符號，還融進了象徵符號等等的編碼手段，所以現代設計藝術更像一種哲學、一種不深不淺的詩，審美的真諦收藏在懂與不懂之間。

　　南開設有范氏獎學金，就是范曾捐獻的鉅款。在學生中很有口碑。

　　走出東方藝術大樓，我在校園內步行約兩個公車站的路，找到了範孫樓。我夢寐以求，總算一見此樓。範孫樓，紀念南開大學創辦人嚴範孫而命名。這裏是文學院的大本營。設有中國語言文學系、東方藝術系、傳播學系、設計藝術系、漢語國際教學中心，即培訓留學生部等七個教學機構，還有中華古典文學研究所、語言研究所等八個研究機構。李何林胸像在文學院入口處，似在迎送師生，他擔任近二十年的中文系主任，是文學院的功

臣。中文系老師科研著作出版物陳列在櫥窗中，有二三十種之多，我不陌生的羅宗強先生的著作《隨唐五代文學思想史》、《魏晉南北朝文學思想史》也在其中，這兩本著作均已列入教育部推薦的研究生教材。我說羅宗強不陌生，因為他八〇年代初是南開大學學報負責人，從投稿中他發表過我的文章，並將拙小文介紹給日本漢學研究人員柴內秀司，後來又有通信聯繫，他的字很有風格，很中看。我在中文系資料室查找嚴范孫資料時，發現我的著作《學術河上烏篷船》、《二十世紀中國詩詞史稿》均已編目列於書架，一位研究生正在閱看，我們談了話。工作人員告訴我，我的另一冊《二十世紀中國詩詞史稿》，文學院院長陳洪先生借去閱看。

我還在南開的穆園躑躅。這是為紀念現代文學史上九葉派詩人穆旦而建造的紀念花園，一座穆旦胸像坐落在庭院中央，戴著眼鏡，英俊瀟灑，玉樹臨風，低頭沉思，似在構思新的詩作。穆旦是英國詩人燕人孫的學生，穆旦的詩在詩壇以深沉睿智出名。教授能作詩不希罕，作詩的教授能譯詩的則鳳毛麟角，穆旦是鳳毛之輩。解放後，他被人稱為遺落的詩歌明珠，復出後他在南開外交文系任教，很出色。他的詩曾經陪伴我的青春歲月，見到穆園，我有久別重逢的愉悅，我在穆園留下一幀攝影。

次日，我將告別誼園、告別東方藝術大樓，告別範孫樓，告別馬蹄湖，告別秋染的楓葉，踏上了南歸的火車，我將揮一揮手，作別津門的雲彩。

「壞處說壞，好處說好。」

　　止庵先生是詩人家庭出身的一位醫生，一他是後來跳槽成為
一名學者；研究周作人，碩果累累。他將新著《周作人傳》寄
我，希望我一將意見寫給他。我年輕時探索魯迅寫於日本東京的
《摩羅詩力說》，凡遇疑難則請益於周作人先生，周作人曾回過
我信不止一次，賜函手跡還在，為此之故，我對周作人研究很是
關心。

　　周作人一生中有個任偽職的問題，但他是「五四」新文化運
動中的知名人物，散文家、新體詩人兼舊體詩人。現代文學史依
然認為他的散文是最出色的。面對這樣一位人與文處於二重性的
文化名人，研究界出現一種說法，即人歸人，文歸文，此說似是
而非，模糊不清，不如魯迅提倡的「壞處說壞，好處說好」切實
又明確。現代的人物志書似都運用之，況且不論是人是文，人不
可能一輩子做好事，錯誤是難免的；文不可能都好。有沉有浮，
有好有壞，有風光有灰暗。這都很自然的。

　　止庵《周作人傳》似是步魯迅腳印，「壞處說壞，好處說
好。」他花大力氣記述周作人在「五四」新文化運動中的櫛風沐

雨。「五四」運動爆發那天，周作人正在日本東京的岳家；與家小享受天倫之樂，他聽聞「五四」的吼聲，匆匆趕回北京，作為北京大學老師的幾個代表之一，前往警局慰問被拘的學生。一九二六年「三一八」慘案，請願者在段祺瑞執政府門前飲彈喋血，他出離地憤怒，寫下〈新中國的女子〉等文，言詞沉痛，公開譴責屠殺者，哀悼犧牲者，讚美新中國的女子之「大膽與從容」。直到逝世前一年的一九六六年，他還在日記中寫道：「今日是三一八紀念，倏忽已是四十年，現在記憶的人亦已寥若晨星矣。他的膽識誠然寶貴。他搞新文化運動，呼風喚雨，團結一批教授，創辦《語絲》週刊，撰發刊詞說：「我們個人的思想儘自不同，但對於一切專制與卑劣之反抗則沒有差異；我們這個週刊的主張是提倡自由思想，獨立判斷和美的生活。」他參與《大公報‧文藝副刊》的文壇雅集，成為現代文壇「京派」文學的盟主，精神領袖。

他的文學創作臻於輝煌。他的雜文抨擊時弊不遺餘力。他的散文〈烏篷船〉為散文創作樹立了標杆。他是「五四」以來新詩的奠基人，創作的〈小河〉運用象徵比擬手法為弱勢群體的命運呼喚。〈小河〉誕生「標誌新詩乃正式成立」（朱自清語），胡適稱它為「新詩中的第一首傑作」。他翻譯歐洲弱小民族作品，成《域外小說集》，得陳獨秀器重。眾所周知，六〇年代初錢谷融教授提出「文學即人學」一說，遭到炮轟幾乎身敗名裂。殊不知，一九一八年周作人即在《新青年》發表〈人的文學〉一文，

為「五四」新文學導航，成為經典名文。止庵羅列上述輝煌，幾乎不加評論，不加浮言虛語，但是傾向性鮮明。

尋覓思想發展的軌跡，這是此書的特異處，如果說一九二八年之前，周作人工作是「想對於思想的專制與性道德的殘酷加以反抗」的話，那麼此後他的思想似以在消極、閒適中尋求個人痛快。他的〈五十自壽詩〉被林語堂在《人間世》捅出之後，招來的嘲諷的巨浪幾乎滅頂。我在拙著《二十世紀中國詩詞史稿》中，記敘一位叫「巴人」的詩人寫了和詩，極盡挖苦的能事，把周作人噎得可以。巴人者，經我考證原來是清華大學蕭公權教授也。這是退居苦雨齋，漠視群眾命運的文人難免的下場。

周作人出任偽職之前曾吃過一槍。那是一九三九年元旦，刺客進門即是一槍，周作人未倒下，原來子彈被上衣銅紐扣擋駕，得留一命。有人以此說明周作人嚇個半死，後來才有投敵之作為。止庵不僅這樣說，他還發現周文中對古人的重氣節而慷慨赴死有異議，否定「偏激的氣節」說，他對文天祥也是主張「不必學他」。周作人心靈深處的忠義與失節曾經攪起了狂瀾，最後卻以屈膝事敵而告終。聯繫他對忠義古人的否定，就不覺奇怪了。

止庵《周作人傳》出版於錢理群《周作人評傳》多年之後，後出專精，自有特色。但是止庵此書的不足有兩點，一是綱目過簡，他劃定九個年代層面，應該突其主要思想軌跡，列於目錄中，做到綱舉目張，一目了然。二是利用《周作人日記》中的記錄太少。細節太少，特別是富有人情味的細節未加發掘，難免長

篇行文的沉悶、板滯。周作人對子女、對母親魯老太太是蠻有感情的，穿插一二，有何不佳？

莘園敘晤

　　楓葉如丹，蘇州莘園，護城河畔，一群風華不再的人在這裏敘晤。

　　有人指著，囁嚅著，「他……」

　　「我叫湯嘉言。」

　　啊，一臉鬍荏，花白的。對，湯嘉言，矮矮的。

　　又有一位進門來。「我，曹濟平。」

　　「啊，不自報，簡直認不出了。」

　　「竟這樣瘦。我錢難買老來瘦，您竟買到了。」

　　這樣的一愣，一愕，一驚，一喜。總有三四次吧。老同學，半個世紀不曾見面陌生了。臉面上的道道皺紋，似是風風雨雨的見證，似是歲月滄桑的烙印，似是教壇耕耘的犁痕。步履老態，鬢髮蒼然，是毫不誇張的形容，但是沒有歎老，個個神情愉悅。

　　這是一波從南京隨園舊址上走出來的人，一九五八屆南京師大中文系畢業的學子。今天假座蘇州大學的莘園，敘晤，傾訴，憶舊；還請到了步履尚健的業師應啟後教授。

　　一段時期以來，流年不利，不時能聽到同窗師兄師姐遠行的噩耗。二十餘位同窗坐在一起，不免想到清代詩人金農的詩句，「故人疏似松林葉，一回相見一回稀。」

　　這次敘晤，應感謝蘇州籍的多位同窗籌備、聯絡。在蘇州大學的一間教室，暫作我們臨時會所，備了點水果，一杯清茶。茶話會就這樣開始了。第一個發言的是王球，當年的班長，雪色滿顛，古稀已過，正在奔八十的健者。他考取南京師院中文系當學生，後留校當教師，乃至坐上南京師大黨委副書記交椅；他說話不多，勤於辦事，是實幹家，官運亨通。最後一個發言的是筆者。我原本不想發言，應啟後教授發言中提及我的近著，《魯迅詩歌編年譯釋》，過獎情重，不能不表謝忱。

　　三個小時的非正式發言，閒情、閒聊、閒雅，在我聽來，卻是派系林立。

　　首先是溫情型的，多為巾幗中人。當年頗有姿色，歲月磨人，但是不失往日風韻。讀大學是用功的，自稱胸無大志，將來有個小家，兒女雙全即可。大學時代待男生和和氣氣，偶爾還將食量小而省下的飯票奉送飯桶級的男生時，並不附帶私心和條件。平時連報紙也懶得翻閱，不懂政治為何物，一腔溫情付與同志，付與組織，付與人際交往。溫情是穿透災難的無形力量。畢業半個世紀，雖有風雨，雖有怨氣，但是平平安安，誠似魯迅信函末尾的祝語：闔府安吉。所以，發言充滿溫情地說：「我滿足了。」

其次是懷舊型的。我班上除了從校門到校門小學門、中學門、大學門的「三門」學生之外，有近半數的同窗不僅年紀遠大於「三門」學生外，他們來自渡江戰役的隊伍，來自小學教育崗位，來自工廠的車間，他們有生活經驗，他們談吐不俗，有時發言為尋找一個恰如其分的用詞而略見尷尬，他們為同學所敬重。他們能識別風向，政治風浪中穩紮穩打，棋子安放步步謹慎。他們是一時的勝利者。真理不是權勢的兒女，而是時間的兒女。他們懷舊了，懷念舊時的振臂一呼應者雲集的氣派。他們低首尋找左右，發現時代的腳步走遠了，自己卻在原地躑躅，徘徊。他們在茶話會上的發言頗為激動，卻讓人沉思再三，莫名其妙。懷舊型中有我私交甚深的友人，宦海浩渺，人各有志，各行其道，待之不必過於認真，但是，丟掉了四年大學的專業而從政，我總是替友人惋惜。

還有是寬厚型的。大學生活原先愉快自在，不存芥蒂。臨近畢業的擴大化運動，同窗友情壓不倒分裂的洶湧。半數以上關心祖國前途的胸有大志之輩，遭到不同程度的整肅，灰溜溜地走上艱苦地區的教壇。執教三十餘年，桃李天下，個人不追求名譽，埋頭苦幹，還有著作終於問世於新時期。回眸舊時歲月，不算虛此平生。他們發言很平靜，友誼第一，他們說了一句很寬厚的話：過去的那一頁歷史翻過去了，忘記它。

暮色沉沉，時間不夠，主持會議的學長蔡希傑說，下一個節目是莘園聚餐，邊吃邊談。

　　我與應啟後教授、周慶基、王球、曹濟平、孫瑞丹同席。敘晤中有說不完的話題。總是感到似有良人缺席的遺憾。不知誰說了一句：「李捷未到，遺憾，下次設法把他請來。」說起這位學兄，毫無疑義的一句評價：聰敏，長於辭令。他寫得一手文章發表於滬上雜誌，他能演話劇，他把阿Ｑ演得活靈活現，他主持「胡風問題辯論會」，一百號樓下擠滿了師生，辯論會為胡風立言，這是當年膽大包天的翻案會議。他在會上與省委一位部長對話、激辯，掌聲雷動。過後，「言論自由於他們是不適用的」，僅此一句而定讞，一個夜中，他失蹤了。八〇年代初，他獲平反昭雪。找過曹濟平說話，二十二年的不幸他一句不提。他要還了他在校時的藏書（大多是「五四」新文學名家著作，他有曹禺、田漢、歐陽予倩、洪深、吳祖光劇作的全套初版本，我見過），他在一個傍晚告別同窗，遠走他鄉，煙雨茫茫中消失了他的清瘦、高高的身影，從此，沒有見到他。

　　我們懷念他。

舊家理書

　　梅雨季節，已經移家城區的我，從高樓遠望窗外，狂暴的風，如注的雨，像梳子篦著我心，一陣一陣地痛，因為我掛念城外的舊樓，在風雨中，不知又會受到什麼意外的襲擊。舊樓中雖然沒有明式的傢俱，沒有舊藏的古玩，但是收藏著與我相依為命達半個世紀以上的舊籍，所以我怕屋漏。俗話說，船破偏遇頂帆風，屋漏又逢連夜雨。我是不止一次有過身受的痛。這場風雨中，我的舊樓安然無恙否，我的破書安然無恙否？我得回舊家去看看。

　　舊樓在一座千年古村的橋邊。古村坐落在古運河北岸，曾經長有銀杏、巨柏、欅樹、烏桕等喬木名樹，高有數丈，樹的身圍得兩三人伸臂才抱得過來。我家的舊樓站在綠蔭中，雖然談不上起眼，但也獨門立戶，「數百年舊家無非積德，第一等好事還是讀書。」一副門聯往往得過往人青睞。走進後屋，我發現地上之濕，從未見過的；牆壁也濕，樓板滴水。上樓再看，樓板通通濕了。我不看櫃子，不看木箱，不看衣被。我看書櫥，看書架，看樓板地上的書堆，不好，不好，東壁書櫥通身濕透。通身者，

從頂上到底下，從上層到下層，從書外到書裏，沒有不受淫雨之傷。厚的書，薄的書；線裝書，平裝書；簡裝書，精裝書，還有舊的書，新的書，似乎都在淚流滿面地對我訴苦，似乎都在抱怨我搶救失時。

書怕四害，水、火、兵、蟲。水之災也，尚可一救。我知道，潮濕的書千萬別曬陽光；曬則難以恢復平狀。我將書搬往通風處，耐心等待它們慢慢晾乾。二十餘天之後，我為書做了整容，做了按摩，做了療傷。

我先為兩種版本的《魯迅全集》整容，一種一九五八年版本，我高師畢業任教於充滿野趣的微山湖濱，其第一個月的工資，我用來購買了這個名為「全集」，其實被抽割的解放的第一個《魯迅全集》。另外，一種一九八一年版本，魯迅誕生百年紀念版。整舊如舊，雖不能完全恢復其舊觀，但畢竟沒有破壞其莊重樸素，一如魯迅作風的裝幀。差堪欣慰的是，我在《魯迅全集》中重睹了幾封舊信，賜信人或為業師，或為學長，或為學術前輩，均係我尊敬的先生。

一封是《全宋詞》編者唐圭璋先生寫給我的。全文如下：

海發同志：

　　一月二十一日來信收到了。上次你給我《魯迅研究文叢》也收到了。

　　勿念。

　　　　我有病不能多寫。祝您
　　春節好

　　　　　　　　　　　　　　　　唐圭璋覆
　　　　　　　　　　　　　　　　二月一日

　　這是一九八二年春節的賜函。唐先生是我高師時代的業師，我畢業後常通音問，即使浩劫中，我也不止一次去拜謁，談談健康狀況（偏頭痛糾纏著他多年），談談小道消息，學業是不談的了，牢騷總會發幾句。浩劫中，唐先生在我的一個小本上，寫贈我一首小令，如下：

　　燈，
　　今夕分明見故人；
　　情誼厚，
　　談論更精神。

　　賜函中提到的《魯迅研究文叢》，是湖南人民出版社出版的一種集刊，記得是朱正先生編的。那時學術界正在為魯迅先生的一首詩爭鳴，詩題〈送S.M.君〉（這是魯迅定的題目，不知怎麼搞的，卻被誤題為〈湘靈歌〉，對詩意引起誤解）。爭鳴是由我的一文引發的。文章刊在一九七六年，七、八月號的《文教資料簡報》。文中披露一則資料，那是一九三一年八月上海《文藝新

聞》發表〈送S.M.君〉加上的編者按語。從此對魯迅此詩的詮釋形成截然不同的兩派。我在《魯迅研究文叢》又發一文，作了詳細考證。《文藝新聞》當年的編輯是樓適夷先生，他也撰文支持我的論點。唐先生一貫尊重魯迅先生，是他向我索要《魯迅研究文叢》的。信雖簡短，但他寫於病中，此情此函，我很珍視，無意捨棄，夾在《魯迅全集》中保存了下來。

一封是葉聖陶先生寫給我的信與詩。全文如下：

海發同志：

十八夜惠書到已數日，遲覆為歉。往時所為文，今多不憶，且留存甚少。足下乃謂可結集出版，未免阿其所好矣。承詢詩作，書一律於後，藉酬厚意。即請

教安

葉聖陶

十一月廿五日下午

觀紀錄片《成昆鐵路》

經始當年入大隧，老昌溝畔亦流連。（一九六五年秋參觀工地嘗入鑿而未穿之隧道二里許。老昌溝在大渡河邊，其處施工至艱險。）

崇山峻嶺蟻穿穴，鬼斧神工人勝天。

　　　雲表長橋車疾馳，崖間深壑路盤旋。

　　　川滇黔際環遊願，獲賞殊欣在眼前。

　　此信夾在葉聖老的散文集《小記十篇》中，是一九七四年十一月廿五日寫的。〈觀紀錄片《成昆鐵路》〉詩記錄了一九七四年秋天社會主義建設的一件大事，即成（都）至昆（明）鐵路勝利通車。同時放映了大型紀錄影片。葉聖老作詩熱情謳歌，詩情洋溢，是一首不可多得的好詩。眾所周知，成昆鐵路沿線山高谷深，川險流急，氣候多變，地質複雜，有溶洞、暗河、斷層、流沙、瓦斯、岩爆、泥石流、硝鹽，有三分之一以上路段，坐落在七級以上地震災區，號稱「地質博物館」。在此地區修築一千多公里的鐵路，談何容易！詩人葉聖老被築路工人的革命英雄主義所感動，寫下此詩。首聯他作了回憶，中間兩聯作了生動的描繪，歌頌修路人不怕艱險、鬼斧神工、發揮聰敏才智，終於穿山越嶺，雲中架橋，崖間深溝，勝利通車，作出了巨大貢獻。尾聯的環遊暢想使現在的旅遊者想起此詩，對工人心懷感激。

　　還有一封是易竹賢先生的來函。易竹賢是武漢大學中文系教授。他在學術界出道早，記得「文化大革命」前他就發表關於魯迅研究的文章。他歷經磨煉，矢志不移，沉潛於學術研究。學術早春來到華夏大地的時候，實事求是的清風輕吹學壇的門扉的時候，易先生為學壇捧上了《胡適傳》，三十餘萬字，得到好評，令人驚喜我購存一冊。在信中，我們討論了魯迅與胡適之間的交

往與感情，回顧了他們在北京時期的鴻雁傳書。交換學術資料，
互致問候的種種史實，可以肯定，魯迅與胡適此前雖有意見上的
分歧，但是沒有很深的芥蒂，更沒有在此之前學術界說的那麼形
同水火。信較長，這裏就不引錄。

當我為陸侃如、牟世金《文心雕龍選譯》上下冊整容的時
候，一張用鋼筆書寫的字條，從書頁中跌落在地上，我俯身拾起
字條，一陣喜悅襲上心頭，竟是著名教授陸侃如先生的手澤。全
文如下：

> 圖書館辦了個工具書展覽會，這對你們學習很有幫助。馮先
> 生和我已請趙省之先生對你們作一次指導，在他指導下系統
> 地參觀這個展覽。時間定在星期四下午二時，請到古典教研
> 組集合。
>
> 陸侃如
> 十月廿一日

陸侃如是高教界名聞遐邇的古典文學教授，曾任山東大學
副校長。他是北京大學的高材生。他在大學時代寫成了學術名著
《中國詩史》，分上中下三冊出版，少年成名，躊躇滿志。據說
他那時正在跟同窗馮沅君牽手，墜入愛河，他們的相戀得其兄長
馮友蘭先生的支持，大著的出版成為他們新婚燕爾的見證。新中
國成立後，儘管意識形態從嚴把關，但是《中國詩史》沒有打入

冷宮，小作文字改動，仍然公開出版，作為中國文學史課程的參考教材受到師生的青睞。我的古典文學業師也向我們作了推薦，說是同窗好友之作，可以參看云云。我的這位業師，他就是喬國章先生。喬先生江蘇鹽城人，上課講一口蘇北口音的藍青官話，他是外交部長喬冠華的叔父。喬國章與陸馮夫婦係北京大學同窗，同是北京大學中文系馬裕藻的學生。喬先生國學根底厚，對桐城派有研究，發表過著作論文，在專業上也是自成一家，從不輕易讚譽學人，推薦著作，但是他對陸馮合著的《中國詩史》讚許不止一次。雖然他也指出其缺點，例如關於長詩〈孔雀東南飛〉（一名〈古詩為焦仲卿妻作〉）的寫作繫年，喬先生認為尚可推敲。

話說回來，陸侃如字條沒有繫年，僅記月日，從字跡的流暢，行文的輕鬆，交代的親切諸方面看，不像寫在一九五七年陸侃如那場「擴大化」罹難之後，應是寫在一九五六年的金風送爽的時節，那時高教界師生正在淺嘗「向科學進軍」口號的興奮劑。山東大學舉辦工具書展覽，意在「工欲善其事，必先利其器」，給大學生研究生在科學進軍路上以披荊斬棘的研究工具，指明便捷的路徑。字條是陸侃如寫給中文系研究生的。陸馮趙三位先生為夯實其門下研究生的學術功底，而殫精竭慮，導師們的認真負責，導師們的竭忠盡智，導師們的奉獻精神，委實是很感動人的——雖然是事隔半個世紀以後的再讀，依然能夠掂到前輩學者良知的分量。

　　陸侃如先生這張手澤會流落到我這位與山東大學幾乎無所瓜葛的人手裏，也值得記上一筆。那時我在徐州微山湖濱任教高中語文，教師中除了三幾個本地籍的回家住宿，都是住校的。我的鄰居一對夫婦，男的教物理，女的教語文。我與這位女教師辦公時對坐，有時不免侃些舊話。她是山東濟南大明湖邊人，人是漂亮的，雖然已經育過三胎，卻沒有折損其美顏，就是矮了點兒。她曾經談過一次戀愛，朋友是山東大學中文系研究生，才華、學問，據她評論，認為可以，古文功夫很扎實。拍拖有年，但是她不想嫁給他，不在於人品，不在於個性，不在於感情，而在於這位研究生近視，眼鏡近千度，厚似瓶底，她說難以相處，以後上街她要做他的拐杖，多尷尬。但是這位研究生對這位漂亮女友是十分鍾情的，每每給她寫信總在五六張紙，纏綿有情，文白兼用，行文流暢，她給我欣賞過若干頁。他送書給漂亮女友是留作紀念。《文心雕龍選譯》是他導師陸侃如的大著，他禮贈漂亮女友情意厚重。最後卻還是分手。浩劫初期，我的這位漂亮同事被推到風口浪尖，那天被所謂造反派揪住，糾纏不休，從上午到下午，回家後口中無味，嘴饞了，想吃點東西。街上商店零落，葷性稀缺，她買了兩條鹹魚回家，一家人吃了，她小女孩沒吃，太鹹；她丈夫吃了，瀉了一次肚子，無事；她吃了，又瀉又肚子痛，熬了三兩天，送往醫院住院，醫院忙著打派仗，有誰能用心救活一個病人，竟然死在床下水泥地上，床邊沒有一個醫護人員，沒有為她搶救的醫生，僅剩一隻半空的滴注瓶，還有，伏在

母親身上直喊「媽媽」、「媽媽」嚎啕大哭的四歲女兒。

　　最後，物理教師與小女兒相依為命，生活狼狽，承蒙領導照顧，允許他調回到蘇南老家父母身邊。整理舊物時，物理老師將他漂亮夫人的這本陸侃如教授的大著扔給了我。他不能也不知道書中還存放著陸侃如先生的字條——他夫人與陸侃如夫婦的研究生牽過手的拐彎抹角的紀念品。

　　舊家理書，打開了我記憶的窗戶。陰晴圓缺，悲歡離合，寫完這篇文字，畢竟已是一片晴朗的天空。

手溫

　　天已冷了，這個降臨江南大地的冬天，似乎有點異常，它一步到位，沒有序幕。近日又跟著北方冷空氣的腳步，大風六級，陣風可達七級。氣象預報說，冷空氣後勁大著呢，還在增援南下的先頭部隊。明日凌晨氣溫將再降，跌到零度左右。寒風在千家萬戶的門外不懷好意地徘徊。我按舊例，聽從一位知名醫家的忠告，晚飯後出門散步，「飯後百步走，活到九十九。」我無意賴活，飯後散步則已成為習慣。我披上棉衣，戴上帽子，走出家門。

　　走出小區的門，行人縮脖低頭，腳步匆匆。我走到了高架橋不遠，在微弱的燈光下，分明望見有位躬著背的老人在走動，腳步匆匆，並不穩健，從人行道走向略有坡度的原花圃，躬著背來，躬著背回。原來他是一位農民工，背並不駝，中等身材。穿得單薄，一件顏色黃綠的舊軍裝上衣，是破的；褲子，是補丁的。人是瘦瘦的，臉上鬍茬拉雜，難掩其蒼老模樣。近日路面在翻修他是在搬磚頭，先把磚頭橫平二塊，又豎平二塊，摞起柱形，不少於三十塊，彎腰一併搬起，很吃力，喘一口粗氣，躬著身，一步算一步地搬動著，半張著口，似在喘氣，鬍茬上的口氣

結成亮珠，閃閃似的。他要把磚從人行道上搬到原花圃上的施工地塊有二十米遠，為砌個變電設施，他把磚塊擺好，像個不高的單人鋪。鋪上草席，鋪上被。我憑直覺知道，無所遮攔，寒風呼呼中，他是要在這單人鋪上守夜護磚護水泥，度過常人難以應命的寒宵。冷啊，憑我經驗。

　　我趕回家，孩子已經睡著了，我從衣箱中拿起一件棉衣，羽絨充物，匆匆出門去。我的愚不可及是，似乎要去實施驚天動地的壯舉，急乎乎地趕到老人那裏。磚塊搬掉小半了。我上前答訕，我把棉衣贈給他。他趕忙脫下髒灰的手套，接了過去，臉上的笑容宛然夏天的荷，秋天的菊，高山上的雪蓮，大海上日出前的朝霞。

　　我與這位人有一篇對話：

　　　　老闆叫守夜的？

　　　　老闆叫守夜的。

　　　　今夜搬到什麼時分？

　　　　半夜，十二點。

　　　　老闆按月付工錢多少？

　　　　四十元。

　　　　我的驚訝他看出來了，又補上一句：一天四十元。

　　　　吃飯呢？

　　　　老闆管飯菜，一日三餐。

社會保障費老闆給交嗎？

不交，都在四十元中。

府上何處？他不懂府上，我解說幾句。

他答蘇北漣水縣。

貴姓。他不懂貴姓，我解說後他立即省悟。

在我手上寫了個「梁」字。他說梁山泊的梁。

多大年紀？

他用手指告訴我六十二歲。

外出打工幾年了

他深思片刻說：五年了。

　　他把棉衣放在「床」上，戴上手套，又去搬他那些磚塊。看上去有千塊左右，子夜搬完，活兒挺緊的。我告訴他，夜裏風大，倘下雨，你可到馬路對面錦江之星旅館避避風雨，說明情況，他們不會嫌棄你的。

　　臨別時，他脫下手套，握了握我的手，熱乎乎的，難以形容的手溫，流過我的全身，流過我的心。

　　手溫，難以忘懷的手溫。

重訪金陵隨園

　　同窗敘舊，重訪隨園，回到寧海路上南京重點保護文物單位南京師範大學清宮式的屋簷下，已在畢業近半個世紀之後了。

　　母校坐落乾隆時代詩人袁枚建造的隨園舊址，國中大學已達二千餘所，還很少有大學是建立在具有二百餘年歷史的詩人名園的勝境，而且這座名園還是清代文學大家曹雪芹構思《紅樓夢》的參考。

　　至於說袁枚隨園的問世，其辛苦與繁難，袁枚寫有六篇〈隨園記〉作了記載。作為江寧（今南京）知縣的他，棄杭州西湖舊家，而選擇江寧築園頤養天年，足見他對小倉山下的這塊風水寶地之情深。他有錢築園，而且規模宏大。我見過一幅《隨園圖》，是距他活著年代不遠的同治年間畫下的，圖上還有他孫兒袁宜寫的題記，真實性該不成問題。隨園坐北朝南，園中有山，澗流潺潺，溪水幽幽，野趣橫生。層樓屋宇有百數，登樓遠眺，金陵西北城貌盡在一望中，落霞孤鶩，碧水長天，景色幽深。園中亭、榭、軒、閣、廳、廊，錯落有致；園中小橋，曲徑，池塘，農田縱橫交織；園中雜花生樹，園圃疏籬，佈局有

序；鷗鷺翔集，生態欣欣。誠然是桃李芳園，也是序天倫之樂的好去處。

隨園大門上的一副對聯，寓意深深，雅俗兼備。聯語是：柴米油鹽醬醋茶，除卻神仙少不得；孝悌忠信禮義廉，沒有銅銀可做來。

袁枚是兩江總督尹繼善的門生，園中敘晤，詩詞唱和、袁枚有記。詩人趙翼（雲崧），莊會農等騷人墨客均為隨園的清客。今人錢鍾書說過：「隨園以性靈識力為主，學問為輔。」說明了袁枚的詩人情懷。

就是這樣一方寶地，不僅能隱約聽聞詩騷的餘韻，而且還是被寫入了《紅樓夢》，當作了大觀園的模本。這是有可靠史科作旁證的。曹雪芹的同時代人富察明義，他寫過〈題《紅樓夢》〉二十首，他在小序中說，他見過《紅樓夢》抄本，還是曹雪芹親手交給他讀的，他留下這樣的文字：

　　蓋其先人的江寧織府；其所謂大觀園者，即今隨園舊址。

語氣那麼肯定，難怪近人胡適、俞平伯、吳世昌等紅學家深信不疑。

在隨園舊址上讀書，盡享這塊文脈之地的靈氣，人生大幸事也。作為好事寫作研究的筆者，我很願意重訪隨園，重訪舊友，回憶舊址上的青春屐痕。

　　重蹈南京寧海路上舊日的屐痕，我步入南京師範大學校園，真的像數十年在外流浪的遊子回到慈母的懷抱，我心頭一熱，眼淚似在洶湧，我熬住了。記得一九五四年九月一日，我入學報到，是由一輛敞篷卡車從南京下關車站接同學到校門內綠蔭大道的，我也激動過。傍晚夕陽中，校園響起柴可夫斯基的交響樂曲，旋律優美深沉，難以忘記。我農家孩子還沒見過這麼大，這麼美的校園，我對自己發誓：好好學習，將來做個有益於社會的人。花草鮮美，古木蒼天，我記得它；林中綠葉也該記得我在晨光熹微中朗讀優美的俄羅斯語言的稚嫩口音。明清宮殿樣式的教學樓宇，依舊獨具風采。屋宇下的莘莘學子一批又一批奔赴艱苦的農村，在油燈下，為培養德智體全面發展的下一代而焚膏繼晷，兀兀窮年，這些宮殿可以見證。一片大草坪，據說是從美國引進的草種，養護良好，依然風姿綽約。記得秋冬陽光下，我與同學抱在一起打滾（不是抱女同學），染得頭髮上衣裳上全是草屑，上課鈴聲才讓我們戀戀不捨地走開。

　　草坪打滾不和異性抱在一起，男同學並非不想，而是當年沒這麼大膽開放。要說靚女之多，南京師大是出了名的。那時的中文系幼教系美女如雲，物理化學，地理諸系，均有嬌似紅杏的女生，但是很少有男大學生敢於去牽女學生手。有的男生在學習上不甘落後，毫不自卑，但在那些可人的女生面前，竟那麼自卑，那麼不爭氣，不敢發射一絲的愛慕資訊。貿然動作，一旦敗露，「羊肉沒吃到，惹得一身臊。」許多同學陷入了單相思的柏拉圖

式暗戀泥淖而難自拔。到而今還會打聽嬌似紅杏的校花飄落誰家，當聽說花兒們遠走英倫謀職，那時不許遠走英美，不禁一場感歎。

可記可憶的太多了，說不完。

我猶記得，南京師大雲集許多有學問的老師。高覺敷教授是出了名的心理學家，我在舊書店裏買過他的專業著作，他固然是教育心理學的權威，他還是國防心理學家。解放前後，他不止一次給初高級軍官講戰場上的心理學，軍官們佩服得五體投地。五〇年代的擴大化把他打入另冊，從學壇上將他趕下，默默無聞。

我猶記得，唐圭璋教授是海內最具學術成就的詞學研究家。他是為人誠實、本分的恂恂者，腹有詩書的大教授，他的《全宋詞》、《全唐五代詞》，他的《詞話叢編》，他的《宋詞四考》是中國詞學研究的奠基性工程。他不多言詞，但他教學時開發詞中蘊含深深的內涵，引導學生進入宋詞語境中去感悟，出現人們意想不到的教學效果。東瀛日本學者千方百計要拜謁他，非面聆謦欬不可，否則留下訪華的學術遺憾。儘管如此，但他謙遜為人，在慶祝他任教五十周年的會上，他將講話人的講稿上「詞學泰斗」四個字劃去，並說不敢當。在唐先生病逝當年，我在《人民日報》海外版一九九一年六月發文悼念先生，以示謝恩。

我猶記得，傅抱石教授是風度翩翩，恬淡飄逸的著名國畫家，他的畫一流，他的字一流，他的理論著作一流，他的笑容也是一流的。齊石白、徐悲鴻去世之後，國內畫壇翹楚就數他了。

我聽過他講屈原，講他關於屈原詩篇的畫作，講郭沫若在他畫上題的字，水墨或濃或淡，或枯或潤。畫與字珠聯璧合，是傅先生的得意之作，不是賣品。我們站在畫前不願離開，只覺其美，只覺其豪。隨園舊址上有一個傅先生，隨園可以說，深幸有一，不望有二了。

此外，校園中還有名家，孫望、錢仲聯、吳懋儀、陳之佛等多位名家。或是古典文學教授，或是化學教授，或是工筆畫家。

我在隨園舊址躑躅，百號大樓後面一池清淺，綠葉匈匈，水天一色。據傳是隨園的遺跡。「同學少年皆不賤」，風華絕代，已成過去。同窗們老了，額上的深紋，是為教育事業耕耘的犁痕；雪色滿顛是畢生育人的獎賞；步履不健，只因人生路上跌了跤。走過現今的美術學院，同窗們想起這裏有一片森森可愛的樹木，有一池塘，還有小橋，這裏離開隨家倉庫僅一堵圍牆之隔，樹木池塘或是當年舊物舊制，不是不可能的，現在卻杳然不見其蹤影了。是嘛，世事滄桑，如今南京師大發展飛躍，有了三個校區。詩人都是浪漫想像力發達的人，詩人袁枚怎麼也難以想像隨園的滄桑巨變，但是其豐富的人文意蘊還活躍在隨園的時空中。

一百號大樓是我非去瞻仰不可的，也是我在她身旁站立最久，重溫回憶費時最長的。我留戀她，因為我在這裏上過課，聽過蘇聯專家的講學，因為我在這裏的新歲除夕晚會上與同窗、老師、院長愉快地共舞。這裏活動的細節，我已不記，但是唯有記憶清晰的是，一九五七年春季，那個不平常的歲月。關心國是的

男女同窗，班上約有七八位，他（她）們都是勤奮好學的人，他（她）們有才華，文章寫得漂亮，他（她）們熱愛生活，尊敬師長。在這一百號樓下，天真地回應號召，積極參加整風運動，辦起了民主講壇《胡風問題辯論會》，讓同學到講壇上發表整風心得體會，意在發揚民主，推進民主政治，推進言論自由，這都是國家憲法上明寫的，允許的。胡風的言論包括抄家抄出的私人信件、著作都在憲法認可的範疇中，可以允許的。誰能想到，風雲突變，宣佈言論自由於他（她）們是不適用的。這七八位學子淪為被鬥對象，落花流水，打入另冊。一天夜中，他們中有人失蹤了，像俄國十二月黨人一樣，悲壯、激烈，走向了天涯。次日傍晚，綠蔭下依然傳來俄羅斯偉大作曲家柴可夫斯基的交響樂曲，優美旋律中似有音節很逆耳，好像是他們七八個人譜寫的聲音。這旋律是失望，是痛苦，是憂傷。

如果有那麼一天，為《民主講壇》樹立紀念碑的話，碑上只需寫上四個字：「真誠、無私。」

今日重訪隨園，我站立在一百號樓下久久不願離去，似又聽聞舊時交響樂曲的聲音，很動聽，很優美，畢竟歷史翻過新的一頁，走上正道。我很想跪下，在百號樓下，我默禱我的同窗健康、期頤、幸福。

處江湖之遠，心憂其國。痛苦的經歷終於能得到命運的補償。他們沒有氣餒，沒有懈怠，沒有消沉，他們與痛苦較勁，他們在奮鬥，我們獻出了赤心，他們獻出了青春，獻了青春，又獻

終身。他們贏得了五〇年代、六〇年代學生的熱愛。論弟子人數，孔子的弟子有三千，我們不止三千；孔子的賢者七十又二，我們不止七十又二。我們桃李滿天下，我們深感欣慰。

我們的文章不俗，我們的丹心不變，我們有著作出版，且不止一種兩種，我們的著作選題從來無人涉筆，有首創性。上個世紀三〇年代，魯迅不止一次提及隨園主人袁枚，對袁枚的有志氣有才華表示激賞。我們始終無心以袁枚為榜樣，但是我們在充滿人文意蘊的隨園感悟了：振興中華的民族使命，不能沒有全民族才華的噴發，不能沒有仁人志士的不怕艱難曲折，不能沒有知識精英的忠貞與熱情。

商業：駁運文明的船
——記余秋雨的演講會

我正在趕寫一篇朋友的約稿，有人打門，是一位年輕人送來一份請貼：

吳先生

茲定於二○○七年九月二十八日（週五）下午十四時整

無錫音樂廳

余秋雨先生演講會

余秋雨先生，中國十大藝術精英，曾被授予「國家級突出貢獻專家」、「上海市十大高教精英」等榮譽稱號。

恭請撥冗蒞臨。

無錫商業大廈股份有限公司啟

無錫城中通衢大道出現大幅廣告畫，西裝筆挺的余秋雨先生半身像很搶眼。

無錫商廈係市內納稅大戶，成立十八周年之際，女總經理

（名字我忘記了），一改往年常例辦文藝晚會慶典，誠邀余秋雨演講。據朋友介紹，余先生是忙人，余先生陪同夫人馬蘭赴美國接受一個華人團體頒給馬蘭的一個獎項，正在美國旅遊。九月二十七日飛回國內，二十八日到無錫，下午演講，晚上五時出席商廈慶祝酒宴。八時離錫返滬。二十九日應邀將飛北京公幹。

下午二時，無錫音樂廳座無虛席，對號入座，不少人只能在走廊站著聽。年輕的女總發表了歡迎詞，熱情洋溢。余秋雨步上講壇，坐在一張硬木太師椅子上，開始了他的演說，不用講稿，滔滔不絕，從容自若，抑揚頓挫。他的講題是〈商業文明與城市發展〉，他用普通話演講，這樣說：

> 無錫名人輩出，吳文化源遠流長，工商文化打造了百年繁華。

比較是最有說服力的。「晉商」輝煌過，缺少文化支撐，快速崛起，遽爾跌落；「徽商」輝煌過，對文化的解讀出現偏差，難逃衰落的厄運；「錫商」由於現代科教文化墊足了底氣，生機勃勃，雖有起落，只因人才輩出，百年輝煌，不失後勁。

榮氏家族的崛起，為錫城通向繁榮架起了橋樑，跨越太湖，走向世界，豪氣十足。

他又以城市公共空間的呵護說事，亂拉橫幅，亂刷標語，隨地吐痰，污染大氣，幾乎成了城市的牛皮癬。愛心是商業文明的

重要寓意。歷史證明，是商業文明的激流沖刷了城市發展中的種種灰色暗斑。

余秋雨的演說是很吸引人的，他縱橫捭闔，視野開闊，揮灑自如。他從東亞至歐美，從巴比倫的商鋪講到華爾街的銀行，從刀幣講到RMB；從埃及舊城的倩女講到古羅馬的詩歌，從佛羅倫斯的雕刻，講到漢朝古墓壁畫；從錢幣的通用講到商街的繁華與人頭攢動。商業文明的腳步聲似猶在耳。

他講到乾隆皇帝敕編《四庫全書》，這部百科全書曾經是引領中國城市文明發展的詞典，《四庫全書》幕後推手也是無處不在的商業文明，有清代史研究專家明確告訴我，乾隆十五年（西元一七五〇年）中國宣告統一，以後經濟出現鼎盛時期，史稱康乾盛世。全球GDP中國清代占世界份額百分之三十二，居世界首位。其次是印度（包括今巴斯斯坦）占世界份額百分之二十四，歐洲五國（英、法、德、俄、意）占世界份額百分之十七。這個數字強有力地說明「振興中華」，不是遙遠的夢。無錫朋友告訴我，《四庫全書》中收錄無錫籍學者著作一百六十一種。有一百一十二位作者入選，其中有四十七位是進士頭銜的文化精英。無錫的貢獻是突出的。

余秋雨並非插科打諢地說，《四庫全書》的主要編纂人，一位和珅，一位紀昀。主要是紀昀埋頭苦幹。和珅掛名，他忙著朝政，忙著貪污，沒有時間。余秋雨幽默的表述，臺下報以掌聲與笑聲。

是發達的商業文明承擔了《四庫全書》近十億字的手工抄寫生產力。從城市到經濟，從經濟到文化，商業是忙碌地駁運文明的船。他話語一轉，他說今天要為商業雪恥化冤。他掀開商業史的一個大字「奸」，像拎著一隻死雞，指斥其不實，指斥其誇飾，指斥其冤枉。人們只知道大炮轟垮閉關鎖國的重門，卻忽略了是商業鉅子築起了城市的高牆雉堞，並將文明的船，汗流浹背地搖進了城中的碼頭。

余秋雨說：商業文明是現代城市的一面鏡子，是古代城市發展的晚宴，也是城市發展的驅動器。

他並非故作驚訝地說：商業也是一條河，風生水起，無日平靜，既有歡樂的歌，醉生的夢，也有痛苦的淚，還有鳥獸的悲鳴。

演講三個小時，沒有音啞，沒有倦容，沒有喝一口「農夫山泉」——演講不喝水，我不敢恭維。據說胡適一九六二年二月二十四日，在中央研究院演說，他如果喝上幾口水，不至於在講臺上倒下不起。華羅庚一九八五年六月十二日在日本講學，如果喝上幾口水，不至於在東京大學講臺上倒下不起。演講不喝水，對於年過六旬的人，是冒險，不能作為優勢張揚。

演講會在不多見的掌聲雷動中謝幕。余秋雨立即被聽眾圍了起來，合影的，簽名的，提問的，他是受人歡迎的學者。此無他，只因他為慣性思維網開一面，指引思維新的走向。

我擠過去，贈送他一種在讀書界頗得青睞的刊物《開卷》，他收下了，他知道這個南京民辦的月刊，已出至一百三十餘期，

從不脫期。當他知道我是吳某的時候，他大聲向在場的熱情聽眾介紹說：「他是我的朋友。」有一位年輕女記者投來羨慕的目光。

我被人羨慕，因為我曾經在《中華讀書報》上，前後兩次指出他筆下的「硬傷」，他卻仍然以我為朋友。這就是余先生的人格魅力。

今天，余秋雨收穫了掌聲與笑聲，既是證明他的演講成功，更是證明歷史文化名城無錫贈予余秋雨先生的一份厚愛。

杭州二日記

　　宋詞學家夏承燾先生的《天風閣學詞日記》上記到我。九月下旬，我攜論文出席在雁蕩山中舉行的夏承燾、吳鷺山學術研討會。會罷，我坐動車組告別風景奇絕的雁蕩山，到達杭州，正在下著不小的雨。

　　杭州我不是第一次來，比起十餘年前，杭州的大樓多了、高了，二三十層以上的樓盤散落在雨霧中，把六層左右的居民樓壓矮了。馬路是乾淨的，旅遊又開放城市嘛，人情似也溫暖。我詢問浙江省圖書館乘坐幾路公車，有人告訴我二十一路，黃龍體育場站下車。我連聲道謝。這時我才注意到他是出售城市地圖的人，他問我買一張杭州市內交通圖嗎？我說不用。他又指著告訴我二十一路站在路的那邊。我記得這是一位中年男子，臉黑乎乎的，杭州人口音。

　　雨中，我在黃龍下了車，打著傘，很快走進了浙江省圖書館，現代新建築，有氣派，有內涵。我是專為我的書稿《四庫全書的鑰匙》找插圖找書影來的。這是編輯女史交代的，我想到杭州聖因寺，想到聖因寺的文瀾閣，這裏存放一部名貴的古籍《四庫全

書》。頗有姿色的年輕女館員見告，《四庫全書》已不存文瀾閣，移存我館地下室，恒濕、恒溫、防火、防蟲、防盜。保管鑰匙的人，不在；在，也不能進庫。今日下雨，濕度高。我請求找岳飛孫子岳珂撰《桯史》，照個書影，不許。又見告：文瀾閣在西湖邊上的省博物館內。有幾種四庫的真本正在那裏展覽。西湖正在申請非物質文化遺產專案，專家今日在開評估會議，展覽是專為西湖申遺辦的。囑我趕過去，一睹四庫真本的廬山真面目。我打的趕到省博物館，門衛森嚴，一左一右擋住不讓進。他們說正在等候專家們參觀。我請求照一張文瀾閣照片，即行退出。不許。我一籌莫展，坐在西湖邊的木條椅上亂歎氣，細雨濛濛中，遠山如黛，湖波蕩漾，秋風和拂，風景如畫，我無心欣賞。據說拿破崙的詞典上沒有一個「難」字。我不大相信——從我個人的遭際來說。

我在孤山西湖邊行，見省圖書館舊址，道不著踅進去一看。館中人女性見告，文瀾閣四庫全書在清代咸豐年間太平天國兵亂中，遭到毀損，尚剩原本一千七百餘種，三萬餘卷。今已移存新館書庫中。這裏有幾種仿製本可供閱覽，很快將經、史、子、集，各一冊遞我。朱絲欄書頁，毛筆工楷、沒有墨瀋，沒有塗改，沒有鉤乙，當然也無斷句，也無標點。但是翻頁的舒心，閱覽的愉悅，猶如面對清純的村姑，其美如也。我打開數位松下，攝下了書影，小心翼翼。

雖是仿製本，失之東隅，收之桑榆，聊勝於無，聊勝於「不許」。

　　入夜了，我擬借宿浙江大學去。夜色中，「樓外樓」樂聲輕揚，燈火輝煌。美啊，西湖，再見了。

第二天

　　第二天清晨，我在浙江大學西溪校區招待所醒來，窗外雨聲淅瀝。這裏原為杭州大學校址，花木蔥蘢，綠葉經雨，更見可人。夏承燾先生長期在這裏的中文系任教。他的名著《唐宋詞人年譜》一九五六年滬上問世並引起東瀛學界矚目的時候，他正擔任中文系主任、教授。夏先生在《天風閣學詞日記》上記到我，我的記憶依稀彷彿，但印本記述簡略，我想看看原稿上的記載。走進校部圖書館，前任著名校長竺可楨的名言做在牆上，雖有脫落的字，原句很清楚。

　　「學生進入浙江大學應該想到兩個問題：

　　一、你到浙江大學學什麼？

　　二、你畢業後做什麼樣的人？」

　　竺可楨先生是物候氣象學家，我收藏他的一本物候學著作。他在抗日戰爭前即是浙江大學校長。他寫下了六十餘年的日記，我也收藏了。他的日記每天記錄校園花木的葉綠葉黃，花開花落，甚為有味。日記也是他潛心辦學的記錄。他的結髮夫人是無錫望族陳家的人，其內兄即著名文人、北大教授，武漢大學文學院長陳源（西瀅）先生。結髮夫人病逝後，葬在太湖邊上的陳氏墓園。

話再說回來，夏先生《天風閣學詞日記》，很有價值，我指出三點：一是記他成名成家的腳印，二是記他國難當頭的心態，三是記他教師生涯的風采。我年輕時向夏先生請教作詞，並不知藏拙地奉寄詞作請求修改。我問人文學院，原稿日記何在？回答是夏先生日記原稿不在院內，其他書稿也不存院內。夏先生在浙大工作多年，應該是有感情的。十年浩劫中，他受到衝擊。他自述說：「我在牛棚內外，觸靈魂，受審查，度過了整整十年。」他在失望之時，中國科學院哲學社會科學部文學研究所何其芳所長借調他去北京，福音傳來，他立即進京。他一邊養病，一邊研究。儘管浙大校方多次命他歸校，「將在外，軍令有所不行。」他藉口推託，不願再回浙大了。

意外，我在浙大中文系古籍圖書館，見到了臺灣聯經出版有限公司出版的《錢賓四全集》，五十四冊，精裝本。江蘇無錫七房橋錢穆故居素書堂正在修復中，即將於年底竣工。錢氏族人囑我尋覓《錢賓四全集》。我攝了書影，並將全集目錄複印擬贈素書堂故居保存。

臨別，我在校圖書館逗留，請總服務臺查閱拙著《二十世紀中國詩詞史稿》，其中有我對夏承燾詩詞論述的專節。年輕的館員在互聯網上勞駕了滑鼠幾個來回說，書已借出。我感到欣慰。我又請查詢館中還有吳某著作的藏書否，答有兩種，一為文天祥《指南錄》校注，一為《魯迅詩歌編年譯釋》，借走了，兩種皆無存書。

傍晚，雨中，我告別杭州。杭州是美，杭州的雨也美。

山中的一個學術研討會

記得有規定，政府會議不允許在風景勝地召開，但是，學術會議往往開在風景區，是時行的。今年九月舉行的夏承燾、吳鷺山學術研討，就選在「天下奇秀」的雁蕩山中。我是與會者一百四十三人之一。

八月份，中華詩詞學會與浙江樂清市委市政府聯合通知我，全國第二十四屆中華詩詞暨夏承燾吳鷺山學術研討會，定於九月二十五日至二十八日在浙江溫州市樂清舉行。會議地點在雁蕩山山莊。與會者旅費自理，食宿由樂清市負責。與會者所攜學術論文需列印一百二十份。優秀論文將請作者在會上宣讀、研討，並編入《夏承燾吳鷺山學術研討會論文集》。

我的學術筆記文章，題為〈說夏承燾先生的學術道路〉，五千餘字。這不是我應急趕寫出來的，早在四年前就寫好，且已編入我的一本新著中。

秋分後一日，我坐滬寧線上的動車組，從無錫出發、經六個小時的車程，到達簇新、寬敞的雁蕩山站，夜色蒼茫中，同車到達的有二十餘人。迎候的市社聯送我們入住雁蕩山山莊。山中賓

館旅社酒家林立，這「山莊」是最有氣派的一家。

次日研討會在山莊的雁蕩廳舉行開幕式。

開幕式由李文朝常務副會長主持。

（一）由中華詩詞學會駐會名譽會長鄭伯農致開幕詞

（二）樂清市市長姜增堯致歡迎詞

（三）中共溫州市委常委、宣傳部長曹國旗致詞

（四）中華詩詞學會副會長奉宜華宣讀〈中華詩詞學會關於
授予浙江樂清市為「詩詞之鄉」的決定〉

（五）由中華詩詞學會駐會名譽會長鄭伯農與中華詩詞學會
副會長岳宣義向樂清市人民政府領導授「詩詞之鄉」
銅匾

（六）嘉賓發言

開幕式結束，全體與會人員合影。

這時是上午九時二十分。

嘉賓發言僅一人，是夏承燾的哲嗣（名字我忘記了）滿頭白髮，他說家父的《夏承燾集》已在幾年前由浙江教育出版社、浙江古籍出版社聯合出版，是遠遠不全的，家中還保存家父的不少著作手稿。

與會者攝影後，是研討會大會發言。

上午發言的有中華詩詞學會顧問周篤文、中南大學的宋湘綺。李文朝為馬凱代讀了論文〈再談格律詩的求正容變〉。馬凱是現任國務院的部長，業餘寫作舊體詩詞，頗有名氣。他的論文我讀過，他對律詩與絕句的韻律要求無論句式、停頓、節奏、押

韻、均襲舊規。他主張詩中應該奇句末字仄聲，首句押平聲韻也可，偶句末字必押平聲韻。此外無論一三五字或二四六字，平仄均可放寬些，也就是該平不平，該仄不仄，寬容待之，不必過於頂真。這個詩形式論，有老先生會不贊成的。筆者同馬凱觀點相近，理由是古人主張的「一三五不論、二四六分明。」古人主張的「拗救」論，就是為平仄放寬而製造的輿論。再者古代許多大詩人也有平仄失調的。杜甫在晚年就說過「晚節漸於詩律細」。這句話等於坦承了早年的詩他的格律也是不細的，不嚴密合縫的。不是這樣嗎？但是馬凱有個觀點，認為合掌也可寬容，這是可以商榷的。律詩、絕句總共才寥寥五十六字，四十字；或二十八字，二十字，還要為「合掌」放他一馬，這太揮霍，太不節約了。詩的用字應如節儉者一個銅板掰做兩半用，每個字深含飽滿的內涵，豐富的意蘊，豈能讓一句的意思，用兩句的車皮裝載？馬凱做官忙，沒有到會，我的意見沒法告訴他。

　　下午大會，北京大學中文系教授錢志熙宣讀論文題〈試論夏承燾詞的詞學觀與詞體創作歷程〉。題目長長，似欠賅博。但是內容切實豐滿，引證也有說服力。他在會上談到夏承燾的抗戰詞作，我最感興趣。我在拙著《二十世紀中國詩詞史稿》為夏先生詞立一專節，也是以抗戰詞作為重點的。論證側重點彼此或有不同，但無傷探討夏詞的共同性。論文較長，近萬字。他宣讀有所選擇，跳來跳去，難免有失連貫。我最替他感到吃力的是，他的眼鏡一會兒脫下，一會兒戴上，大概年過知命，遺憾雙眼已花。

　　主持人周篤文點到胡迎展的名字，我即感到似曾相識。他登上講壇，一副眼鏡，白皙書生。我們同是研究現代舊體詩詞史的人。我記得他的大著《民國舊體詩史稿》二〇〇五年十一月出版，我的拙著二〇〇四年九月出版，時間相差無幾。會後我們交談，他很熱情，贈我名片一枚，他是江西社科院贛鄱研究所的所長。他著意於研究民國舊體詩，解放後的舊詩暫不研究。

　　還有一位發言人是鍾振振教授，他是備稿宣讀，他抑揚頓挫，但聲音低。我早知其名，是我母校南京師範大學中文系的才俊。說起來還是同門，我與他年紀相差十餘歲，但都是詞學家唐圭璋先生的學生。記得南師舊友相告，鍾振振出身書香之家，有英語特長，下鄉知青，在鄉下偏愛宋代詩詞，飽讀詩書，但是考大學兩次，均為名落孫山，只因數學低分。可惜他不遇錢鍾書投考清華似的命運。他不灰心，不再高考，立志報考宋詞研究生，報考唐圭璋師門下。筆試良，面試優，唐師大為驚歎，他收到了一位奇才。博士畢業後留校任教，研究著作重在考證，有吾師風格，得同輩學人低首激賞。歲月不居，他也年近六旬。我們在山中合影，做詩，唱和，不亦樂乎。

　　我聽大會發言，似缺研究夏承燾學術生涯的文章，我曾請主持人周篤文讓我發言二十分鐘，他把二十分鐘誤讀為四十分鐘，說不可能，時間不許可：請在分組會上發言。

　　次日清晨，雁蕩山莊嵐氣迷漫，細雨無聲，涼爽撲面，其實是霧，怪不得夜睡清涼。服務員見告，房間終年不用空調，夏天

生意好，避暑客人多。

分組會次日上午在南雁廳舉行。主持人王改正先生。看名字即知是一位嚴於律已的詩人。據人介紹，他作詩很勤謹。他是中央軍委總政治部文化部下的一位高官，少將，退休後寫詩為業。分組會有教授錢志熙、雍文華、王青松、胡可先、周篤文等三十餘人在座。我被安排為發言第二人。我的題目〈說夏承燾先生的學術道路〉。我首先介紹我在一本專著中，為夏先生詩詞立一專節論述。我介紹了夏先生的成名作《白石歌曲旁譜辨》，發表於三〇年代《燕京學報》。我重點介紹了《唐宋詞人年譜》，三〇年代成書，直至一九五六年才在上海出版，引起日本學術界矚目。一九五七年日本京都大學清水茂教授發表評論，說：「具見夏氏不但有其突出之見解，其廣泛搜集資料，精密作檢討，亦不可及。」《光明日報》於同年十月六日發表清水茂之作譯文，轟傳學壇。這在五〇年代是稀罕事，中國學術引起國外的重視，清水茂評論的禮炮將夏先生推上了中國學壇的高峰，從此夏先生不僅為中國學術奪得了聲譽，也為他個人奠定了無可動搖的學術地位。我還介紹，這是夏先生的起跳線，可惜，以後夏先生似乎也沒有越過自己的起跳線。下文我還說到夏先生的詩詞創作，說到夏先生的寫作六十年的日記特色。主持人為我的發言作了評論說，吳某作了很好的發言。主持人如果對別人的發言也作過評論，那麼，我不必記下他對我惜墨如金的評論。散會後我與雍文華、王青松、錢志熙走在一起，周篤文先生從後面趕上來，要看

我的拙著《二十世紀中國詩詞史稿》，他翻了翻，大聲說「專家、專家」。閉幕式後，他贈我一詩，開頭二句「海畔詩詞會，發聲山谷鳴。」他將我的名字做入詩中，他雖已白髮滿顛，但詩思敏捷，行文有趣，欽佩之至。

餘下的一天半時間，參觀聞名全省、乃至全國五百強的大型私企德力西電氣集團有限公司，原為一個僅僅十二人的村辦小不點兒，現有職工二萬人，年產值一百七十億元。正副董事長姓黃，兄弟倆。近幾屆中央領導都來看過。遊覽了風景奇絕的雁蕩山大龍湫。形似陶甕的剖面，壁立千仞，無欲則剛，瀑布嘩嘩，白練千丈，讓人流連忘返。筆者不及詳述。

至於夏承燾、吳鷺山合一開學術研討會，不為多見，但有學術特色。夏夫人吳無聞女士，係吳鷺山胞妹，承燾、鷺山原為師生關係，夏吳喜結連理時，夏七十三歲。現在三人是一家子，教授級。

永恆的綠葉
——記葉聖陶與朱自清的友誼

　　七○年代，朱自清先生病逝三十周年前後，葉聖陶先生在給我的覆信中多次談及朱先生的病和朱先生的工作作風，現在抄在下面：

　　朱先生害的是多年胃病。他教學認真，任事負責，不肯休息。終因十二指腸潰瘍穿孔，於一九四八年八月十二日逝世。至於不要美國的救濟糧，《毛選》裏有一條注釋，請參看。他的兒女很不少，沒有學文科的。

　　　　　　　　　　　　　　　　一九七六年十一月一日上午信

　　朱先生手跡，我無有，與他合拍之照片，亦無有。

　　　　　　　　　　　　　　　　一九七六年十一月十八日信

　　朱先生逝世三十周年，我沒有忘記。不一定作詩，總要作短文為紀念。承您抄來他的日記，深謝。

　　　　　　　　　　　　　　　　一九七八年五月十二日信

　　葉聖老懷念朱先生的感情是誠摯的，是動人的。他們的友誼之橋是深久的，牢固的。他們之間情同手足的友誼在現代文壇上傳為美談。讓我們回顧他們之間的交往吧。

　　葉聖陶與朱自清相識以前，神交已深久了。一九二〇年十一月北京成立了一個文學社團，即文學研究會。葉聖陶是它的發起人，朱自清是它的會員。文學研究會成立以前，葉聖陶在北京大學新潮社辦的《新潮》雜誌等處，發表短篇小說和新詩，在文壇已經很有知名度。朱自清是北京大學哲學系學生，並在報刊上發表新詩。朱先生讀過葉聖陶的作品，仰慕葉聖陶的文筆。共同的文學氣質，共同的文學主張，共同的文學追求，使他們結為神交。可以這麼說，現代文壇初升的兩顆新星在一步步地互相靠近。一九二一年七月，他們終於在上海淞濱邂逅。當有人向朱自清告知葉聖陶也在這裏，朱自清首先去訪問了葉聖陶。一九二一年，上海吳淞炮臺有座中國公學，葉聖陶在先，朱自清在後，兩人都應聘來中學部教語文，朱自清初訪以後，留下的印象是：

　　「我覺得他的年紀並不老，只那樸實的服色和沉默的風度與我們平日所想像的蘇州文人葉聖陶不甚符合罷了。」不久，中國公學舊派教員挑動學生鬧風潮，反對革新派教員，葉聖陶與朱自清也在被反對之列。三個月的風雨際遇，葉與朱緊密地團結在一起，共同對付。最後他們攜手離開上海。朱自清對葉聖陶在鬥爭中表現的不妥協精神烙下極深的印象。

　　中國公學共事三月，如果說在鬥爭中鋪下了友誼的基石，那麼以後的歲月，在師範，在大學，在他鄉，在戰亂，他們鋪設了友誼的金橋。一九二一年十月，葉聖陶與朱自清在杭州浙江第一師範成為同人。朱自清在先，葉聖陶在後，步進第一師範任教語文。葉聖陶收到的聘書，是朱自清先生受校長親託轉交的。在這裏，他們共住一室，侃侃而談，娓娓而談，電燈熄了，點上白蠟燭，躺在床上談，就這樣「一九二一年輕輕地踅過去了。」（朱自清詩句）志趣的相投，感情的相厚，呼吸的相通是不用說的了。該校成立文學社團晨光社，為首的是進步學生馮雪峰、汪靜之、潘漠華、柔石等人，他們同時被聘為晨光社顧問。在這裏，葉聖陶與朱自清等人辦起《詩》雜誌──中國現代文學史上第一本新詩刊物。意緒上的默契、教學上的切磋、事業上的同好、雙方心中都保存著甜蜜的記憶。

　　盧溝橋的日寇炮聲，打亂了知識份子的事業上的日程表。知識份子的良知經受嚴峻的考驗。葉聖陶與朱自清撤退到抗戰的後方四川，堅守出版與教育陳地，為鼓舞民族正氣而出力。經過輾轉流徙，朱自清在先，葉聖陶在後，他們到達四川成都市。朱自清於一九三八年跟隨西南聯合大學後撤至昆明，家眷安置在成都市東門外宋公橋。葉聖陶流寓重慶、樂山，在復旦大學、武漢大學任教一段時間之後，於一九四一年二月、終於安家於成都市西市外王家岡。朱自清特地跑來葉家祝賀。他們杯酒論文，朱自清寫的《經典常談》一書已經脫稿，該書的第一個讀者就是葉聖

陶。葉聖陶是一九四一年十一月十八日見到朱自清，這是到達後方以來的第一次見面。他對《經典常談》書稿，有很深的印象：

「重看這本書，他的聲音笑貌宛然在面前，表現在字裏行間的他那種嚼飯哺人的孜孜不倦的精神，使我追懷不已，痛惜他死得太早了。」他們不僅杯酒論文，而且飲茗吟詩，登樓詠懷，傷別感賦。朱要到昆明教書，葉賦詩送別，為「詩興憑誰發，茗園復孰招？」而感傷。

友誼推進事業的成功，這種友誼就顯示了它的份量。歷經戰亂，艱難竭蹶、憑著友誼的支撐，他們邁過困頓坎坷的道路，做出了永恆的業績。抗戰以前，葉聖陶在開明書店主辦《中學生》雜誌，朱自清積極支援文稿。一九三一年，朱自清遊學於英國倫敦、漫遊歐陸，寫有《歐遊雜記》和《倫敦雜記》，文稿大多寄交葉聖陶在《中學生》雜誌刊出。《歐遊雜記》出版單印本，是葉聖陶與徐調孚設計題字，極為美觀，朱自清「滿意之餘，敬致感謝之忱。」抗戰以後，直到朱自清病逝合作成功的事實可以分類作說明：

首先，合編雜誌。一九四一年四月三十日，四川省教育廳創辦《文史教學》雜誌，葉聖陶、朱自清、錢穆等人為委員，一九四六年三月二十日，《國文月刊》第四十一期起改由開明書店接辦在上海出版，葉聖陶與朱自清任編輯。

其次，合編教科書。一九四一年合著《精讀指導舉隅》，一九四二年三月由商務印書館出版。接著又合著《略讀指導舉

隅》，一九四三年一月由商務印書館出版。一九四八年，他們又合編了《開明新編高級國文讀本》，由開明書店出版發行。一九四八年又合著《開明文言讀本》，共三冊。一九四八年由開明書店出版發行。這幾套教科書在全國發行量大，在教育界影響也大。

最後，合編《聞一多全集》，一九四六年七月，進步學者聞一多被暗殺於昆明，出於愛國義憤，葉、朱兩位自告奮勇，擔任《聞一多全集》編輯工作。葉聖陶回憶說：「再一點是朱自清先生在八月十二日病故，對印成的全集沒來得及看上一眼，在編輯過程中，他是花心血最多的。」出版《聞一多全集》，是向全世界控訴反動派竟殺害了這樣一位正義的有成就的學者，惺惺惜惜惺，使他們無私地把精力獻給進步學者的文集。

誠然，葉聖陶與朱自清的友誼是他們合作事業取得成功的動力，眾多的事業的碩果，加重了友誼的天平砝碼，這都是值得懷念的，值得懷念的還有那記錄他們純潔友誼的文字。

抗戰以前，在杭州省立師範，朱自清寫了新詩〈除夜〉。全詩只有三行：「除夜的兩支搖搖的白蠟燭光裏／我眼睜睜瞅著／一九二一年輕輕地踅過去了。」

抗戰以後，相濡以沫，風雨同舟，肝膽相照。葉聖陶、朱自清互贈詩作，讓彼此從民族的憂患中奮起，從現實的感懷中自強，寫得熱烈，誠實真摯，不同凡響。首先讓我們鑒賞朱先生對葉聖陶的一片情誼吧。〈近懷示聖陶〉是一篇抒情言志的五言詩，詩中寫了自己的經歷，身居後方的困境以及抗倭救國的意

志，憂民傷懷的感情。「所期竭駑駘、罪勉自建樹。人一已十百，遑計犬與虎」（譯意：期望自己竭盡努力，勉勵自己有所建樹。人家能一，我要能十、能百，勝過人家，不計較自己是犬類還是虎類。）這裏表現了朱先生謙遜為懷，虛心求真理的風度，也表現了朱先生孜孜不倦、嚴謹治學的精神。詩的末尾寫道：「不如意八九，可語人三五，惟子幸聽我，骨鯁一快吐」（譯意：不如意的事十有八九，可說的高興事十有三五。只有您愛聽我的心聲，我如骨鯁在喉，一吐為快，借詩說盡心裏話。）在朱先生心目中，聖陶是他可以傾吐隱衷的難得的知音。另有一首〈贈聖陶〉，是一首七言古詩，每句押韻，舊稱柏梁體。詩意流走，感情激蕩，音調鏗鏘。回顧朱先生與聖陶在人生途中的交遊，以及相互的「扶匡」與幫助，學術上的「參詳」（即參驗與審評）等等。朱先生對聖陶的厚誼表現在字裏行間。

一九四一年九月秋季開學，朱先生由成都赴雲南昆明西南聯合大學執教，朱先生不忘向老朋友聖陶告別，留有〈別聖陶〉一詩。其中寫道：「同作天涯客，長懷東海濱。……此心如老樹，鬱鬱結枝條。」友誼之樹鬱鬱青青，這一句比喻寫出了朱先生對聖陶的深情，對聖陶的厚愛。友誼無價，天長地久，只因為聖陶與朱先生都有一顆「長懷東海濱」（懷念東南沿海的淪陷故土）的愛國之心，都有收復祖國東南半壁江山的愛國願望。

葉先生對自清的厚愛又是怎樣的呢。莎士比亞《魯克麗絲受辱記》中有一句臺詞：「患難之中有友誼，能夠使患難舒緩。」

葉先生與自清的友誼也正是如此，前文所引用「朱先生，我沒有忘記。」即可概括葉先生對自清的友誼的特點。一九二五年葉先生寫〈記佩弦來滬〉，讚揚了朱先生做事的認真精神。抗戰開始以後，兩人飄泊西南、艱難與共、相互關懷。〈採桑子·偕佩弦登望江樓〉記載了兩人在成都的遊蹤。〈偶成〉一首抄示給自清品評，其中說「教宗堪慕信難起，夷夏有防義未忘。」（譯意：宗教信仰使人有所寄託，我卻相信不起來，敵國與我中華的界線應該劃得清，這點道義不能混淆。）這是葉先生在自我言志，也是在鼓勵自清不要寄託空門，還是以抗日救國為已任。〈偶成〉詩寫於一九四一年五月，抗日戰爭最為艱苦階段，葉與自清的友誼在抗戰的砧點上錘煉敲打，如鶴鳴於九皋，聲聞於長天。一九四一年五月葉聖陶讀到自清的〈贈聖陶〉，就寫了〈次韻答佩弦見贈之作〉。朱先生對聖陶的道德與文章，其評價是很高的。葉先生在答詩中接受了朋友的雅愛，但是他一貫謙虛為懷，嚴以律已。詩中有句：「惠我詩篇效柏梁，友情肫摯滋益彰。」（譯意：送給我一首柏梁體詩歌，友情的誠摯更加明朗了。）這是葉先生對自清的由衷感激。「攘夷大願終當償，無間地老與天荒。」（譯意：打敗日寇的願望一定很快實現，不必到地老天荒的時候的。）葉聖陶總是在抗日救國上遣詞煉句，有杜甫詩的沉鬱頓挫風格。朱先生對聖陶的悲而又壯的情懷是理解的，對自己的誠摯感情是珍惜的。

抗日戰爭勝利之後，一九四五年八月二十八日，葉朱兩位先生相約，他們都將出川，葉先生要隨開明書店東歸上海，朱先生

要隨清華大學北歸，他們相約在上海舉杯，在上海繼續編輯教科書。但是，事與願違，朱先生熱愛民主事業、熱愛學術、熱愛青年的幻想被冷酷無情的現實所擊碎，多年的胃病使他的身體更為衰弱，於一九四八年八月十二日與世長逝。他們兩人相約成了虛願，他們合編的《開明高級國文讀本》和《開明文言讀本》，原先定為各編六冊，只編到第二冊就被迫永遠中止了。

在自清生前，葉先生常常掛念他。在自清歿後，葉先生更沒有忘記他。「人生人情在，人死人情兩不在。」葉先生的感情超凡脫俗，他可不是這種勢利君子。他寫了〈佩弦的死訊〉、〈朱佩弦先生〉、〈悼念朱自清先生〉等文章，對摯友的逝世表示無限的惋惜和懷念。他讚揚朱自清「真是個全才」，「他有完美的人格」，「他待人接物極誠懇，與他做朋友的沒有不愛他的。」葉先生參加了朱自清先生的追悼會並致悼詞。一九四九年八月，葉先生已經轉道香港北上，乘海輪投奔華北解放區到達北平，八月十二日，他出席朱自清逝世周年紀念會，並到朱自清家慰問朱夫人陳竹隱女士。感情是多麼的真摯！

「佩弦，我到了您清華寓所的書房裏，嫂夫人說所有陳設一點兒沒有動。我登門不遇永不回來的主人，心裏一陣酸，可是忍住了眼淚。後來北大十幾位朋友邀我們小敘，我喝多了白乾，不記得怎麼談起了你，就放聲而哭，自己不能控制。」

葉先生為自清「放聲而哭」，出於衷心；「不能控制」絕非矯情。這是朱自清逝世周年祭。以後葉先生更是沒有忘記自清。

一九七五年一月二日，葉先生寫成詞作〈蘭陵王〉一闋，心懷傷悲，溢於言表，紀念亡友自清。寫詞緣起於俞平伯的一封來信提起朱自清的〈除夜〉，葉先生「頓然念之不可遏」，悲從中來。「猛悲切，懷往紛紜電掣。」憶杭州師範共事，憶醉酒容顏，憶海外通信，憶江樓談心，最後寫自清走了，「斯人先謝」，無限淒絕。寫詞時葉先生已經八十一歲高齡。「朱先生，我沒有忘記」，這不是最感人的明證嗎？

　　葉先生用詞作寄託了對亡友的哀思與紀念，還在行動上紀念亡友。《朱自清文集》四卷本，就是葉先生親手編輯的，題寫書名，於一九五三年一月八日又寫了《朱自清文集》題記。一九八三年，朱自清塑像，在北京大學校園未名湖畔落成，葉先生雖然年高有病，一目失明，一目視力僅零點一，還是讓長子至善陪著，參加揭幕典禮；撫摸著自清先生的塑像，久久不願離去。會上見到了雙目失明的嫂夫人陳竹隱，葉先生顯得很激動，噙著淚花，說不出話來。

　　葉先生與朱自清現在都已作古，回顧他倆交往，如同兩顆行星的共耀夜空，燦爛事業的光華將永存人間。這兩位先哲都在傳統文化的熱土中走來，都在文化事業上奮力拼搏，同有美好的德性，同有非凡的氣質，同有民主的追求，同有愛國的情懷，因而使這兩顆文壇巨星同步而行，配合默契，心連著心。即使其中一位「斯人先謝」（這人先去世了）後死者卻惦記在心，弘揚其德性，鑒賞其文章，並深情絮語：「朱先生，我沒有忘記。」

　　兩先哲的終生不渝的友誼，使「文人相輕」的枯樹上似乎長出了一片綠葉。

　　啊，永恆的綠葉！

遙祭汶川廢墟

　　我不止一次在三耕書室內徘徊，很想寫一篇文字，遙祭汶川大地震，遙祭汶川的廢墟，遙祭廢墟中伸向天穹，似在呼救，似在顫慄的那隻小手。雖說我不是好激動的人，但是面對全身掩埋廢墟中僅僅裸露的那隻小手，我心似潮湧，難以靜下心來；胸口堆垛著難言的痛苦，使我坐立不安。近日，我找到一個舊筆記本，其中有我對大地震的筆錄文字，重溫筆錄，敦促我寫下這篇文字，遙祭汶川，遙祭廢墟，遙祭青春。

　　遙祭汶川廢墟，因為廢墟掩埋勤勞善良的蒼生百姓。

　　中國人對二〇〇八年五月汶川大地震的記憶，猶似對一九七六年七月唐山大地震，不會從心中抹去。我的舊筆記本上第一次記錄是這樣的。

　　　　上午八時許打開電視機，一驚。四川省汶川（成都市北）發生七點八級大地震，時在昨天下午兩點二十八分、強震四分鐘，除東北三省外，全國有震感、泰國、緬甸也有震感。已知九千一百餘人死亡。滬寧地區高樓大廈搖撼，白領

跑出樓外。

　　昨天下午二時許，我正在家中書室翻書，沒有感到地震。

　　溫家寶總理，已經趕到抗震救災第一線汶川縣。一位親民的總理。

二〇〇八年五月十三日

　　從此，汶川縣這個我並不熟稔的地方，這個慘遭天難的汶川大地烙在我的心甸中，讓我日夜掛念她，掛念她身邊的人，掛念她被埋廢墟中的同胞。我是老師，掛念成千上萬的學校師生的命運。

　　國務院抗震救災指揮部消息，截至十三日十九時，四川地震災區死亡一萬兩千一十二人，被埋廢墟九千四百零四人，失蹤七千八百四十一人，醫院收治兩萬六千兩百零六人。

二〇〇八年五月十四日

　　遙祭汶川廢墟，因為廢墟掩埋我尊敬的同仁。

　　此後，我關注日見增多的罹難人數，這些數目似無情兇悍的蠍子死咬著我的心。

　　一位中學老師，平時埋頭苦幹，默默無聞，似與世無爭的恂恂如也的中年人，地震襲來時，猝不及防，他沒有自顧

逃逸，卻張開雙臂，像母雞鬆開翅膀，護住講臺下的四個高二年級學生的生命，他自己卻罹難身亡了。讓我記下這位老師的名字吧，他是地震災區德陽市漢旺鎮東汽中學譚千秋。

報載國務院抗震救災指揮部消息，一萬九千七百零五人死亡，估計遇難人數在五萬人以上。

北京奧運會聖火傳遞儀式在進行中，增加一個項目，為四川地震遇難者默哀。

二〇〇八年五月十五日

魯迅先生在一文中說過，有一種人是我們民族的脊梁。譚千秋們就是教師隊伍中的民族脊梁。災難襲來時，他首先想到學生的安危，倉猝中，伸開身染粉筆灰的巨臂，掩護學生，掩護青春，掩護生命，他的崇高精神，將與日月永在。唐代大教育家韓愈在一文中呼喚「此良人也，此良人也。」譚千秋老師就是韓愈呼喚了千餘年的良人，就是用生命實踐了「傳道、授業、解惑」的師者，就是當代教育平臺上的道德豐碑。

災情就是命令，時間就是生命。子弟兵搶救中，出現了生命的奇跡。一位工人，名叫馬元江，被埋在廢墟中，長達一百七十九個小時，無食無水，最後獲救，廢墟中救出六千三百七十五人，確認孤兒七十九名。

二〇〇八年五月二十一日

「艱難玉汝於成」。大地震考驗了我們民族意志，也錘煉了我們的民族精神。我在筆記中還說過一句話，我深信這場天難將凝聚民族新生的巨大力量。跨過了天難的門檻，我們民族將走向輝煌燦爛。

> 遙祭汶川廢墟，因為廢墟掩埋北川詩社的詩人。
>
> 我還注意到，大地震中也有詩人精魂的躍動。有一專事創作與研究舊體詩詞的北川詩社，正在開研討會，與會者既有嫻熟舊詩形式的詩壇耆宿，也有雛鳳初鳴的年輕詩人，凡二十三位，大地震竟無情地奪走了詩人的生命，無一倖免。我研究並出版《二十世紀詩詞史稿》，在上卷與下卷，均有專事研究詩詞社團的一節，我確認二十世紀詩史沒有發生過類似的悲劇；儘管中華詩壇存在長達近三千年的歷史，也沒有這樣詩人集群被埋廢墟的記錄。我希望在二十一世紀中國詩詞史上能為這個北川詩社記上沉痛的一筆。

遙祭汶川廢墟，因為廢墟掩埋回天無力的手。

筆錄的內容，似乎已在淡忘中；說句實話，不讀筆錄，事實與細節或已一時難記。但是汶川大地震的一張照片卻不時為我所憶，為我所記，讓我心痛，沒有忘記過。

那是二〇一〇年五月，汶川大地震兩周年，市圖書館舉辦

紀念性地震照片展覽。我在進館讀書時，我看了展覽照片，我又一次被一張照片深深地吸引住了，這是兩年前見過的照片，我不願離她而去。一片廢墟，是一所中學的校舍大樓。倒塌的牆體，猙獰的鋼筋，或大或小的水泥磚塊中，伸出一隻手，身子被埋，僅僅這隻手，已經發紫，腫脹，大於常人，可以肯定是女學生的手，手中握著一支筆，緊緊的，不肯放鬆，好像有人要奪走似的，她握著手，狠命地。她，在作文嗎？她，在答題嗎？她，在幻想嗎？面對照片，我心潮起伏，我一生任教，教壇上下，學校內外，我教過無數的學生，男的女的，厭學的、好學的、聰敏的、調皮的、美的、不美的、帥的、不帥的。我沒有見過這樣震動我心靈的手，沒有見過這樣動人心魄的學生的最後一刻。或許她是一位受到奶奶、姥姥寵愛的女孩吧，或許她是一位得到令嚴令慈嚴厲教訓的女孩吧，或許她是一位出身白屋，懷有理想，努力讀書的農家女孩吧。

天難無情。但是天難奪走的竟是荊棘中生長的青春，這是造化的悲劇。

啊，女孩，您鬆一鬆手，您的作文或許已經畫上最後的句號，老師給您打上優等。

啊，女孩，您鬆一鬆手，您的數學作業，或許已經運算完畢，筆寫了答案，老師給您打上滿分。

啊，女孩，您鬆一鬆手，您的讀書精神已經成為同窗弟妹的榜樣；您崇高幻想的接力棒已經交由同窗弟妹奮然而前行。

廢墟，活埋眾生，不予通知，不予商量，不予慰藉，倉猝之間，天地怪聲，突然襲擊；天道神聖，竟至於此，人類之痛，痛徹心肺，為之奈何，啊！

通俗文學：
一隻具有生命力的翅膀

　　首先講個軼聞。魯迅先生是「五四」時代新文學的奠基人。魯迅之母魯瑞老太太是靠自修而能看懂小說的，她愛讀的不是精英作家的作品，而是通俗文學作品。遠居上海的魯迅很尊重母親的選擇，常給她郵寄通俗文學作品，例如張恨水先生的小說《金粉世家》、《美人恩》等，而且不止一次兩次，這是魯迅一九三四年五月十六日致母親書簡中寫著的。近讀蘇州大學范伯群先生的巨著《中國現代通俗文學史》（七十餘萬字），我想起這則軼聞。如果說中國現代文學是二十世紀上空盤旋的一隻蒼鷹，那麼現代通俗文學則是它的一隻具有生命力的翅膀。

　　范伯群年在古稀之後，全力投入通俗文學史研究，我很欽佩他追求學術建樹的勇氣，他的這部《中國現代通俗文學史》頗具特色。

　　首先，他提出一個現代通俗文學史的科學體系，富有創意。每一部專業性學術史應該提出新的研究體系，人云亦云是沒有出息的學術退步。在此之前，通俗文學研究或有鋪墊，但是不能

否認范伯群提出的這個科學體系的原創性與客觀性。他首先突破了板塊式的結構。此著是時間跨度為半個世紀的文學史，它以時間為經，作家作品為緯，交織而成的敘述結構，時間為經使結構脈絡清晰，作家作品為緯，使文學史內涵充實，重點突出。經緯交織的敘述結構，似乎建築了一條現代通俗文學的長廊，款款行走其間，既能聽聞年代的鐘聲，又能鑒賞長廊中藝術形象的千姿百態、音容笑貌。問題難度在於這條文學長廊從何年何地破土動工，魯迅寫過《中國小說史略》，他沒有留下現成的高見。范伯群研究後得出具有原創性的結論是，從一八九二年上海出版的韓邦慶著的長篇小說《海上花列傳》奠基。《海上花列傳》是寫現代大都會上海的小說；它出人意表竟讓地位低下的商人擔綱，闊步踏上大都會的舞臺，成為長篇小說主人公，小說從「鄉下人進城」的視角鋪排；小說用吳語行文：小說運用草蛇灰線的結構藝術等，凡此五點，《海上花列傳》披上了有別於其他小說的簇新外衣，站立在現代通俗文學長廊的第一位置，笑迎天下看客。這是范伯群的創見。

　　筆者是研究二十世紀舊體詩詞的，我在《二十世紀中國詩詞史稿》曾經筆錄了舊體詩詞遭到的惡性打壓。可是通俗文學似乎是幸運的，生態環境始終不壞。范伯群尋覓其得天獨厚的原因。既不在於社會管理階層的厚愛，也不在於現代文壇的捧場，而是在於城鎮市民的偏愛，在於媒體的相濡以沫、相依為命、推波助瀾。范伯群的發現告訴我們，報紙、雜誌、畫報、電影等推動了

通俗文學前進的腳步。他寫了〈十九世紀末二十世紀初上海小報潮〉、〈一九〇二～一九〇七年：中國現代文學期刊第一波〉、〈一九〇九～一九一七年中國現代文學期刊第二波〉、〈一九二一年：通俗期刊第三波高潮〉、〈二十世紀二十年代的電影熱與畫報熱〉等，總共寫有五個專章，論述了通俗文學得天獨厚的生存空間。范伯群談到電影與通俗文學的相濡以沫，打了一個比方，中國早期電影像搖籃中呱呱墜地的嬰兒，通俗文學作品改編為電影如奶水，「嬰兒斷奶，餓死，豈不剩下一隻空搖籃？」生動的比喻說明、通俗文學與現代城市新興產業聯姻，拓寬了生存發展的社會基礎。范伯群的學術視野廣闊、客觀、實事求是。他不因襲陳說，不在政治派系力量方面尋找答案。他始終在客觀的學術瞭望臺上，尋尋覓覓，終於得出出人意表的創見。

其次，對於通俗作家作品及其創作風格的詮釋不乏新見。全書論列作家在七十位左右，雖然難以網羅所有通俗作家，但是具有鮮明創作風格的作家均已登記在案。范伯群將其歸類論述，分為譴責小說、哀情小說、宮闈小說、歷史演義、狹邪小說、武俠小說、鄉土小說、倡門小說等，各舉取其代表性作家論之，特別倚重論述不同流派的領軍人物。且不說擅長言情的蘇曼殊，且不說寫倡門小說泛出人道之光的作家何海鳴，就說淞滬名家周瘦鵑，這位在「五四」新文化運動潮流中弄濕了鞋腳的作家，翻譯出版了《歐美名家短篇小說叢刊》，用其稿酬娶得了如花美眷，此書還得魯迅的激賞。不止於此，周瘦鵑先後編輯了《禮拜

六》、《半月》、《紫羅蘭》等通俗文學刊物，發表不少社會問題小說。他創作的《一諾》、《之子於歸》、《父子》等通俗小說，范伯群就郭沫若、鄭振鐸當年的評論重作論證，他剔除了「五四」潮流中過激的浮物，為周瘦鵑小說說了公道話。楊塵因著的《新華春夢記》，是揭露袁世凱復辟帝制醜劇的優秀長篇，七十餘萬字。范伯群評其特色有三：一為附會少，確實多；二為縱覽俯瞰式描繪；三為人物形象生動栩然。書中許多是真材實料、真名實姓。作家楊塵因斗膽放言，不怕觸怒槍桿在手的軍閥走狗，被范伯群稱之為「真刀真槍」的文學，為現代文學史上所僅見。蔡東藩的《歷史通俗演義》，寫前漢依次寫至民國，寫了一千零四十回，七百四十餘萬字，不愧為大手筆。他廣求史料，鑒別真偽，力求真實，他突破了演義體小說的流弊，成為斷代史演義作家中的一代大家。

最後要說的是范著詮釋評議的個性。學術研究務必在前人研究的基礎上有所創新。范伯群此著參考了魯迅、阿英、范煙橋、魏紹昌、時萌等人的著作，但是另有開拓，自成個性。一是重視作品出版當年的縱橫議論。現代通俗文學的開山之作《海上花列傳》，發表當年引起文壇的廣泛興趣。范伯群引錄了韓邦慶的朋友、同是作家的孫玉聲的記憶，引錄了北京大學教授劉半農的評論。領軍人物還珠樓主（四川人李壽民）著的《蜀山劍俠傳》，據記載，他的讀者，「上至名公巨卿，下至販夫走卒，莫不一卷在手，廢寢忘食」。臺灣作家白先勇回憶少年時讀此書，認為

「設想之奇，氣派之大，文字之美，冠絕武林，沒有一本小說曾經使我那樣著迷過。」二是不忘指出文學著作上的繼往開來，有所傳承。現代通俗小說可以說是我國古代小說、筆記、傳奇的嫡系後代。范伯群指出「《新華春夢記》實際上是承李伯元、吳趼人的社會譴責小說之遺風，而在藝術上更趨成熟。」又如張愛玲的《金鎖記》，頗有魯迅《狂人日記》中某些故事的風味，范伯群也注意到了。

　　通俗文學似一隻具有生命力的翅膀，飛入尋常百姓人家，諷喻世情，懲惡揚善，其效應不可低估。但是通俗文學很注重故事情節的曲折波瀾，似乎輕視了藝術形象的精雕細刻，指出此點，也有必要，不知范伯群教授以為然否？

學壇內外

長篇小說《三里灣》的初版

　　著名鄉土文學作家趙樹理的長篇小說《三里灣》初版於一九五五年五月，由北京的通俗讀物出版社出版，印數三十萬冊，至次年七月已印刷五次，累計印數五十五萬冊，此後幾乎每年陸續添印，至文化大革命前（一九六六年六月以前）總共印數達兩百三十萬餘冊。在這以前，在當代作品的印數上說，《三里灣》首屈一指，沒有一部長篇小說超過它，值得記上一筆。

　　《三里灣》初版的印數三十萬冊，在文革前的十七年中，也是奪魁的，讓當代作家羨煞。其中原因至少有兩點可記。

　　一、作者在藝術上苦心孤詣的追求。長篇小說在報紙連載並不稀罕，一天一天地連載，可以吸引讀者一天又一天地讀報、購報。長篇小說在文學雜誌連載是較為稀罕的，錢鍾書著《圍城》在上海《文藝春秋》雜誌連載，時在一九四七年，引人注目。共和國成立後，《人民文學》雜誌連載《三里灣》，這是該雜誌長篇連載的第一次，又讓趙樹理奪了魁。我記得很清楚，《三里灣》連載於《人民文學》一九五五年一月號至四月號。編者既沒有預告消息，也沒有寫按語，這大概因為趙樹理是《人民文學》

的編委，不宜為刊物同仁張揚。

關於《三里灣》的內容，讓我抄下五〇年代通俗讀物出版社版本上的內容提要：

> 三里灣是一個比較偏僻而又缺水的山村，為要改造這裏的生產環境，該村農業生產合作社計畫發動全村開一條水渠，因水渠地基問題引起了一場思想鬥爭，故事中間穿插了三對青年的戀愛和婚姻關係。矛盾和困難是非常複雜的，但在黨的正確領導下，他們終於克服困難，作好了開渠的準備工作，並且通過開渠事件在群眾中間生動地進行了社會主義的前途教育，因而又吸收了大批新社員，使農業社進一步鞏固和擴大。作品中歌頌了先進人物的積極性和創新精神，批判了某些落後人物的資本主義傾向，真實地反映了農村的新面貌。

內容介紹可以有不同的寫法，這一則的語言風格很有上個世紀五〇年初期的特色，平實簡要，遣詞造句只求達意，不求藻麗，如果換上今天的編輯寫，肯定是大不一樣的，為了保存一個時代的編輯風格，過錄於此不無意義。

《三里灣》的敘事結構保持了中國近代通俗小說例如《海上花列傳》的傳統風格，即把描寫情景融化在敘述故事之中，而不像嚴肅文學作家梁斌、浩然、劉紹棠等那樣把敘述故事融化在描寫情景之中。舉例說吧，嚴肅文學如果寫人物王玉梅走到旗杆院

去，可以從三里灣夜色，玉梅離家向旗杆院寫起，從容不迫地寫三里灣夜景，月亮將圓、秋蟲鳴唱、街角人們談天，旗杆院的氣派，最後寫村西頭半山坡上一座院落的大門裏走出來一位豐滿結實的姑娘王玉梅，然後再近寫這位豐滿的姑娘的頭髮、眼睛、面容、臂膊、神情、步調，最後寫與人打招呼，人們的眼色中對她的重視、好感等等。趙樹理說：「給農村人寫，為什麼不可以用這種寫法呢？因為按農村人們聽書的習慣，一開始便想知道什麼人在做什麼事。要用那種辦法寫，他們要讀到一兩頁以後才能接觸到他們的要求，而在讀這一兩頁的時候，往往就沒有耐心讀下去。他們也愛聽描寫，不過最好是把描寫放在展開故事以後的描寫中，寫風景往往要從故事中人物眼中看出，描寫一個人物的細部往往要從另一些人物的眼中看出。」（見〈三里灣寫作前後〉）。質言之，趙樹理的藝術手法概括成一句話，就是通俗說唱文學的手法，也就是在故事的展開中進行情景描寫的手法。

《三里灣》是長篇小說，十四萬五千字，結構的緊湊、嚴謹，體現在故事發生時間的嚴密安排上，《三里灣》人物和事件眾多而複雜，但時間僅有一個月——從九月一日晚到國慶日十月一日前夕，第二十五章以前（已占全書篇幅三分之二還多了）的事件發生在九月一日晚到九月五日夜裏或者說九月六日黎明時分。這體現了作者在藝術上的苦心孤詣。後來，《三里灣》改編為電影《花好月圓》，並受到群眾歡迎，也就不言而喻了。

二、作者在題材上的突破，在藝術手法和時間結構上的苦心孤詣，是《三里灣》成功的主要因素，還有，批評家對《三里灣》的及時評論的推薦，也是《三里灣》暢銷以至兩百三十萬餘冊的一個原因。《三里灣》在《人民文學》登完之後兩個月，《人民文學》七月號，即發表了署名車薪的評文，題〈讀《三里灣》隨感〉，他分析了小說中眾多的人物形象馬多壽和他的老婆常有理，大兒子馬有餘大兒媳婦惹不起、小兒子馬有翼；范登高及其女兒范靈芝；王金生、王玉梅等，車薪先生最後的結論是：「作者無不根據每個人的性格特徵和外部環境來確定，無不借特定的典型事件來表現。這就保證了人物性格的真實性和形象的鮮明性，並且必然地反映了這些人物所存身的社會生活的五光十色，豐富多彩，使作品的內容越見渾厚深遠。」

車薪恰如其分的評價，及時中肯的推薦，使《三里灣》的好花開遍域中，使《三里灣》的月圓照亮農村。儘管這是一部描寫新中國初期尋找發展農業生產力的農村組織形式及其矛盾鬥爭為題材的小說，現在連農村年輕人都會感到遙遠而陌生的題材，但是由於人物形象個性鮮明，栩栩如生，所以不失為一部富有通俗文學特色的小說；儘管時代已走在改革開放的廣闊田野上，這部小說沒有失去生存的空間，並無明日黃花之感。

《三里灣》在廣大農村受到歡迎，還與作者創作的通俗語言有關。書中用字均為常見的字，據武漢大學中文系研究統計，的、了、不、一、說、有、是、他、個、來、這、人、我、你、

著、也、要、上，出現頻率在一千次以上，「的」字最高，出現三千七百六十二次。有哀、俾、彼、憋、秉等三百四十二個字，僅僅出現一次。本文開頭說到，《三里灣》在文革前幾乎每年重印，幾乎者，即有不重印的年頭也，那是一九六三年。什麼原因呢？一九六三年前，《人民文學》雜誌社主編林默涵，他提出一個口號，號召作家寫「中間人物」。中間人物論是與主流媒體號召作家描寫英雄形象、先進人物相對立的。所謂中間人物，就是不好不壞、亦好亦壞，中不溜兒的人物，占了社會人物的大多數。《三里灣》中的馬多壽及其妻常有理就是中間人物形象的典型，他不願讓出開渠必經的刀把地就是典型的表現，為此《三里灣》在批判「中間人物論」時遭到了批判，後來，作者經過修改，突出了正面人物王玉生等人的描寫，一九六四年才在人民文學出版社出版新版本。

　　近見人民文學出版社於二〇〇五年十二月出版《三里灣》新的版本，在作者介紹中說「《三里灣》一九五五年五月人民文學出版社初版」，這是不確的，《三里灣》的初版本是一九五五年五月由通俗讀物出版社出版，我保存這個版本已有許多年了。據說《三里灣》完稿後，三家出版社向作者趙樹理索稿出版，作者最後交給通俗讀物出版社出版。趙樹理說：「這樣做，就是為了讓出書的成本降低一點，農民花的錢少一點。只要廣大農民能看到這本書，我是不顧及稿費多少的。」（轉引自《揚子晚報》二〇〇六年十二月十八日戴文華〈出書當學趙樹理〉一文）不過

《三里灣》於一九五八年四月，大由人民文學出版社出版新的第一版，書後附錄趙樹理撰〈《三里灣》寫作前後一文〉，這是通俗讀物出版社版本所沒有的。初版可不是在人民文學出版社出版的，毫無疑問。

提及車薪，打開了我記憶的門戶。車薪是現在蘇州大學中文系退休教授應啟後先生的筆名。他個兒不高，堂堂鬚眉，他是名校浙江大學中文系畢業生，師從古典文學專家姜亮夫、蔣禮鴻、夏承燾等先生；是浙江大學學生中的筆桿子，是寫時評與文學論文的好手。畢業後即分配到古色古香的隨園舊址的南京師範學院任教，先跟漢語研究有素的施肖丞先生做助教（施在文化大革命初期自殺身亡、遺言僅一句：士可殺而不可辱）。次年擔任我班級的「現代漢語」老師。助教在大學生中是吃不開的，因為不是教壇風頭正健的人物，但他聰敏，口齒清晰伶俐，課教得不錯，有條有理，明白易懂，再加上學生能見到他在報刊上發表的大作，不免頓生敬重之意，所以在學生中頗有口碑。筆名車薪者，不是杯水車薪，無助近急的意思，助教收入微薄，僅夠坐車費用而已。五個年代末，他奉調江蘇師範學院，任教「文學概論」，仍在報刊發表抨擊時弊的雜文，沒有結集出書。浩劫亂起，抄家，雜文剪報悉數公之於批判專欄，成為「攻擊三面紅旗」的文字云云，被鬥得七零八落，後又家中愛女不幸亡故，種種遭際，心灰意懶，從此擱筆，繆斯的深情呼喚難以挑逗他重操文筆回到繆斯身邊的熱情。作為應先生弟子的筆者，當年為〈海瑞罷官〉

撰文〈與姚文元同志商榷〉，也被鬥得死去活來，但是「江山易改，本性難移」，我不改劣性，依然在寫。中國作家協會至今七千九百四十八位會員中，我竟添列其中。讓我厚顏說一句，應先生聰敏勝於我，學問勝於我，但劣性不如我，阿Ｑ脾性也不如我。

應先生夫人，是我班上的才女，一口標準普通話，師生戀，不違倫理，難免七嘴八舌，如今白髮皤然，伉儷情深，恩愛如初，好得沒法說。前年秋深、楓葉如丹、同窗於隨園舊址敘晤，問應先生近況，才女答：年過古稀，身體是好的。還寫作嗎？早就不寫了。

早年趙樹理曾經感謝應先生的〈讀《三里灣》隨感〉，作為秋陽下的學生的筆者，祝福應先生健康、愉快。

淇奧產竹的問題

河南淇奧地區曾經是盛產竹子的故鄉，這有《詩經》在作證。
《詩經》有〈淇奧〉一詩，其中有句：
「瞻彼淇奧，綠竹猗猗」
淇奧即淇水岸邊。奧同澳，海岸彎曲可以泊船之處。這兩句
是說遠望那淇河兩岸，綠竹生長欣欣向榮。
錢鍾書先生在《管錐編》中對這兩句作了發掘，讓我抄下：

　　瞻彼淇奧，綠竹猗猗。《傳》「綠，王芻也；竹，竹
也。」按左思《三都賦·序》「見『綠竹猗猗』則知衛地淇
奧之產。」是或不免盡信書歟。
　　《水經注》卷九《淇水》「詩云：『瞻彼淇奧，綠竹
猗猗。』漢武帝塞決河（堵塞潰堤黃河），斬淇園之竹以為
楗；寇恂為河內，伐竹淇川，治矢百餘萬，以輸軍需。今通
望淇川，並無此物，唯王芻編草，不異毛興（亨）。」（只
有王芻，編草這兩種青草與毛亨注釋的《詩經》時代沒有不
同）後來如宋犖《筠廊偶筆》、陳錫路《黃餘話》卷三、程

晉芳《勉行堂詩集》卷二三《過淇川》第一首等皆道淇奧無
竹，而均不知酈道元已早言此。[1]

　　錢鍾書先生行文，意在反駁左思舊說，觀點鮮明，結構井
然，但是細加剖析，論斷有誤，無的放矢，簡直硬傷。這裏需要
研究兩個問題：一是左思講過這樣的話嗎？二是用《水經注》卷
九的說法反駁左思，在時代邏輯上講得通嗎？

　　左思（約二五〇～三〇五）是西晉文學家，生活在西元三
世紀。寫過《三都賦》（即《蜀都賦》、《吳都賦》、《魏都
賦》。）錢鍾書是針對無視現實、盡信書本的書呆子左思而發
的。那麼我們先要問問左思的《三都賦・序》中存在那句話嗎？
（即「見綠竹猗猗，則知衛地淇奧之產」一句）我輪番查閱左思
《三都賦・序》以及《三都賦》全文，[2]可惜不見那句話。錢鍾書
先生憑主觀想像把左思當作自己的論敵，大張撻伐。他冤枉了古
人左太沖。這是一。

　　錢鍾書的片面性還在於他忽視了環境自然與生物物種生存
的關係。北魏時期酈道元（四七二～五二七）生活在五六世紀之
間，沒有望見淇奧之竹。他已經遠離《詩經》時代一千二百餘

---

[1]　見錢鍾書《管錐編》。生活・讀書・新知三聯書店，二〇〇七年，第一冊一
五三頁。
[2]　《全上古三代秦漢三國六朝文》。中華書局，一九九九年六月，第二本全
晉文卷七十四，一八八二～一八九〇頁。

年，看不見淇奧之竹，是很正常的。竹子喜暖。中國的自然環境多變，氣候、風沙、溫度、濕度、日照、空氣、水土，還有地質變遷、自然災害、戰爭、疫病等環境因素無不影響生物的生存。橘生淮南則為橘，生於淮北則為枳，這是物種與氣候土質關係密切的例子。例如延安地區今為黃土高原，若干年前，這裏大海一片，至今山崖巨壁上大量貝殼還在訴說著自己的滄海變桑田的歷史。

歷史地理學教授葛劍雄在一次學術演講中說過這樣一段話：

> 我們可以從中國歷史上的氣候變化來看一下。發現中國歷史氣候變化已經不止一次了。比如甲骨文裏多次提到『象』，也就是野象，而且記了象的活動。甲骨文大多是在今天河南安陽殷墟一帶發現的。商朝首都殷，已經在今天黃河以北了。各位一定注意到、象生長在亞熱帶、熱帶，上海可以養象，但象是不能在野外過冬的，但當時黃河以北野象到處可以我得到，證明當時的黃河流域氣溫要比今天高。竹子喜歡溫暖。今天在淮河以北已經難以找到大片的天然竹林。但在春秋戰國時代，黃河以北的河南北部，有很有名的竹園。這片竹園一直到西元前二世紀末，漢武帝堵塞黃河決口還在派用場。這都是歷史上比今天熱的。[3]

---

[3] 葛劍雄〈從環境變遷看人與自然的關係〉。《解放日報》，二〇〇七年四月八日第八版。

這段話可以說明西元前七世紀的《詩經》時代淇奧產竹，且一片猗猗，是事實。這段話也可以說明黃河以北淇奧地區，氣候變寒冷，竹子經受不起嚴寒，逃離南徙也是事實，錢先生不能以《水經注》時代西元六世紀淇奧無竹，來否定《詩經》時代淇水兩岸產竹的事實。

即使西晉時代左思相信淇奧產竹，也不能說他是「盡信書」的書呆子，清代《水經注》專家楊守敬注意到了這一點，他說：「左太沖《魏都賦》淇洹之筍，則西晉時淇川尚有竹。」[4]二百餘年後，北魏酈道元說「今通望淇川，並無此物」，二百多年之間，黃河以北氣候變寒了，竹子不能生長了，淇奧地區不生長竹子了。這裏告訴我們，不能以二百年後的生態狀況，來證明二百年前的生態狀況，難道不是這樣嗎？這是二。

不要忘記，對竹子的亂砍濫伐，也是淇奧之竹不存在的原因。治水用上竹；戰爭用上竹，一時製箭上萬數，淇奧之竹不勝其痛，怎能不趨於滅絕呢？

質言之，此文指出《管錐編》臆造左思言論是不應該的；本文還指出竹的生長與自然環境關係密切。《詩經》時代淇奧產竹是事實；左思時代淇奧產竹也是事實，酈道元《水經注》時代，淇奧無竹了了，也是事實，不能以後者抹殺前者，這是環保學上的基本理論。

---

[4] 見《楊守敬集》（三）。湖北人民出版社，六五八頁。楊守敬指出的「淇洹之筍」一句，在《三都賦》中的《魏都賦》。

一則古代諺語的考量

三國時代魏國蔣濟《萬機論》甚有影響，錢鍾書先生在《管錐編》[1]中論及了它。他是據《全上古三代秦漢三國六朝文》第三十三卷引文立論的。錢鍾書先生有這樣一段話：

《萬機論》：「諺曰：『學者如牛毛，成者如麟角』，言其少也。」（錢鍾書）按蔣《論》中唯此語流傳最廣。

錢鍾書先生列舉許多引用「學者如牛毛，成者如麟角」的文本，說明其流傳最廣。例如《困學紀聞》卷十三：「『學者如牛，成者如麟』，出蔣濟《萬機論》。」等等。

試問錢鍾書的論斷有問題嗎？答曰：有。

一、查清代嚴可均輯《全上古三代秦漢三國六朝文》第三十三卷中，有蔣濟撰的《萬機論》，二千字左右，文中沒有「諺曰：『學才如牛毛，成者如麟角』，言其少也。」一段話。

二、據宋太宗敕纂的《太平御覽》第六〇七卷記載，應為

---

[1] 錢鍾書《管錐編》（三）。三聯書店，二〇〇一年一月出版，三七九頁。

  「諺曰：學如牛毛，成如麟角」，沒有「者」字。

三、「學者如牛毛，成者如麟角」，明明是諺語。諺語是草
 根百姓創造的語言形式，不是蔣濟的創造發明——如果
 他寫的《萬機論》真的運用了這句諺語，也不能將著作
 權歸屬於他，更何況這句諺語在蔣濟之前，肯定已經存
 活多少年，不能因為蔣濟運用了這句諺語，寫入了文中
 就歸屬於他。

四、蔣濟理解這句諺語存在片面性，錢鍾書智者千慮，也有
 一失。蔣濟說「言其少也」，只說對了後半句，前半句
 則是言其多。這是說學習的人多，成功的人少。不能割
 裂運用。

五、關於《萬機論》的版本流傳情況，《全上古三代秦漢三
 國六朝文》在蔣濟《萬機論》題目下有說明，現在抄錄
 如下：

  《隋志雜家》、《蔣子萬機論》八卷，蔣濟撰。《舊唐志》
 同，《新唐志》作十卷。《直齋書錄解題》作二卷，稱館閣
 書目卷五十五篇，今惟十五篇，非完書也。至明而二卷本亦
 亡[2]。焦閎《國史經籍志》以八卷入儒家，以二卷入雜家，虛
 列書名，又誤分為兩種，不足據。今從《群書治要》寫出三

---

[2] 《全上古三代秦漢三國六朝文》。中華書局，一九九九年六月。三篇指
 〈政略〉、〈刑論〉、〈用奇〉等，二千字左右。

篇，益以各書所徵引，定著一卷。嘉慶乙亥歲四月朔。

《萬機論》三篇中根本不存在「諺曰：『學者如牛毛，成者如麟角』，言其少也。」

我還查閱了清代馬國翰輯錄《玉函山房輯佚書》[3]子編雜家類，輯存了蔣濟《萬機論》中三篇，計一千五百字左右，其中沒有「學者如牛毛，成者如麟角」。《萬機論》在明代即已散佚，錢鍾書先生未查原書，且說在《全上古三代秦漢三國六朝文》某卷某頁，堪稱硬傷。不過，任何大家，都有硬傷，不必大驚小怪。

錢鍾書所述蔣濟的話，出於何文，一時難以索解。論述之餘，管錐探索，不查原書，不作核實，興之所至，隨意放言，難免粗疏，大家如錢默存者，也難倖免矣。

---

[3] 錢鍾書《管錐編》（三）。三聯書店，二〇〇一年一月出版，三七九頁。

話說閻崇年的《康熙大帝》

　　康熙皇帝玄燁八歲坐上皇位，君臨天下，一坐就是六十一年，中國帝王論百數，但玄燁的在位年數之長無與倫比。這其中有何奧秘，清史研究專家閻崇年在《康熙大帝》一書中寫下了他的答案。

　　閻崇年在中央電視臺「百家講壇」上侃侃而談，嶄露頭角。《康熙大帝》是其講稿。我寄他拙著《學術河上烏篷船》，他扔給我《康熙大帝》，拋磚引玉而已。他對清史研究了數十年，難免對清史上的明君產生好感，被他稱為「千年一帝」的康熙就是其一。《康熙大帝》一書如果要概括的話，就是機遇和挑戰成就了康熙的一生。二十萬字的一書，似在為「機遇」找例證，為「挑戰」列史實。

　　先說康熙碰上的機遇。他孕育出生於一位十五歲少女的腹中。早育聰敏，至今還為醫學所質疑，但康熙少年時代發育良好，身體健壯、智力穎慧、意志堅強。當時天花是一種可怕的傳染病，尚無預防疫苗，康熙像許多民間孩子一樣，五歲染有天花，且臉上留下麻子。正是這幾粒難看的麻子，讓康熙在七位兄

弟中獲取了繼承人的資格證書。康熙之父順治皇帝也死於天花，臨終前選第三子玄燁為皇太子，因為天花有免疫力，玄燁之父想到自己死得太早，政局不穩，讓具有免疫力的玄燁繼位則可避免政局動盪。玄燁因禍得福。好煞的第一機遇讓玄燁碰上了。

再說挑戰。康熙繼順治皇位，雖然不是接受一個國家爛攤子，但是存在的棘手問題是不止一二。其中統一臺灣則是大問題；這是挑戰。臺灣是功臣鄭成功從荷蘭殖民者手中戰取的，鄭因此成為反抗西方殖民者的民族英雄。鄭成功早死，年僅三十九歲，兒子鄭經嗣位繼立，但聽命於南明政府，與清朝康熙對抗。清朝征撫兼施，無效，鄭經堅持其「臺灣遠在海外，不屬中國版圖」，也不願束髮結辮歸順。康熙在位二十年國力日強，鄭經在位第二十年，卻因病一命嗚呼，鄭經次子鄭克爽繼位年僅十二歲，弱不禁風。這時康熙二十八歲，風華正茂，中原大地統一，水利修復，農業連年好收成，機遇似在等候康熙了。康熙不顧反對之聲，毅然決定武力征討；派施琅統率水軍，一戰而取，十四歲的鄭克爽嚇得瑟瑟發抖，舉臺灣而投降，康熙宣佈「夙昔結怨，盡與捐除」，過去恩怨一筆勾銷。康熙不大作詩，收復臺灣卻不能無詩，他寫了〈中秋日聞海上捷音〉詩，表述「久念蒼生」之意，讓臺灣百姓感覺到康熙吹送的暖風，服下定心丸。記得去年四月九日，閣先生在無錫圖書館作講演，他講康熙在位的天時地利人和，對康熙統一臺灣之功講得激情洋溢，神采飛揚，一臉紅暈，滿堂掌聲。

　　《康熙大帝》中，對康熙的以農為本，民以食為天，不惜筆
墨加以褒揚。對康熙的「六下江南」也作了獨特的探索。有一種
說法認為康熙南巡是遊山玩水。閻崇年認為是多元的，有治國，
有治河（黃河、淮河）；有考察，有巡視，有省耕，也有遊覽。
康熙記在心上的是，「安當思危，治不忘亂」。至於說康熙故意
微服出訪，乃至戴枷坐牢，為青樓女子合力打擊黑道人物等，都
是子虛烏有的影視杜撰，康熙明令「微行之事，斷乎不可」。順
帶提一筆，康熙到過無錫，坐的是船，時在康熙三十八年春天，
陪皇太后在惠山芙蓉湖邊遊散。

　　好處說其好，壞處說其壞。潛心科研的專家學者往往產生
偏愛，對研究對象的壞處難免有所維護。《康熙大帝》與其說是
康熙的傳記，不如說是老百姓對專斷獨行的國君的譏嘲，對賢君
能臣的呼喚。康熙對知識份子的異端嚴加懲處、殺戮，《明史》
案、《南山集》案的冤案，至今還能隱約聽聞「冤魂」的哭聲，
毛骨悚然，慘不忍睹。最可記取教訓的是，士人中的軟骨頭利用
權勢的冰山砸向弱勢的不同政見者，皇位終身制的康熙開了罪惡
的先河，曠古未有。閻崇年將終身不屈的學問家顧炎武等人也納
入了康熙的博學鴻詞科的順民，言詞失實，似乎有點太那個了。
批判不力，等於縱容。壞處說其壞，是不易做到的，閻先生以為
然否？

難解的諾貝爾情結

　　諾貝爾文學獎像馬頭上掛的一抔青生生的草，誘惑了中國作家的風雪歲月，王蒙先生是其一，很難忘情。

　　諾貝爾文學獎金的銀行存摺在瑞典科學院名下。他不會輕易獎給任何國家任何膽怯平庸的作家。瑞典科學院中有位精通中文的且是終身院士的馬悅然先生，從上世紀九〇年代起，在中國文壇，馬悅然成了作家套近乎的人物。如果得到馬教授的邀請訪問瑞典，這不僅是榮耀，還可能埋藏一個異想天開的新聞，成為諾貝爾獎得主。王蒙是收到了這位在瑞典科學院諾貝爾獎選評中，唯一握有投票權的中文教授馬先生的邀請，其興奮不言而喻。他為訪瑞「認真作了準備」，他也有心自我提名，把他王蒙報給瑞典科學院和馬悅然。不幸我駐外機構認為王蒙到訪是不適宜的，幾經周折與王蒙的努力，「未獲首肯」。王蒙敘及這樁大事，再三說明自己無辜，王蒙最後不願再辯白，他請出了「孫悟空三打白骨精」的生動比喻，將興妖作梗的白骨精罵了一句。邀請書本來一紙文函而已，本無輕重可說，王蒙將其看得過重，難免雜有私心，然後次生一場波折，王蒙不愉快，馬悅然不愉快，瑞典也

不會愉快，那個駐外機構可能至今也不愉快。

王蒙涉筆諾貝爾文學獎，耿耿於懷，不止一次，談到高行健出走德國，終於夢圓諾獎；談到北島流寓英倫為自己獲獎氣急吼吼地奔走馬家門下，最後夢破。回憶錄寫到北島名落孫山的一剎那，王蒙是這樣寫的：

> 北島到了斯德哥爾摩，各大媒體記者雲集北島家中，攝影機鏡頭已經調準，只等一聲宣佈就開拍。結果，宣佈的是愛爾蘭詩人希尼。各記者旋即離開，剩下了北詩人自己。詩人走到街上，看到了一條同樣孤獨的寵物狗。

一字之褒，榮於華袞；一字之貶，苛於斧鉞。王蒙以北島為說事對象不加一句評語，春秋筆法，好不厲害。春秋筆法中多少存在醋意，當王蒙得知馬悅然惹草拈花後又喜新厭舊，對王蒙及其舉薦之人不感興趣的時候，當王蒙很難理解馬悅然已經移情別戀的時候──戀者，曹乃謙也（山西窮鄉僻壤的一位出色的農民作家）。

叛逆是改革的基石，也是諾貝爾文學獎的天條。可以叛逆偏見，但是不能叛逆生活，不能叛逆真理，不能叛逆人性的良知。王蒙雖然不失自由主義的色彩，但是缺失面對生活的勇氣，缺失真理的信念，缺失叛逆的筆調，因而被人輕視睥睨。

諾貝爾文學獎標榜特立獨行，異想天開。

　　諾貝爾是北歐人，北歐人相信一句俗話：可遇而不可求。但是，王蒙們被偏見捅破了諾獎的幻夢，情結成了難解的死結。

　　寫到這裏，我想起了，誘惑曾經出現在另一位偉大文學家面前，那就是魯迅先生。遠在一九二七年，諾貝爾故國的瑞典的探險家斯文赫定來我國敦煌考察時，曾與北京大學劉半農教授商定，擬提名魯迅為諾貝爾獎候選人，由劉半農托臺靜農徵詢魯迅意見。臺靜農於一九二七年九月十七日寫信給魯迅，魯迅於九月二十五日寫了回信。魯迅鏗鏘有力地回答說：

　　　　請你轉致半農先生，我感謝他的好意，為我，為中國。但我很抱歉，我不願意如此。

　　　　諾貝爾賞金。梁啟超自然不配，我也不配，要拿這錢，還欠努力。世界上比我好的作家何限，他們得不到。你看我譯的那本《小約翰》，我那裏做得出來，然而這作者就沒有得到。

　　　　或許我所便宜的，是我是中國人，靠著這「中國」兩個字罷了。那麼，與陳煥章在美國做《孔門理財學》而得博士無異了，自己也覺得好笑。

　　　　我覺得中國實在還沒有可得諾貝爾賞金的人，瑞典最好是不要理我們，誰也不給。倘因為黃色臉皮人，格外優待從寬，反足以長中國人虛榮心。

　　魯迅的回答那麼決絕，他從個人的還欠努力，說到列國的平等，說到種族間的平等，宣告我不願如此，「我也不配」。魯迅的回答特別值得注意的是「為中國」。

　　魯迅的坦然，超然、淡然和斷然，讓人肅然起敬。

　　畢竟時代不同了，王蒙與魯迅不一樣。王蒙在爭取諾獎的荒徑上苦跑，路遠迢迢，不甘甘休。當然，王蒙不完全為了自己。

　　他的筆下辭彙豐富，學富五車，但他似乎不記北歐人的信條：可遇而不可求，不記叛逆，不記魯迅的「為中國」。

《王蒙自傳》：誠信中見筆法

　　寫下這個題目，中午倒枕小憩一會兒，起身就想寫完此文，因為難以揮走王蒙先生三本自傳的零星記憶。

　　自傳的生命力在於誠信，在於求真，「壞處說壞，好處說好」（魯迅語）。沒有嚴於解剖自己的勇氣，自傳將失其公信力。記得郭沫若有本自傳《洪波曲》，是抗戰初期任職政治部三廳的回憶錄，一九四八年在香港報紙連續發表，頗有影響。當時北平新政協全國會議即將揭幕，身在香港的郭沫若應邀赴會，已經乘坐海輪秘密北上，為了掩護已經北行，故意扔下一部文稿《洪波曲》留在香港報紙連載著，其實金蟬已經脫殼，人已遠走海途中。一九五八年在《人民文學》重刊，涉及的當事人張治中大為光火，公開撰文詰難郭氏。據說是統戰部門從中斡旋，才平息了這場文壇硝煙。回憶錄攙雜時代的偏見，為自己的政治面目喬裝，為個人的道德外衣補丁，都是不可取的，這或許是留給自傳作者的教訓。揮手之間，半個世紀過去，王蒙如何避短揚長，這是我很關心的問題。

　　「青，取之藍，而青於藍。」王蒙是聰明絕頂的角色。當代人際關係雖然有人苦心耕耘，依舊難免失足，所以有人憤憤地稱

之為一缸漿糊。王蒙的聰明在於，他把漿糊製成容器，收藏了他
生命中有所作為的時代。如今他回憶起來，還真有滋有味——當
然不會是一種滋味。他提及不少朋友的大名，文懷沙、劉賓雁、
英若誠、馬悅然、高行健、紅線女、祖穎之、劉心武、韓少功、
鐵凝、王安憶、張煒、李銳（不是寫《廬山會議實錄》的那位李
銳）迪麗拜樂、司馬義‧艾買提、李一氓、李希凡、郭漢城、張
康、王朝聞、吳祖光大哥，還有上海的作家郭敬明小子（記不
全，索性不寫了）。王蒙提到的人，有的是難友，提上一筆，雖
然僅此一筆，禮輕情意重哪。這些人與他，情誼或輕或重，或深
或淺，但都構成了下面張揚的話題，不涉筆負面的事情，不存在
藏針於棉的彆扭。特別值得一提的，他在文化部長任上，音樂界
名媛維吾爾族迪麗拜爾為異族結縭受阻傷心，王蒙為她在官場上
尋找關係，解開死結，天下有情人終成了眷屬。名媛成婚時王蒙
正出訪英國，他還委託副部長高占祥代他去祝賀。王蒙懂得寫作
技巧的詳略，他指名道姓，用上了漂亮多情、出色有效的詳寫手
法。這是王蒙聰敏的一筆。

　　他的回憶當然會觸碰醜惡，不吐不快，請聽他發表身處官場的
牢騷：

　　　　許多話你必須說，你常常被妒被告被「參」乃至被誣，你會
　　　成為某些對立面的眼中釘，你必須把個人的自我的因素減少
　　　再減少，把螺絲釘零件與部件的因素增加再增加。你必須學

會說一些套話，穿靴戴帽的話，已經講過無數次的重複的話。所有的個人因素，累了，不快，彆扭，興奮或者沒有在意，對於旁人是完全自然的無可指責的，對於官員卻是無用的藉口，是不可原諒的失誤。

這是略寫手法，用議論，用抽象言辭遮避心中之鬱怒。

牢騷，自責，自怨，自艾的組合不會無事實佐證，但是難以直白：這樣牢騷與辯解中或許包括了頂頭上司的當面訓斥，包括官員主體在上司面前的一臉委屈與傷心喪氣，但是略寫也是寫作技巧，一概不提大名，該略寫時就略寫，讓涉及的小人沒法光火，沒法打上門去。如果再把王蒙難忘的法蘭西諺語（「有兩種職業即使當上一天就會被人記上一輩子：部長與妓女」）在這裏重複一次，那麼王蒙的欲罷不甘欲幹不能的無奈委屈不是清楚了嗎？做官有做官的難處，寫回憶錄有寫回憶錄的苦衷。多種花，少栽刺，但是，我要奉勸政客們少對文人暗中傷害，最後無不被文人釘在恥辱柱上日曬夜露。我在拙著《二十世紀中國詩詞史稿》中為王蒙寫有不短的一節，六七千字，我論述了他在部長辭職後寫的〈無題〉詩。詩可以隱晦，但是不容易作假。詩中有他的真心話，可以與上面引錄的文字，「疑義相與析，奇文共欣賞」，會發現王蒙是一個是非分明、講點正氣的仁人。

王蒙自傳避開了敏感地區，萬不得已提及的話，他的手法則是多種多樣，該提名時才提名，詳寫讓人興奮，略敘叫當事人

心頭發黴，不是味道：以論帶傳，避開風險，點面結合，縱橫捭闔，實話實說，誠信行文，無《洪波曲》之意外，有《洪波曲》之情趣。

開掘散文創作的題材

　　文學創作不論哪類文體，都面臨一個題材開拓的嚴峻拷問，當黑陶兄將他的新著散文集《漆藍書簡》讓我拜讀之後，我欽佩他創作的勤謹、執著，我更欽佩他力求開拓、勇於探索散文新路的銳氣。

　　黑陶出生於蘇浙皖三省交界的腹地，江蘇宜興獨具風采的山山水水，人文意蘊，滋養了他文學創作的靈性與才氣。其開拓性，首先表現在他實地踏勘功夫。他不怕艱苦，走訪江南勝地的人文深處，尋覓新時期一度被遮蔽了的散文題材。他在茹素信佛的豐子愷石門灣故居流連，他在安吉玉華山下的畫家吳昌碩舊屋前躑躅，他在宜興屺亭橋畔拜謁鄉先輩徐悲鴻先生的庭院，他在東南文化發祥地河姆渡遺址寫下深刻的思考，他在曾經使唐代詩豪李白激動的桃花潭長吟放歌。踏勘勝地舊跡不僅啟動了他創作的靈氣，而且也填寫了江南人文歷史的扉頁。黑陶筆下所寫蘇、浙、皖三省近五十座鄉鎮、村落，多數是文人忽略了的深藏滄桑的祖居。這裏既有壯麗凝重的自然山河，還有受傷而不改秉性的現實生態，還有斷斷而又續續，頑強存活的民族文化的異品。沒

有黑陶的踏勘與筆錄，人文風景的目錄或許留下小小的遺憾，這就是具有踏勘功夫的黑陶所作的貢獻。

其次，他的開拓性表現在，探訪民間曠野中的高人，異俗與人性美。祖國廣闊的鄉村，富饒的江南大地，除了奉獻稻穀蠶桑如河姆渡，讓人間無饑寒，知羞恥之外，他還將高人、鉅子、名家、賢者輸送給文化歷史長廊。誰也不會否認，中國有太多的風流人物都從鄉村的荒徑上走來的。黑陶寫到了錢穆，寫到了徐悲鴻，寫到了吳昌碩，寫到了佛家禪宗創立人慧能，寫到了鵝湖邊上的理學鉅子朱熹。這些人憑藉傑出的才華，驚人的成就，崇高的品質令人仰視，歷史也難以忘記他。黑陶懷著深情聆聽遙遠歷史人物的腳步聲。他思接千載，視通萬里，他站在鵝湖書院，這樣說：「進入鵝湖書院，雖歷數百年滄桑，屋舍也早非朱熹陸九淵、陸九齡相會時的鵝湖寺原物，但一人靜立於書院的青石庭院間，空氣裏似乎依稀仍有南宋名士當年的激辯之聲。」多麼聰敏的感歎啊！

中國哲學史上的這次「鵝湖之會」一度引起爭議，是耶非耶，暫且不去理會，但是朱熹「博覽而育人」的思想總不失為一筆教育遺產，而且這又是地地道道的鄉村孕育的鉅子。

第三，江南民間不僅孕育了文化鉅子，江南民間還存在佐證歷史的異俗。〈陽山浸透汗血的文化巨石〉一文中存留血淚斑斑。說的是明代永樂皇帝建立巨碑，卻在南京陽山留下了一個名稱極為悲傷的村莊名字墳頭村，墳中埋的是沒有按時鑿石完工而

慘死的石匠生命。黑陶撫摸巨碑，似能感到死者的血溫。〈馬地村：落葉驟雨〉則是另一種筆調，他寫到當地人的植樹。「前櫸後樸」，存有讀書中舉，儉樸持家的意思。風俗人性的提倡，只有植根在蒼生百姓的民族心理土壤中，才能枝繁葉茂。

藝術結構的搖曳多姿，使《漆藍書簡》摒棄了散文創作的暮氣，顯得生態可愛。五十篇文章在結構上力求異樣異趣，敘述中有順敘，也有倒敘，插敘。敘述的文字，有的是年表，有的是對話，有的類似電視劇的腳本，可見作者在結構上獨具匠心，力求翻新。但是，縱橫式結構最為成功，縱式的敘述模式的羅列，使時間的星空繁星滿天，使空間的範疇資訊豐富；橫式的敘述則移步換景，真有點異趣盎然的味道。但是我「無偏於輕重，無私於愛憎」，我要不客氣地指出，黑陶有的文章引文過多，所引文章過於平實，缺失華美，會消解散文的賣點──雖然引文思想並不浮泛。

黑陶在三個層面上表現了開拓性，彰顯了江南質樸、深情、激越的異美散文的命脈，這就是《漆藍書簡》的成功。

《石語》情深

　　《石語》者，清末民國著名學者陳石遺的語錄也。這是錢鍾書先生於巴黎留學時整理的記錄稿，是錢鍾書手跡影印本。

　　陳石遺，光緒、宣統時代詩壇領袖。石遺是陳衍（一八五六～一九七三）的別號，福建侯官人，官學部主事。有《石遺室詩話》三十二卷，曾在無錫國學專修學校任教，與錢鍾書的父親基博共事。錢鍾書早年詩才敏捷，所作有被引錄於《石遺室詩話》的，於鍾書有知遇之恩。一九三二年除夕，陳衍招鍾書度歲於蘇州，談宴甚歡。鍾書退而筆錄，一九三八年鍾書在巴黎又作整理，一九九四年四月四日題作《石語》行世。

　　書中有理趣，有情趣，也有詩趣。

　　按常人設想，一位年過古稀的老人，談吐必然嘮嘮叨叨，纏夾不清，沒有理趣。可是陳衍畢竟是詩人兼學者，他談吐珠璣，常常凝聚了他畢生的經驗。他指出：「凡擅駢文者，其詩、古文皆不工。」他的弟子黃秋岳的駢文，集有清一代之大成，而散文卻不能成語，這就是一個教訓。他指出讀文章最有害的是「望文生義，囫圇吞棗」。陳衍是詩人，六十餘年前，他就指出「凡詩

必須使人讀得、懂得，方能傳得。」

　　書中的情趣，大多表現在對當時文化界學術界名流的議論中。這些名流或是他大學執教時代的同仁，或是他的朋友，或是他的弟子，或是他在政界的密友。他時有放談怪論，但他恪守儒家之道，論人無非道德與文章，無非才、學、識。陳衍對梁啟超的作文才能極為欽佩，「他人萬言不能盡，任公（梁啟超字）只須五千字，斯其絕技耳。」頂禮膜拜，溢於言表。清末有位將軍叫蘇堪，納妾求歡，又怕出身於淮軍將領之門其醜無比的正妻。陳衍去見他的側室，其妻自屏風後大吼：「我家無此混帳東西。」嚇得他茫然不知所措。陳衍借此大做文章，認為不合修身、齊家、治國、平天下的儒家之道，將軍「家之不齊，安能救國乎。」陳衍此論，不免讓當代大款、大賈、大官、大腕所嗤笑。

　　《石語》所談，三句不離詩，不離書，不離畫，詩趣盎然。書中有作者與陳衍的詩唱往返記錄。七旬老翁寫給新婚的鍾書楊絳伉儷的賀詩稱「旁行書滿腹，同夢筆生花」。錢鍾書楊絳始終遵循陳老先生的教導，在西洋文學（旁行）與寫作（筆）上揮灑才華。稱《石語》情深，並非虛語了。

採擷商州風情的落葉
——說賈平凹的散文

　　我讀盜版的《廢都》，發現賈平凹先生駕馭語言是好手。小說語言好的作家，寫散文當更在行。胸懷蒼生情結，傾心村巷世態，捕捉地域風情，構成賈平凹散文的獨有風格。

　　江湖上的教頭都有自己的營盤，與哥們結成鐵，同生共死，為的製造氣候，弄出威勢唬人。寫作的人則有取材的山寨，採擷賴以生存寫作的落葉，形成獨特的風格。回顧文學史，魯迅與紹興，茅盾與烏鎮，巴金與成都，葉聖陶與蘇州，沈從文與湘西鳳凰，都是結了緣的。賈平凹設有寫作素材的庫藏，不在水鄉澤國，而在廢除了的舊都，而在商洛的山川村寨的邊上。

　　可以這麼說，鄉土美，是賈平凹散文風格構成的重要元素。他在上個世紀八〇年代出手的散文雖然語言不免稚嫩，但是〈月跡〉中染有山中夜露的潔淨光澤。「嫦娥奔月」在大江南北是一個公共話題，但是〈月跡〉瀉在河邊沙灘上，則是商州風情的特色。〈夜籟〉中那位渴飲山頂野生苦茶的老農，苦而自樂；那位從山坡石屋走出的俊俏女子，夜中尋愛吹得讓人麻酥酥的口

哨，其人其聲記在山村夜色幢幢中。賈的一篇散文〈秦腔〉，把陝西西府秦腔的誘人反覆渲染，讓人難以忘記蹲在戲臺兩側牆根的戲迷，吸著草煙，慢慢將唱腔品賞，以至「聽了秦腔，酒肉不香」。這是很地地道道的平凹散文，字字珠璣，染有商州韻味。平凹寫過兩組商州地緣色采的散文，一為〈商州初錄〉，一為〈商州又錄〉，前者讓商州走出山中一隅，揚了名聲，得到正為招商引資缺失言辭的商州官員褒獎；後者傾心其力，商州「出山出水出人出物，亦出文章」為基調，大作其文，大吹其風。從隆冬至初春，一年四季，寫活了山中百姓不富裕的，但是愉快知足的生存狀態，新娘隨著亂耳的嗩吶聲，從這一個山頭嫁到另一個山頭去生養，從來沒有遠赴山外求歡求愛的想入非非。賈平凹的〈商州初錄〉、〈商州又錄〉使人想起作家秦兆陽在五〇年代中期寫的《農村散紀》，似小說又非小說的寫作，讓人覺得既新鮮活潑，而又有滋有味。其區別在於賈平凹散文中的月色是忒亮的，八〇年代的；山裏人「越來越不像山裏人了」。〈陋室〉中「火爐上的水壺日夜是醒著的。醒著是難受的，所以總是嘮嘮叨叨」這把水壺是陝西平民的標識。還有〈六棵樹〉、〈五味巷〉、〈說請客〉、〈朋友〉等，都是鄉土風情中採擷的落葉。

賈平凹散文的人性美，也是構成賈家風格的元素。賈平凹似乎是信佛的，也是信天命的，家中的一聲意外的響動，一物意外的迷失，深巷一聲犬吠，都會引起他難言的預卜。這樣的個性是山裏弱者自衛自處的自然形態，不是激進的意識形態教化出來

的，也是賈平凹散文人性美的主要基因。不具備這種基因，人性
美不會表現得這樣多樣化。賈平凹說自己很會罵人，但他在生活
中常處於不設防狀態，吃虧是難免的。他寫了不少靜觀世態眾生
相的散文，〈靈山寺〉的陶瓶讓人難忘，固然是因為它是「人間
的奇醜，曠世的孤獨」，更因為即使裝滿了醴泉，依然遭到乞
丐夫婦的拒絕。作者寶愛它，是因為「天之賜予」、「有這緣
分」。〈說話〉是說他遭遇滾滾流言，他沉默待之。沉默是金，
這個金子是人們在十年浩劫中拾到的。賈平凹所寫的悼念臺灣作
家三毛女士文章不同凡作。三毛是自殺身亡的，賈平凹都收到了
三毛自殺當天寫的回信，信寫完生命之光也隨著熄滅了。賈平凹
圍繞此信寫了一篇至痛的悼文。他懷念《保衛延安》作者杜鵬程
的文字獨特，杜氏拼了命寫作，賈平凹歌頌他「拿自己的健康和
上帝交易」。應該承認，賈平凹雖然懷念他（她）人的文章，字
字有情，富有人性美，但是，他寫懷念其父親母親的文章，才是
不可多得的至情文字，這都流露在〈喝酒〉、〈祭父〉、〈我不
是個好兒子〉諸文中。賈平凹有一篇〈在女兒婚禮上的講話〉，
別致，末尾說的這樣的話：「今天，我萬分感激著愛神的來臨，
它在天空星界、江河大地，也在這大廳裏，我祈求它永遠關照著
這兩個孩子。」賈平凹誠然是相信神靈，講究人性，富有中國特
色的作家。

　　多姿多采的語言美，是構成他賈家風格的又一元素。他運
用描繪刻劃的語言凸現客觀事物的本色，他運用口語開掘對象的

靈性。〈醜石〉用層層剝筍的結構。用明白如話的口語,寫出它的隕石身世、用擬人化筆法寫它忍受譏諷的磊落胸懷,最後托出哲理(醜到極處,便是美到極處),達到曲終奏雅的美。〈說花錢〉對「安貧樂道」有讜論,他認為「『安貧』實在是對錢產生出的浮躁之所戒,『樂道』則更是對滿園生命的偉大呼喚」。他以〈落葉〉感悟人間生命的有節律地運動,意味雋永。

除了哲理性的語言之外,他更多的是陳述之後的指指點點,〈人病〉一文發表當年,我即讀過,作者以肝病患者的際遇淋漓盡致的抒寫他的感懷,抒寫他的孤獨,抒寫他的寂寞,抒寫他的苦惱,但是,他也謳歌病友間的真情,謳歌病友間的寬容,他也謳歌病房陽光的溫暖。這些出之肺腑的話,無不用清新、自然、行雲流水般的語言表述的。

感謝楊振寧先生作序

　　據新華社華盛頓五月二十四日電，諾貝爾獎獲得者、著名物理學家揚振寧教授在美國石溪宣告退休，時在五月二十二日。近兩百名科學家從世界各地專程趕去歡送。雖然我是文科教師，與物理學似不相干，但我把電訊讀了多遍，我在大洋此岸、太湖之濱的寒舍中奉上我的衷心祝賀。個中原因我得從頭說起。

　　「科學技術是第一生產力」這個論斷，為我國以經濟建設為中心的偉大事業找到了騰飛的翅膀，但是尚未在廣大青少年學生的心靈築巢。許多青少年患上「追星」，追歌星，追明星，追球星，熱度持續不退，卻對科學明星淡然處之。據說影星周潤發到達哈爾濱機場，歡迎的青少年如潮，有記者宣告同機到達的還有楊振寧先生，青少年驚問：楊振寧是唱什麼歌的？這一驚問，說明「追星族」已將科學家放逐到價值觀的荒野。多年以前，我為了讓學生成才，讓學生把注視的目光轉移到科學身上，鼓勵大學生給中國科學院院士寫信請教，請院士言傳身教，談他們成才之路，談他們奮鬥歷程，談他們酸甜苦辣。院士為學生的求知熱情所感動，寫了回信，表達他們的諄諄教誨。回信的院士有錢學

森、王選、江元生、王之江、王方定、王啟明、毛江森、白以龍、劉寶珺、劉新垣、劉元方、石元春、葉大年，李吉均，李顯學，李家明，李德仁，李鈞，莊巧生，匡定波，張滂，閔恩澤、陸婉珍、范海福、歐陽予、楊弘遠、趙玉芬、楊起、徐如人、趙忠賢、郭仲衡、席承藩、侯洵、唐稚松、高鎮同、黃緯祿、黎樂民、朱顯謨等三十八人。我將這些科學家的墨寶編為一集，對院士的生平及科學成就作了注釋。書稿交到出版社審閱，認為可以出版，但必須請一位科學家寫篇序言。我遵命向國內三位科學家求序。聽說是院士的信，都表示婉謝，要我請更具成就的科學家作序。無奈之際，我在一天早晨醒來的時候，冥冥中似有人指點我不妨向楊振寧先生乞序。我斗膽寫了一封飛越大洋的信，懇請先生賜序。僅隔二十天左右，我就收到楊先生大作，題〈近代科學進入中國的回顧與前瞻〉，大作長達九千字，這是他不久以前在香港中文大學對師生的報告紀錄，經他作了整理修改。文章高瞻遠矚，憑藉有說服力的論據，得出了令人鼓舞的可靠結論：「到了二十一世紀中葉，中國極可能成為一個世界級的科技強國。」我得到這樣一篇大序，很是欣慰。如果說院士的書簡是「錦」，那麼楊先生的序則是錦上添的「花」。後來幾經周折，《中國科學院院士致青年朋友的信》於一九九八年二月在山東教育出版社出版。書在青少年學生中反響熱烈，北京大學的一位化學系學生來信說，他書包中從不放課外書，唯有《中國科學院院士致青年朋友的信》是書包常備書，並把楊教授序文讀了一遍又

一遍，已經讀了不知多少遍了。

　　楊先生的序言和華翰，我作為墨寶珍藏已有十四年了。

章培恒及其《災棗集》

　　在江蘇省作家協會每期寄贈的《鍾山》雜誌上，有一篇題為〈災棗集·序〉的文章，作者即章培恒先生，讀過印象甚佳，等待《災棗集》的早日問世。一書到手分幾次將它讀過，不是出於作者的邀約，是我想寫下愉快的閱讀感悟。

　　災棗者，災李禍棗之省略也。古人刻書用梨樹木、棗樹木雕版，不易生蟲。作者稱自己出版的著作為棗木之災，糟蹋了棗木，有自謙之意；學者散文的功底無處不在，一包括在題目上。這是章培恒教授的一本散文集，共收集六十二篇大文。學者散文淵源深厚，朱自清清麗蘊厚，錢鍾書幽默冷峻，梁實秋婉而多諷，章培恒則另有風格，頗具異趣。

　　行文中構築論辯的平臺、將學者散文推向學術文化的前沿，推向百家爭鳴的前沿。他寫的許多文章幾乎都是社會文化中需要破解、需要訂訛的問題，小而言之，他對一度流行、甚至流行在著名高等學府的「安民告示」一語，電作了辨析，他指出「安民告示」是封建時代官府的專利品，威風凜凜，大多出現在兵禍、災荒之後。而到二十世紀八〇年代還在亂貼「安民告示」（高等

學府為增開交通班車也稱安民告示），顯然是對「安民告示」的似懂非懂。說來有趣，此文之後，「安民告示」竟也悄然隱退了。這篇僅僅一千字不到的〈安民告示考〉，從題目到內容頗具學術短文的架構，一卻有干預生活的論辯文采。大而言之，章培恒寫了多篇文學、藝術論文，有論《儒林外史》中的道德問題的，有論金庸為代表的武俠小說的，有論姚雪垠《李自成》的，有論《金瓶梅詞話》的。誠然，眼下許多學術論文選題怪誕、老氣橫秋、行文艱澀、但是章培恒沒有脫下平易近人而不失趣味的傳統唐裝，去換披艱澀文風的外套，他在縱深論證學術是非的同時，將橫向的觸角伸到隨聲附和的辯論漩渦中。他為金庸武俠小說的文學史地位抱不平，他為姚雪垠的長篇小說《李自成》違背歷史辯證法而迎合政治上的難言之隱感到失望。他列舉金庸小說與姚雪垠小說中的藝術真實性的成敗例子之後，他發表了這樣的見解：

「正如魯迅先生早就指出的：真中見假會導致讀者的幻滅感。」

「如果以現實主義的真實性的標準來衡量，那麼，《李自成》與金庸武俠小說都存在著距離：（《李自成》）真中見假與（金著武俠小說）假中見真都不是充分的真實性。（《李自成》）真中見假給讀者以幻滅感，不能產生真正的藝術感染力，因此，與其真中見假，毋寧假中見真。」這段議論切中肯綮，將文學藝術的真實性原則作了新的發掘，也為有「成人童話」之稱

的金著被人愛不釋卷找到了原因。章培恒就是憑藉筆下的智慧與理趣，擺脫學者散文論辯色彩中的老氣橫秋，讓人有興味讀它。

豐富的情趣、知趣，構成《災棗集》的又一個特色，這是作為學者散文的魅力所在。章培恒寫下多篇憶友懷人之作，寫下多篇自序代序。這些記敘多於議論之作，看似漫不經心，其實雲舒雲卷有作者的寓意。章培恒以前出版一本《獻疑集》，他在〈自序〉中這樣獨自：

> 東塗西抹，卻已過了半生。回過頭來看看這些東塗西抹所得，雖不免因其拙陋而臉紅，卻又覺得其中所論頗與時賢不一致的，因而至少具有做「反面教員」的資格——這本是我在生活中曾被長期委任的角色。

一個破折號，因為是寫過去，所以有幽默味，而且平添了歷史厚重感。作者章培恒一度因為胡風分子嫌疑而被開除出黨。一部《中國文學史》使他名聲遠播，乞求他寫序的人多了。他為友人、為學生、為師長之作寫序，都不是虛與委蛇的應酬之作，他都能捧著一顆心寫，很感人的。他為他的師長賈植芳先生八十壽，寫了一序，他從魯迅〈關於章太炎先生二三事〉起筆，「七被追捕，三入牢獄，而革命之志，終不屈撓」，章培恒將師長的命途與章太炎作對比，得出了「章氏的這種精神確很令人感動，而就入獄次數來說，賈先生卻超過了他。」雲山蒼蒼，江水泱

決，賈植芳可得慰藉矣。他解讀清代詩人吳偉業的名詩〈圓圓曲〉，不僅糾謬匡誤，且把紅顏知己的傾國傾城之悲劇詮釋成生動感人的議論散文，章培恒於細微處也不忘亮其知識情趣，甚至在文末的注釋中也不放過機會。

　　章培恒散文告訴我們，如果帶著一顆熱忱的心，筆下流淌著理趣、情趣與知趣，散文也會有歷久不衰的藝術魅力。我愛讀章培恒的文章，倒不在於他是我蘇州大學一位朋友的同窗，而是他文章中的魅力。

揚州安樂巷二十七號

　　揚州，一條風塵積澱的小巷，秋日陽光下的石板路面光可鑒人，小巷窄窄的，深深的，靜靜的，走進小巷似乎走進了歷史的隧道，彷彿能聽聞上個世紀歷史的回聲。這小巷稱安樂巷。二十七號即「朱自清故居」，江澤民先生題的匾額。

　　朱自清先生祖籍紹興，出生於海州（今江蘇連雲港市），病逝於北平。但是朱自清說：「我與揚州的關係，大概夠得上古人所說：『生於斯，死於斯，歌哭於斯』了。現在亡妻生的四個孩子都已經自稱揚州人了；我比起他們更算是在揚州長成的，天然更該是揚州人了。」因此，筆者早已就有到揚州尋訪朱自清舊居的想頭。

　　眼前的二十七號舊居，低調得很，跟揚州城內民宅極相似。木質門檻駁蝕，歷經年所，門不是和合的，而是單門。跨過門檻，它是一座四合院，有前後兩進，後進是二層樓屋。房屋圍四周，中間天井，呈回字形。清末年間，朱自清六歲時，隨父親由海州遷居到騷人墨客嚮往的淮左名都揚州，先住城中一個叫仁豐里的街巷，與一位姓莊的教書先生合住一宅。這一帶的街坊鄰居

還記得，仁豐里這幢老宅中出過兩位名人，一位就是朱自清，一位就是乒乓名將莊則棟（莊老先生的孫子）。朱自清在揚州讀的書，中學階段讀書於省裏第八中學，即今出過二十二名中國科學院院士的省重點校揚州中學。朱自清在揚州八中是出了名的學生。他博覽群書，出名；他博聞強記，出名；他博古通今，出名；他個性內向，有似乃父，出名；他寫得一手文章，也出名。作文本常被語文老師作為範文揭示，同學戲稱他「揚城派高手」（有別於桐城派）。他立志做文學家的念頭就萌生於花木扶疏，似有靈氣的第八中學，我去訪過。故居中保存他在第八中學百年老建築樹人堂前的合影，還有校方授予他的品學兼優獎狀。一九一六年，十九歲的朱自清，考入北京大學。他原名自華，字秋實，他有感於家道中落，為了勉勵自己努力奮進，不隨流俗而合汙，這一年改名自清。他生性紓緩，慢條斯理，借用《韓非子》：「性緩，故佩弦而自急」。改字「佩弦」，性求緊急。

讀過朱自清著名散文〈背影〉的人，都難以忘記那位肥胖的戴著黑色小帽，穿著青布棉袍，黑布馬褂，過鐵道的背影。這是朱自清父親朱鴻鈞先生，原名小波，江澤民同志少年時代出入朱宅，曾得親見，所以後來江澤民詩中有這樣兩句：「〈背影〉名文四海聞，少年波老更情親。」故居中有江澤民詩稿手跡。故居中保存著朱老父子的合影，多年只見其背影，今日照面相見，我倍感親切。著名散文〈背影〉多為寫實，文中幾次寫到「簌簌地流下眼淚」，考其原因在於，朱自清這次由北京大學回揚州故

居，不是愉快的度假，而是為祖母奔喪，歌哭於斯，痛何如哉。故居中的舊物似有淚痕。故居右首一間，就是朱自清的婚房，舊式木床、堅牢如戲臺，老藍布印花被褥，舊式木質大箱、立櫃、八仙桌，文房四寶，還有一隻大煙斗，都是哲嗣朱喬森捐贈的舊物。這些都是原配朱夫人武仲謙女士拂拭過的遺物。武仲謙為揚州名醫的女兒。朱自清聽從父母之命，於一九一六年年底，時十九歲，與武夫人喜結連理。先後生下六個孩子。朱夫人本來有病，整天忙著兒女的冷暖、衣食，病在孩子身上，疼在母親心上。孩子病癒，日見乾枯的臉上才露出笑顏。相夫教子，日夜操心，使她的身體每況愈下。一經檢查，大為吃驚，肺葉爛壞穿孔。朱自清勸她去北京西山療養，她丟不下孩子，又怕花錢不願去。朱自清乃決定送她和孩子回揚州養病。臨別，夫人忍不住淚流滿面，說了一句：「還不知能不能再見」。回揚州月餘，武夫人竟撒手西歸。這時的她，僅僅三十一歲，時在一九二九年十一月二十六日。歌哭於斯，痛何如哉。故居中有朱自清與武夫人的合影，還有朱自清寫的〈給亡婦〉一文。三年後朱自清重組家庭，與陳竹隱女士結婚以後，特地回安樂巷舊宅小住，並攜五個孩子（老六在其母去世後二年夭折，年僅五歲）到武氏墳前掃墓。朱先生說的「歌哭於斯」，可不是一句輕鬆的文章，而是一句痛語，含著淚水。

朱先生患有嚴重的胃病，沉疴已久，生活艱難竭蹶時刻，有富戶名流，持重金請先生寫壽序，他雖窮，但是斷然拒絕了，並

輕蔑地告訴朋友說：那種人也值得歌頌嗎？

朱自清先生是一位典型的書生，行事謹慎，甚至瞻前顧後，怕狼怕虎，身為大學教授，他生怕失掉美差，生怕遽然無辜打破飯碗。他很坦率地說過：只因一家七八口人賴他薪水糊口。但是，在大敵當前的重要時刻，他卻一往無前，大義凜然，天不怕地不怕，很有骨氣。櫥窗中保存一份文字資料，是清華大學師長們的嚴正聲明，時在一九四八年六月。起因是日本國的軍國主義勢力在外國勢力扶持下復活，飽受日本侵華戰爭災難的中國人民是絕對不能容忍。儘管當時中國人民處在戰後的饑荒中，購買美國救濟的平價麵粉過活，但是一貫以民族氣節自重的知識份子，在氣節與餓死二者的選擇中，決不願屈服。為此，清華大學的師長發表公開聲明，寧可餓死，也反對日本軍國主義勢力抬頭。在聲明上簽名的有張奚君、錢偉長、吳晗等，共有一百一十位師長簽名。列名第二位的就是朱自清先生。這時他身患重病，骨瘦如柴，體重僅四十一公斤，表現了我們民族的英雄氣概，顯示了一位書生的風骨。誠如朱先生讀北京大學時的同學楊晦教授所說：體現了朱先生最完整的人格。

時過不到兩個月，一九四八年八月十二日，朱先生的生命之光在暗夜中永遠熄滅了。終年五十一歲。

我正在抄著布展的字字句句。守門人是一位不起眼的老人。他從身後過來說：時間到了。臨別時，我問他：

朱先生您見過嗎？

解放後他沒有來過。

我不禁莞爾。

我步出駁蝕的舊式門檻，告別揚州安樂巷二十七號朱自清故居，已在暮色蒼茫中。

題在《胡適來往書信選》扉頁上的話

　　前年，我在參與編纂《漢語大詞典》的忙碌生涯中，偶爾見到一家古籍書店書架上有《胡適來往書信選》上中下三冊，中華書局一九七九年出版，買下之後沒有時間讀，新近翻閱之後，我發現此書抑揚吞吐，時有警語，外加史料之豐富、思想之坦誠，語言之樸茂。比之於人，則如風度翩翩的君子人的談吐娓娓動聽；比之於樹，則如獨立曠野的巨杉，搖曳挺拔；比之於礦，則如蘊藏量大的富礦令人眼熱。研究現代知識份子史，研究民國史非參考不可者也。誠如此書的〈編輯說明〉所說：

　　「胡適於一九四九年飛離北京時，曾留下一批書信，本書所選是這批書信的一部分。這一部分書信不同程度地反映了自『五四』前後直到解放以前，舊中國的政治、思想動態和一些歷史事件的某些側面，可以作為歷史研究工作的參考資料。」

　　個人書信本來具有某種閱讀吸引力，從事研究的專家學者無不想從書信中發現最具真實性的獨家資料，何況《胡適來往書信選》多達一千三百六十餘封。其中友人致胡適的信為多數；胡適

致友人的信雖屬少數，書中僅存一百七十三封，但是從未公開收入書冊，均為第一次面世，很有可讀性。而其中有的寫信人當年在信上註明「看後焚之耳」，胡適卻替朋友保存了下來，成為史料的一頁。

致函胡適的人包括政治界、學術界、高教界、新聞出版界、文學界等的知名人士，例如章士釗、汪孟鄒、任鴻雋、陳獨秀、張申府、張奚若、錢玄同、楊杏佛、朱經農、高一涵、陶孟和、蔣夢麟、陶行知、蔡元培、宋慶齡、羅家倫、傅斯年、廖仲愷、康白情、吳虞、周作人、范源濂、舒新城、丁文江、李霽野、劉半農、徐志摩、羅隆基、劉海粟、張元濟、羅爾剛、顧頡剛、葉公超、王雲五、吳世昌、張學良、湯爾和、蔣介石、千家駒、高夢旦、翁文灝、汪精衛、毛澤東、王世杰、蘇雪林、錢端升、周炳琳、顧維鈞、吳健雄、張慰慈、錢昌照、陳源、孫楷第、葉聖陶、俞平伯、周鯁生、江澤涵、湯用彤、羅常培、郭沫若、郁達夫、沈從文、竹垚生、郭泰祺、毛子水等，外國人士有史沫特萊等寫信人，包含了左派、中派、右派等三種人。

二十世紀五〇年代以前，知識界流行一句口頭語「我的朋友胡適之」，均以胡適做朋友為榮，這麼多知識界人士與胡適通信，可以作證。

《胡適來往書信選》讀後感言，可有三點：

一、胡適喜愛朋友，於家鄉安徽友人似更多一重感情。這裏舉陳獨秀（一八七九～一九四二）為例。

　　陳獨秀原為北京大學教授並文科學長，安徽安慶人。陳獨秀出道比胡適早，一九一六年九月一日陳獨秀創辦《青年雜誌》（次年改名《新青年》），胡適正在美國哥倫比亞大學攻讀哲學博士學位。陳胡雖未識面，但已有鴻雁往返於太平洋東西海岸之間，胡適於一九一七年九月應北京大學校長蔡元培聘請任教授，兩位徽幫名人終於相見。在此前後，胡適在《新青年》和《每週評論》（李大釗、陳獨秀合編）發表許多譯作和文章。

　　人生的路途可稱漫長，但是人生最關鍵的腳步往往只有一步二步。陳獨秀原是北京大學風雲際會中人物，一九一九年三月二十六日夜裏北京大學蔡元培校長召開教授評議會，湯爾和、沈尹默、馬夷初（敘倫）與會。湯爾和日記上有記載：

> 昨以大學事，蔡鶴公及關係諸君來會商，夜十二時客始散，今日甚倦。

　　胡適按語：「此事即是會議辭去陳獨秀問題，其日子是三月二六日。」（海按：請注意「辭去」二字）

　　評議會是在湯爾和教授家中召開的。胡適是與會者。

　　胡適在一九三五年十二月二十三日致湯爾和信上就陳獨秀被辭退及其他問題發表評論說：「此夜之會，先生記之甚略，然獨秀因此離去北大，以後中國共產黨的創立及後來國中思想的左傾，《新青年》的分化，北大自由主義者的變弱，皆起於此夜之

會。獨秀在北大，頗受我與孟和（英美派）的影響，故不致十分左傾。獨秀離開北大之後，漸漸脫離自由主義者的立場，就更左傾了。此夜之會，雖有尹默、夷初在後面搞鬼。然子民先生最敬重先生，是夜先生之議論風生，不但決定北大的命運，實開後來十餘年的政治與思想的分野。此會之重要，也許不是這十六年的短歷史所能論定。可惜先生不曾詳記，但有日月可考，亦是史料了。」北京大學於一九一九年三月二十六日夜裏昏暗的燈光下，決定辭退陳獨秀教授，迫使陳獨秀人生的走向邁出重大的一步，乃至有關一個黨派（共產黨）的誕生。這是胡適的觀點，雖可商榷，不失為見證歷史的大人物的一家之言。

胡適引錄湯爾和日記一九一九年四月十一日記載：

> 五時後回寓……途中遇陳仲甫，面色灰敗，自北而南，以怒目視，亦可哂也。

陳獨秀被北京大學辭退，據說是因為狎妓。胡適又認為「及今思之，豈值一噱：當時外人借私行為攻擊獨秀，明明是攻擊北大的新思潮的幾個領袖的一種手段，而先生們亦不能把私行為與公行為分開，適墮奸人術中了。」胡適的辯護十分有說服力，也體現了他寶貴的人格。

編號為三三八信的〈胡適致陳獨秀〉（一九二五年十二月作）又明白宣言了兩個安徽老鄉之間的思想分歧。火氣也不小，

但是似乎不傷友情。這些都是書信中的史料。

　　二、郭沫若、郁達夫與胡適之爭的和解問題，文學史似乎不願正視事實。一九二三年，郭沫若在《創造》週刊上發表〈論郁達夫〉一文，郁達夫又在《創造》雜誌上發文，說：「更有些忌刻我的惡劣分子，就想以此來作我的葬歌，紛紛的攻擊我起來。」郭郁的矛頭是對著胡適衝過來的。一九二三年五月十五日胡適寫了一封不短的信，既表示對郭、郁的友好與敬意，「我是最愛惜少年天才的人；對於新興的少年同志，真如愛花的人望著鮮花怒放，心裏只有歡欣，絕無絲『忌刻』之念。但因為愛惜他們，我希望永遠能作他們的諍友。」又對誤會之處作了誠懇的說明。胡適的這封信是在病了二十天，其中「十天不能出門一步」的情況下寫的。

　　胡適的信是感動了郭、郁兩位的，五月十七日郭寫了回信，表示「不因小小筆墨官司便至損及我們的新舊友誼。」並「默禱你的病恙痊癒。」郁達夫回信說：「我的罵人作『糞蛆』，亦是一時的意氣，說話說得太過火了。我們對你本來沒有惡感，你能誠懇的規勸我們，我們對你只有敬意，萬無惡感發生的道理。」

　　「五四」新文化運動時期，一場一觸即發的新派人物內部的紛爭，終於化干戈為玉帛，這不能不說是胡適「誠懇的規勸」的功勞。又如，中文系女教授蘇雪林在魯迅先生逝世後一個月，寫信給胡適和蔡元培，攻擊魯迅「誠玷辱士林之衣冠敗類，二五史儒林傳所無之奸惡小人」，胡適不同意，胡適正告蘇雪林的一段

話，成了學壇的名言，話是這樣說的：

> 凡論一人，總須持平。愛而知其惡，惡而知其美，方是持
> 平。魯迅自有他的長處。如他的早年文學作品，如他的小說
> 史研究，皆是上等工作。

三、胡適心目中最欽佩的人是誰？這可能誰也說不清楚，但
是我認為不是韋蓮司，不是江冬秀，不是蔡元培，不是為其作冰
人的沈從文，而是周作人。不信嗎？請讀下面一段話。

「你信上提起『交淺言深』的話，使我有點感觸。平生對於
君家昆弟，只有最誠意的敬愛，種種疏隔和人事變遷，此意始終
不減分毫。相去雖遠，相期至深。此次來書情意殷厚，果符平日
的願望，歡喜之至，至於悲酸。此是真情，想能見信。」這是胡
適在一九二九年九月四日回信周作人時說的話。胡適對周作人、
包括魯迅的「最誠意的敬愛」已經全部地毫無保留地溢於言表了
（見第四八〇號信）。書中保存了自一九二一年至一九三七年間
的胡適致周作人信共十六封，另外胡適還代朱經農轉遞給周作人
一信，信上有胡適的附言。可能還有遺失的信。

一九二一年秋後，北京燕京大學擬作改革，大刀闊斧起用新
人，胡適代燕京大學聘請周作人為教授並兼中文系主任。胡適寫
信給周作人說：「他們要請一位懂得外國文學的中國學者去做國
文門的主任，給他全權做改革的計畫與實行。」

「可是這個人不容易找？昨天他們托我的朋友朱經農來和我商量。朱君和我都以為你是最適當的人」。

「薪俸，不論多少，都肯出。他們的薪俸通常是二百元一月，暑假加北戴河避暑的費用。」

周作人沒有貿然答應，不是待遇不厚，而是胞弟周建人待崗在家，周作人趁時向胡適提出謀職要求，胡適代建人在上海商務印書館找到一職，月薪六十元。周作人才應聘燕京大學。

一九二九年十一月，周作人次女若子病亡，胡適應周作人之請寫了墓碑。

除了以上三點之外，書中第九十二號信還告訴我們，一九二〇年俞平伯與楊振聲、傅斯年同船赴美國留學問題，楊、傅是到達美國的，俞平伯則在船到英國利物浦之後十四天，不告而別，去法國馬賽港，然後回國。據說是想家，想念二表妹許寶馴（即後來的妻）。俞平伯沒有踏上美利堅的國門，也談不上留學英國一說。以前書上（包括俞平伯的回憶文字）說到俞平伯到英國後兩月才歸國云云是不實的。

還有，以前的書上大談瞿秋白寫雜文〈王道詩話〉，批評胡適，其實，瞿秋白對胡適頗有情誼。一九二三年夏，胡適因痔瘡住在杭州煙霞洞養病，瞿秋白剛從蘇聯歸國，即去探望過胡適，別後還寫了一封信，報告自己在上海大學任教務長，並「請先生常常指教」云。

書信中保存了一些軼聞，傅斯年致胡適信告自己患高血壓，

住在重慶中央醫院。「割去扁桃腺──此與血壓證明無關,但從此不傷風。若小時割去,豈不免掉幾千次傷風。」這是在一九四二年中國醫學水平線上發表的妙論。

馮驥才閒適散文的新走向

　　《珍珠鳥》的誕生，張揚了閒適散文的新走向。一九八九年五月，作家馮驥才散文集《珍珠鳥》榮獲全國優秀散文集獎，他到無錫太湖之濱出席全國散文研討會並領獎。一個下午，他應邀光臨無錫過園與錫城作家見面講話。我在與人高馬大、巍巍一米九十的他握手時，我說了本文開頭第一句話。他搖搖我的手，笑容滿面、沒有異議。

　　大馮的散文集，從《珍珠鳥》始，直至不久前出版的《靈魂的巢》，一本有一本的模樣與思考，他在閒適、輕鬆的創作路上邊走邊唱。他並不主張過於沉吟的嚴肅思考，他的行文有明快的言談微中；他並不追求重大社會題材，他記的是自然、人生以及生活鱗爪。他的藝術風格具有春雨潤物、細而無聲的和諧美。

　　細心的讀者都會發現，大馮在述說生活的鱗爪中尋求閒適美。他是一個善於從社會生活中擷拾題材的作家。他出訪異域鄰邦。足跡遠及歐美與亞洲，他走在古希臘路上，他從石頭上搜索異趣與異想，寫成了〈古希臘的石頭〉供人玩賞。他出訪美國，他站立在大西洋岸邊現代大都市車水馬龍的街口，他不迷戀，他

不欣賞,他卻在注目美國男子多毛的胸脯,健步的女秘書的談吐,飯店牆上的招貼畫,他意在擷拾異域中的人文元素。他的一篇〈四說美國人〉,跳出了揭短的寫作套路,用報刊補白手法告訴你,善於創新而贏得富有的山姆大叔的公民,很會調諧生活,享受藝術、尋找閒適、張揚個性,彈奏一個民族的普通百姓的人生交響樂。大馮的〈散漫的天性〉、〈親吻春天的姑娘〉等,都在拾取生活海洋的浪花,社會角落的鱗爪,用他帶著國畫家特有的微妙語言描而繪之,記而錄之。

細心的讀者都會發現,大馮在描述生活水平豐富情趣中尋覓閒適美。一對普通的珍珠鳥在他筆下演繹為一篇美文。珍珠鳥的步履怯生,只緣對異類有點陌生。步步為營的探索中,這小傢伙飛上書架,飛上書桌,飛上正在寫作的大馮的肩頭,睡著了,做夢了,這麼一幅絕妙的小幅立軸國畫驚現天津海河岸邊,美是美的了。如果到此結尾,似有缺失。大馮是聰敏出了名的作家,他寫道:

> 我筆尖一動,流瀉下一時的感受:信賴,往往創造出美好的境界。

同樣寫鳥類,〈麻雀〉是寫閒適題材的文章,但是出手不凡。俄國作家屠格涅夫寫過同題散文名篇,大馮不甘甘休,他另闢蹊徑。他寫小生命的生存狀態艱難,一個疏忽即可遇上雷區的

悲哀。人類有時喪失理智不可思議，有一招是，先逮雛雀，利用
鳥類親情關愛的天性，張起大網懸掛雛雀，捕殺大雀。麻雀一生
在風風雨雨中，在饑餓威脅中，在意外遭襲中，在疲憊飛奔中度
過。大馮義正詞嚴地發問道：

> 哎，朋友，如果你現在看見，一群麻雀正在窗外一家樓頂熏
> 黑的煙囪後邊一聲聲叫著，你該怎麼想呢？

人怕暗箭，人怕意外襲擊，明槍好擋，暗箭難防。麻雀亦
然。受過人類傷害的慘痛記憶，使麻雀難有親近人類的勇氣。大
馮的〈麻雀〉有別於屠格涅夫者，在於開掘題材不同，視角不
同，意蘊也不同。

大馮的〈花臉〉、〈貓婆〉、〈書架〉、〈空信箱〉、〈年
意〉、〈快手劉〉等散文，都披上了散淡、輕鬆的外衣，在描述
客體的彩筆中，表現一點性靈，表現一點淡淡的情調。

細心的讀者還會發現，大馮在回首人生，記敘自我中尋覓
閒適美。佛家的腳印留在山崖中，俗人的人生腳印在每個人的白
髮上。〈白髮〉一文記大馮發現自己的白髮，不禁一驚，記其母
親的白髮在夕照裏銀亮銀亮的，在風裏柔弱地搖曳，大馮深感造
化的無情，「那種無可奈何，正像我們無法把地上的落葉拋回到
樹枝上去。」藝術是安慰人生的，大馮熱愛音樂，旋律的翅膀帶
著大馮在文學人生中翱翔。〈秋天的音樂〉、〈維也納森林的故

事〉（圓舞曲名），不僅陶冶作家的心靈，也在藝術主題表現上顯得更加純淨，更具藝術魅力。〈花巷〉一文別具一格。寫大馮第一次遊杭州時，在西湖邊上邂逅的「她」。她在湖邊曲徑躑躅，她主動邀約作者到她家去。家在何處？她告訴在花巷盡頭一家住。花巷的標記是有馥鬱的花香。作者去找了。作者筆下的「她」似湖上驚鴻，撲朔迷離、朦朦朧朧。篇章結構跌宕起伏。此文寫思念，寫回憶，寫似真似幻，寫一往情深，成功地寫出閒適生活中一段無法排遣的嫵媚。

大馮的閒適散文很有藝術特色的。

閒適散文的出現，往往烙有時代的印記。社會的承平，生活的溫飽，人文的復蘇等，為閒適散文花朵的生長準備了泥土。大馮在上個世紀新時期中攜〈雕花煙斗〉走上文壇，一路順風，他矚目於健康社會上的一鱗半爪，鋪排成文，弘揚人性，演繹普通人的一顰一笑。大馮的這類散文，不同於魯迅的〈秋夜〉，不同於葉聖陶的〈藕與蓴菜〉，不同於巴金的〈秋夜〉也不同於徐懋庸的〈冷卻了的悲痛〉，不同於葉文玲，不同於蕭復興，不同於干安憶，不同於余光中。大馮的篇章中很有那麼一點獨特的思想。雖然是低調的格局，但是無傷於主旋律的弘揚。文壇似一部交響樂曲，主旋律是高調的話，中調、低調則是此曲應有的樂音與旋律，但是同樣為交響樂不可或缺。

大馮在藝術表述上富有多樣性。他有的不用篇章故事形式，而是用補白式手法，三言兩語，點到輒止，絕不拖泥帶水。有的

用重彩濃筆表述之，驚心動魄。有的輕巧涉筆，近於夢幻，讓人心旌搖盪。質言之，他在藝術構思上是很注意量體裁衣，刻意創新的。

閒適散文不是大馮散文的全部。因為激濁揚清是他創作路上恪守的原則。所以，我得出結論，不論在主題與題材上，還是藝術與語言的表達上，大馮的閒適散文開創了新的藝術走向。

一位魯迅研究專家的跋涉

　　自傳難免帶點自誇的意味，一向謙虛為懷的葉聖陶、巴金臨終都不願為媒體繳上一篇自傳，是可以理解的。其實關鍵在於誠信。誠信者，自傳的標杆也。讀罷「東方學人自述叢書」之一的《沙灘上的足跡》，其作者陳漱渝學兄給我的第一感覺就是誠信。

　　誠信表現之一，如實披露了艱難寒微之家的風風雨雨。陳漱渝是南開學子，上個世紀六〇年代初中文系畢業生。但他出生在重慶，生父在黃埔軍校畢業，是國民政府軍隊中的軍官。生父移情別戀，遺棄了他，遺棄了他的生母。其母找到了工作，又無辜被開除，從此生活困頓，流徙於重慶，鳳凰、長沙等地。要不是陳漱渝的外祖父接濟其母子，生活真不堪設想。說起這位名叫王時澤的外祖父，原來是辛亥革命參加者。原在日本東京弘文學院留學，要是他早進學三個月，他還能與魯迅（周樹人）同坐教室的板凳上聽課呢。他在日本結識了「鑑湖女俠」秋瑾，現在《秋瑾詩文集》中的許多詩文是他王時澤提供的。秋瑾有〈致王時澤〉這封信也是他提供的重要文物。潛移默化，後來陳漱渝成為魯迅研究專家，似乎也有此淵源。

　　自古人才出寒家。陳漱渝少年時代貧寒生活的風雨，化為日後發憤學習、奮發向上的動力。他在中學時代即能倚馬成文，南開大學讀書時即小有文名，或許是因為貧寒風雨的拂拭吧。

　　誠信的表現之二，如實敘述了他在魯迅研究道路上的跋涉。他原在北京一所中學任教，只因他的文筆出眾，研究魯迅的文章刷亮了他人生的底色，調進國家文物局屬下的魯迅博物館任研究人員。從此如魚得水，英雄有了用武之地，他自稱「吃了三十二年魯迅飯」。他的著作好多，讓我抄下七八本，如《魯迅與女師大學生運動》、《魯迅在北京》、《魯迅史實新探》、《許廣平的一生》、《民族魂——魯迅的一生》、《一個都不寬恕》、《甘瓜苦蒂集》、《假如魯迅活到今天》等等，他還有與人合著的書、主編的書、合編的書、即將出版的書，林林總總達五十三種之多。書中不能缺少思想，這是起碼的要求。法國哲學家帕斯卡說：「人只不過是一根蘆葦，是自然界最脆弱的東西，但他是一根能思想的蘆葦。」勤奮與踏實使陳漱渝並不脆弱，而且頗具思想。他的著作能提供新的史料，表達他創新的理念。他的著作在日本、美國很有影響。日本慶應大學聘他為特聘教授，與日本教授竹內良雄合講《論魯迅的文學》課程。

　　陳漱渝還是《魯迅研究月刊》的主編，這是一本核心學術期刊，在國內外卓具學術聲望發了不少有分量的文章。他曾任國家文物局任命的魯迅博物館副館長，他曾任《魯迅全集》修訂委員會副主任。長途跋涉三十餘年，回頭看看他跋涉的腳印，誠然他

是個有學問的會辦事的也善於著書立說的專家。這不是我討好他的話，是實話。

誠信表現之三，如實紀錄了他的社會責任感。陳瀨渝擔任過第九第十兩屆全國政協委員，他與會可不是去握握手、拍拍手、舉舉手的，他是攜帶事關民生的提案走進政協會堂。他的提案關於「社會財富增長最大化與社會財富分配公平化」的發言語驚四座。被記者要去公開發表於二〇〇五年三月八日《人民日報》。他就調查所得的玉淵潭棉紡廠退休職工醫保落實問題寫一提案，讓九十多位退休職工享受了醫保，職工喜滋滋地說：「現在我們敢去看病了」，他還寫過一文，題〈京杭大運河保護區申遺工作中的文化問題〉，很有分量，為京杭運河申遺成功出了力。陳瀨渝的思維還有一種發力，就是能夠補罅苴漏，匡救偏頗。他是文藝界人士，他在政協會上就文藝界弘揚主旋律發言，說到最後，他建議加一句「兼顧多樣化」。從此之後就有了「弘揚主旋律，兼顧多樣化」之說。我是中國作協會員，我對這兩句話的連袂出現，記憶猶新，也很佩服陳兄的智慧。我無心泛泛讚美現在的大小代表，委員們，他們似乎存在心靈的自我救贖問題，像陳漱渝這樣有社會責任感的人應該銘記在紙，銘記在字行間。

《沙灘的足跡》的誠信讓我銘記，但是一本二十七萬餘字的自傳。在選材上還可斟酌。有的章節似可從簡，例如「我當了一天倒爺」可以略寫，不必成節。陳先生對誤解魯迅的文章非站出來評議一下子不可。「甘瓜苦蒂，天下物無全美。」魯迅是有缺

失的。其實那些貶損文章有的是出於寂寥，有的空洞，有的言之不成理，為翻案而翻案，不像學術文章。東漢就有人說過：「木秀於林，風必摧之；堆出於岸，湍必流之；品高於人，眾必毀之。」魯迅豈能倖免。還有陳漱渝近年在臺灣見到了他的生父，一位退休軍官，生父見面後第一句話說：我不配做你的父親，也對不起你母親。前後照應。人生跋涉中的這種細節，脾氣性情是應該寫的，否則，自傳的滋潤味兒就欠缺了一些。不知陳兄以為然否。

批評家陳駿濤的風景

　　復旦大學研究生出身的文學評論家陳駿濤先生，在病癒出院之後寄我大著《這一片人文風景》。沉甸甸的一冊，凝結了他退休前後的藝術思考，表現了一位文學研究者的社會責任感與探索問題的勇氣。

　　這本書是他的門牆桃李例如陳墨等人策劃的，意在為師長七十壽祝嘏。收錄了陳的隨筆、論文、札記、散文以及文學評論生涯的回憶文學，凡四十萬字。書中還附有他的朋友、學生寫的熱情洋溢的文章，建構了一片人文好風景，我是很愛讀的。

　　陳駿濤長期任職於中國社會科學院文學研究所，平生從事文學理論、文學批評的研究與實踐，頗有見地。作為一名文學評論家的歷史使命，首先在於努力超越同時代人，提出符合實際而又高瞻遠矚的文學命題。國內的文學批評，一度由社會學批評佔據一統江山，顯得滯塞而又一元化。陳駿濤〈在傳統與現代之間〉，大力建構一種開放相容的理論體系，在傳統與現代的方法論爭鳴中，他主張對傳統批評方法有所揚棄，又提倡「新美學－歷史批評」的方法。這是他的超越處。鑒於新時期文學創作的繁

榮，他在批評中提倡文學功能、文學觀念、文學創作的多元化，提倡包容，讓輩次不同的文學作家如張賢亮、王蒙、賈平凹、鐵凝、葉兆言、蘇童、池利等人均能獲得生存的陽光。獲得施展才華的一席之地，他拓寬了文學創作之路。這又是他的超越處。這兩點超越，使陳駿濤在文學批評的前沿為人津津樂道。被人稱為新時期文學的鼓吹手。

作為國家代表性雜誌《文學評論》的編輯部主任，作為中國社科院研究生院教授，他為培養文學研究新人作出了努力。《文學評論》是我年輕時訂閱的雜誌，記得錢谷融的《〈雷雨〉人物論》、錢鍾書評錢仲聯集注《韓昌黎詩繫年集釋》、錢鍾書《通感》等名文都是在《文學評論》上首發，我還保存這些舊雜誌。陳駿濤保持了雜誌的高品位高品質特色。文學創作出色不見得被聘為文學教授，文學研究可以當上教授，中外無不如此。在《文學評論》上發文，成為文學博士研究生、大學教師的一個夢。現在已經成為上海文學批評界領軍人物的陳思和教授，發表的第一篇重要學術論文《巴金論》，就是陳駿濤從大量來稿中發現並刊發於《文學評論》的，這大大地激發了他的寫作熱情，從此一發而不可收。二陳不存在傳統意義上的師生關係，陳思和在序文中稱讚陳駿濤，「在我的學術生涯中起過重要的影響，是我的引路老師之一。」完全是一種自謙的美德。陳思和只是陳駿濤發現和培養的文學評論新秀之一。

「師者，橋也」，陳駿濤自謙，他無意顛覆韓愈「師者，

傳道、授業、解惑也」一說,他只說不夠格,他是橋。像金庸研究專家陳墨則是他的嫡傳弟子。陳墨就是從他橋上走過而踏上文學研究之路的。陳墨撰寫了《金庸小說之謎》、《金庸小說人物論》等金學五種。凡有中國人,有唐人的地方,就有金庸的小說。陳墨迷戀於金庸閱讀與研究,陳駿濤不以為他「叛逆」,並為他作序,稱他「內地金學第一家」。陳墨任職於中國電影藝術研究中心,曾出席義大利國際電影節擔任評論員。他是專著《劉心武論》、《張藝謀電影論》的作者。陳墨多才多藝、博聞強記、腹笥富贍,但是很少做筆記,被陳駿濤稱為才子。

　　《這一片人文風景》有不少的隨筆、札記、散文篇章。陳駿濤寫作不是快手,論文是要以大量、反覆的閱讀做基礎的,行文往往緩慢。他說一天只能寫二三千字,還要謄抄。年事高了,許多學者走出艱苦思索,徒以隨筆、散文寫作發揮餘熱,陳駿濤似乎也如此。他寫了長文〈從一而終〉,回憶在文學批評路上的艱難跋涉。他出版過《文學觀念與藝術魅力》、《世紀末的回聲》等四種文學評論集。他回憶了與錢鍾書、吳曉鈴等名家在五七幹校的摸打滾爬。他寫秦牧,寫路遙,寫潔泯(文學研究所所長許覺民),汩汩滔滔,一往情深。他有一組文字,專記青年評論家達十一人。每篇一二千字,有的敘舊,有的議論,有的畫像,有的詮釋,有的絮語,其中有機敏睿智的許子東,有基礎扎實的南帆,有追求新鮮視角的黃子平,有建構女性文學批評平臺的黃緋等等。這些評論新秀,雖然不是他的嫡傳弟子。他為文張揚,無

非是盡其老一輩的歷史責任吧。

　　陳駿濤在文學批評理論上有所建樹，在發現文學批評新秀和培養研究生諸方面作了貢獻，為蒼涼而寂寞的文學批評事業努力了一輩子，這就是陳駿濤的風景。

說說我的書齋

　　讀書人往往有個書齋，魯迅有且介亭，葉聖陶有未厭居，錢鍾書有容安室，羅振玉有雪堂。古人更不必說了。我也附庸風雅，為自己營造了小小的書齋，取名「三耕書室」。

　　所謂三耕，即農耕、舌耕與筆耕之謂也。許多仁人志士，努力拼搏，建功立業，名聞遐邇，寫下傳記動輒千言動輒萬言，乃至數十萬言，讓人欽敬，而我一生碌碌無為，與書為伴。如果敘述我的一生，僅此「三耕」二字，足夠對付了。

　　所謂農耕，我出生在古運河畔的千有餘年的巨樹蒼天（一九五八年之後不復存在了）的舊村皋橋馮巷上，家有水田多畝，養牛一頭。父親忙不過來，時年雖然我不滿十五歲，父親即拉我和大哥下地幹農活做「童工」了。我割牛草堪稱能手，百把八十斤青草，不用扁擔，不用篾籃，不用繩索，即可背回家，侍候我家的那頭水牛，這是絕技。水牛車水時，我任監護，我偃臥桑樹下看書，很自在的，記得我看過父輩讀過的已經散裝的線裝本《四書》、《三國演義》等等，讀懂多少很難說，不能自吹，但是培養了我自幼喜歡亂翻書的習慣。這是說農耕。

　　所謂舌耕，就是教書。我從南京師範大學畢業後，服從國家分配，遠赴徐州任教高三語文。一位老教授寫給我送別詩一首，其中末二句，有「再訪彭城種桃李，正是工農躍進時。」從此，我與書為伴，身在講壇，舌耕為業，桃李天下，風風雨雨，樂此不倦，直至夕陽。孔老夫子有弟子三千，賢者七十有二。我不行自誇，我的學生和賢士，超過孔老夫子。這是說舌耕。

　　所謂筆耕，就是寫文章，寫教案，寫賀詞（學生結婚往往請我寫新婚賀詞），寫報告（讓我為教代會起草工作報告），寫發言稿（校領導出席市里、廳裏會議往往讓我預寫發言稿介紹先進經驗之類）同事參加演講比賽讓我修改演講稿，還有，學生考上大學寫信給我，我寫信稿，寫了不知多少的回信，我寫文章，寫書稿，青燈黃卷，風雨晨昏，我從年輕時代寫起，直至兩鬢皤然，寫、寫、寫，嗜寫作如生命，我的心血在筆下流淌，雖然為文章遇到過政治風浪，險些滅頂，但是我心甘情願，無怨無悔。這是說筆耕。

　　既然雅稱書齋，那麼齋中有何珍藏呢？說來慚愧，既無珍本秘笈，也無文物古玩，只是一些普通書籍。明清時代的線裝舊版雖有若干冊，但非名貴版本。我這個不善應酬的人，不愛吃，不愛穿，不愛玩，甚至不愛錢。工資過低，窮得要死，其實也無錢讓我愛，改革開放以前，工資微薄，我要養家糊口，還要節省一元或八角去買書，收藏了數千冊的書，我僅有的錢均花在了買書上，儘管手頭拮据，但我無怨無悔，無悔無怨。因我齋中有書，

腹中也有點兒詩書。

我書齋中的書，絕不是案頭清供，不是小擺式。我是齋中司令，書是我麾下列兵，很聽我的調遣。我寫作時要參考，呼之即來，用罷揮之即去，發回原地站崗待命。麾下成全了我的事業，我寫了數百萬字的書稿，有的已經出版，有的待字閨中，有的尚待整理修改。已經出版的羅列如下：

《文苑落英》、《文天祥〈指南錄〉校注本》、《大鵬折翅：記李白的悲劇人生》、《學術河上烏篷船》、《二十世紀中國詩詞史稿》等七種。刊登於《人民日報》、《文匯報》、《無錫日報》、大學學報等報紙雜誌的文章也不少。

《二十世紀中國詩詞史稿》，八十八萬餘字。人們說「十年磨一劍」。我為她的誕生花費近二十年的寶貴歲月。天道酬勤，華東師範大學終身教授劉永翔先生、上海戲劇學院余秋雨教授、江南大學文學院院長蕭向東教授、江蘇省社科院陳遼研究員、揚州大學顧農教授等，均撰文肯定拙著為開拓性之作，國內尚無第二本。

我還參與編纂了中國大型詞書工程《漢語大詞典》，寫有二十餘萬字，並發掘出多條詞典史上沒有前例的詞目，指正了從《康熙字典》差錯以來的三百餘年的詞書錯誤。

書齋中，我還接待過正在無錫出席全國散文研討會的朋友葉至善和馮驥才，接待過新疆的年輕學者傅宏星，接待過大學教授們，以及出版社的編輯朋友。書齋中，我還收到許多誼兼師友的

華翰。周作人、茅盾、葉聖陶、唐圭璋、吳世昌、范文瀾等文壇前輩賜書，得益之深，非三言兩語可講完的。科學家茅以升、竺可楨、顧毓琇有賜書。諾貝爾獎獲得者楊振寧先生有賜書，或用中文寫，或用英文寫，我視若墨寶。楊先生為我編撰出版的《中國科學院院士致青年朋友的信》寫了序言，長達六千餘言，從美國紐約州立大學石溪分校遠道寄我，我的著作雖然不是「錦」卻添了花。師友的華翰給了我生活的勇氣，憑添了戰勝邪惡的力量。

我的筆耕終於實現了我的願望，被批准為中國作家協會會員，成為全國七千六百九十名會員作家之一，並且是與百歲人瑞章克標同榜，何其樂也。

同志們，讀書吧！「腹有詩書氣自華」，愛書的人活得跟富豪畢竟有點不一樣的。「位卑未敢忘憂國」，與書為伴，知恥知榮，追求和諧，營造書香，默默奉獻，這是當代的讀書人——有道德的人，於社會有益的人。

三耕書室於我有功，為此我請著名教育家、文學家葉聖陶先生題寫了齋名。

董寧文：營造書香社會的匠人

　　因為寫作，我認識新聞出版界一些編輯同志，其中年輕的，難忘金陵石頭城下的董寧文，我稱他營造書香社會的匠人。

　　寧文兄，一米七十幾的個頭，帥哥模樣，一副眼鏡，平添斯文三分，溫良文雅，但是氣質不等同於性格，他辦事，他交往，他行文，卻是克實，勤快，而又務求出色。他不是江蘇省新聞出版系統的人，他的性格與才能，被江蘇的譯林出版社社長、中文系博士出身的鳳凰臺飯店老總蔡玉洗賞識，請他出來辦一個內部月刊《開卷》，蔡為主編，寧文為執行主編。當時同輩朋友私下議論是，一個三十二開本僅僅三十二頁的而且只在內部發行的小刊物，能在競爭激烈的媒體江湖上做得出什麼的大文章，意思是讓他退出。寧文沒有回應朋友的善意。他默默地做了起來，年復一年，滿頭青絲的他，出現了幾莖白髮，星轉斗移，九年多下來，前幾天我收到寧文寄下的《開卷》，已經是今年一月號，即第一一八期。《開卷》按期、按月、定日出版，從來沒有脫期、合刊之類的暮氣沉沉，即使在非典肆虐的時期也能正常運作，這都是很不容易的。有一位評論家，

是對公開出版物上的三十年散文作出評論的，他卻對《開卷》這樣暗送秋波：

> 因為痛恨說教的文學，一些新面孔的書刊在三十年間紛紛問世。《散文與人》、《隨筆》、《美文》等雜誌引來了散文的流變，林非等人主編的散文年選使這一文體日趨通往純粹之路。而民間刊物《開卷》、《芳草地》、《文筆》等不斷推出異樣的作品。這些刊物是從顛覆僵化的文體開始引人注意的。回到自身而不是別人那裏，給文壇帶來諸多新姿。
>
> ——《新華文摘》二〇〇九年第六期，
>
> 孫郁〈近三十年散文掠影〉

那麼，讓我們打開一百餘期的《開卷》，看看他那些「異樣的作品」吧！

《開卷》我是每期必讀的，我讀到些什麼呢？我讀到了數以百計的久違的名字，時達十年之久的被建國以來歷史問題決議稱之為「內亂」的文化大革命，使許許多多頗有學術造詣的文化人久而不聞其名，改革開放以後不知其生存狀態，不知在讀什麼書，在寫什麼著作。像上海施蟄存教授復出後在報上發表〈告存〉一文，以慰念著他的親友的，畢竟少數。《開卷》很理解懷有惺惺相惜心理的讀書人心態，將令人掛念的文化人請上了《開卷》。他們是季羨林、柯靈、錢鍾書、程千帆、王元化、錢仲

聯、胡風、蕭乾、龍榆生、冀汸、艾青、黃裳、賈植芳、錢伯城、趙瑞蕻、何滿子、吳奔星、孫望、吳祖光、陳白塵、宗白華、湯用彤、黃苗子、流沙河、艾青、林如稷、王伯祥、李一氓、巴金、林散之、華君武、章克標、王伯祥、錢基博、路翎、戴乃迭、卞之琳、楊憲益、胡小石、周作人、姜椿芳、陳寅恪，等等（抄不完，不抄了）。這些文化人不僅有遺聞逸事的鱗爪飄落人間，而且他們曾經為當代文化史寫過或輕或重的一筆，讓他們的名字與業績留在《開卷》文章中，這是《開卷》執行主編寧文兄的智慧，歷史將會記住他的聰敏。

《開卷》上也能讀到一批經常撰稿人的大名。他們是：于光遠、舒蕪、鍾叔河、周勳初、姜德明、王辛笛、來新夏、綠原、范用、黃宗江、周有光、卞孝萱、金性堯、蘇叔陽、紀申、謝蔚明、車輻、朱正、李歐梵、邵燕祥、戈革、呂劍、畢克官、豐一吟、朱金順、張威廉、止庵、楊絳等等（抄不完哪！）還有一批嶄露崢嶸、富有才氣的年輕撰稿人名字。這裏特別可以欣欣然相告的是，百歲老人周有光、張威廉、章克標也遞文抒懷說事。這些作者為書香社會平添不少書卷氣，也為《開卷》的天空描繪了絢爛的色采。這些構思的實現，成為了寧文成績單上的亮點。況且，人瑞笑語，社會之祥，國家之幸，《開卷》之福也。

寧文還為書迷、書癡、書愛家們營造了一方可以徜徉流連的福地。《開卷》為淘書、購書、售書、藏書、讀書、論書、著書、校書、編書留下寶貴的空間，讓這些自稱書蟲，自稱書鬼，

自稱書呆子的讀書人發表據說是「新生文體」的書話，承續中國多年來的讀書芬芳。這是必要的。近現代的學問家往往是藏書家，劉承幹的嘉業堂，羅振玉的雪堂，王國維的觀堂，唐弢的晦庵，魯迅的且介亭，郁達夫的風雨茅廬。他們都是坐擁書城的博雅之輩，也成為了當代讀書人心中久儀的明星。《開卷》幾乎每期都發表在「書」這一個字上耕耘的好文章，幾乎都是出之於當代書愛家的手筆。北京的姜德明、南京的徐雁、蘇州的王稼句、上海的陳子善、無錫的吳海發、成都的龔明德等，都是與書為伴的書愛家。寧文為營造書香社會大做文章。他說過，一個愛讀書的民族將益世流芳，為人類造福。

　　寧文編的《開卷》，辟了一個「開有益齋閒話」的專欄。這是為文化人吐露心跡、互通聲氣的視窗，他將文化人來信、來電、來網的文字編摘，這裏有文化人的資訊，著書立說，編務生涯，讀書心得，人事往還、臺港交流、名家行跡、書刊出版、民間會商，生存狀態等。我在《開卷》出版百期的座談會上說過：司馬遷寫《史記》，人物傳記最為成功，只因他最愛打聽人物的逸聞細節。如果司馬遷再世的話，他會收藏這個欄目作為備用的。朋友們談起這個欄目，不論年長的，年輕的，名家，不名家，都是掩飾不住喜悅之情。有位讀者從美國洛杉磯來信誇獎《開卷》有五好，其中說：「《開卷》擴大了我的視野，民間藏龍臥虎，原來有那麼多活躍的文化人，那麼多書迷、書癡、書蟲，保持了文化人的本色，許多人是各有專長，多有貢獻。」

　　寧文不僅編《開卷》出色，他還編著另一種月刊《譯林書評》，他還主編叢書出版，有《開卷文叢》第一輯、第二輯、第三輯，包括了葉至善、陳子善、黃裳等人的三十一種書，他還與南京大學徐雁教授合編《開卷讀書文叢》，收書十二種。還有，為了慶祝《開卷》一百期，他主編了《鳳凰臺上》、《我與開卷》兩種書，獲得二〇〇八年度「中國最美的書」稱號，並與其他十八種獲此稱號的書，代表中國參加二〇〇九年度德國萊比錫「世界最美的書」評選。一個民間刊物做出「中國最美的書」，這就是《開卷》執行主編營造書香社會的匠人董寧文。

　　寫到這裏，我想起外出旅行的人往往會在旅行包裹塞上一本心愛的書。胡適外出攜的是《石頭記》甲戌本。漫畫家畢克官赴美國治病，他攜的書是董寧文執行主編的、已經出版一一八期，打算出版二百期三百期的民間讀書月刊《開卷》。

　　《開卷》與《開卷文叢》獲得讀書界的好評，因為執行主編董寧文的胸中湧動著營造書香社會的激情。

走近嘉業堂

初夏，春花闌珊之際，得南潯之遊，值得一記。

浙江古鎮南潯，係全國歷史文化名鎮，位於太湖南岸，地處杭嘉湖平原腹地，稻麥蠶桑的歷年保收，使它富甲東南沿海，有太湖明珠之稱。我對南潯有深刻印象，在於這鎮上的小巷青石板路上，留有鑒湖女俠秋瑾的屐痕。時在二十世紀之初，秋瑾辦大通學堂，擬定起義，缺乏經費。一九〇七年五月曾經到嘉興南潯，尋求朋友的幫助，這位朋友先是躊躇，最後卻被秋瑾赤誠的抗清之心所感動，傾奩伸出援手，秋瑾寫詩酬謝而哭別，沒有幾天，秋瑾因起義計畫失密被人告發而被害，收屍殮埋者也是這位朋友。她的名字值得歷史記住，叫徐自華，一位大家閨秀。我興沖沖地遠遊南潯，卻未見秋瑾的遺跡，不免似有所失。但是，我走近了嘉業堂，真有失之東隅，收之桑榆的驚喜了。

我知道有座出名的藏書樓嘉業堂，始於年輕時，讀《魯迅全集》。在微山湖畔的一所知名學府裏任教。夜深人靜，我無睡意，宿舍窗外的樹葉沙沙作響，我翻閱《魯迅全集》，魯迅晚年寫的〈病後雜談〉中提到這座藏書樓，提到這座嘉業堂，提到堂

主劉承幹。魯迅是學者型的文學家，愛書如命，對於刻書藏書、有功於書業的人，他筆下常有禮敬之意。他稱堂主劉承幹（一八八二～一九六三）「不是傻公子」，就因為他藏書流布、刻書有功。他刻宋元名槧，也敢刻清朝的禁書，不准收入《四庫全書》的所謂「違礙」的書。例如清朝的《閒漁閒閒錄》一書，作者蔡顯，一位恂恂如也的書生。書中有幾句禮贊漢族的話，乾隆大怒，處以斬決。他唯一的兒子株連也被處死。他的門人等杖流發往新疆伊犁。站在門牆斑駁的嘉業堂的門前，看著末代溥儀題贈的「欽若嘉業」的九龍金匾，我眼前猶似恍惚清代殘酷的文字獄的血痕。

　　嘉業堂主劉承幹係清代名臣劉鏞的孫輩，一生無所經營，唯建嘉業藏書樓，一生嗜書，歷時多年，花費白銀三十萬兩，得書十六萬冊，既有宋元名刻，也有明清絕版珍本，其中收藏地方誌六十二種，皆為海內孤本。劉承幹還以雕版刻書蜚聲東瀛。他雕版三萬餘片，刻書二百一十三種，「嘉業堂叢書」在民國早期是書業中的名品。嘉業堂藏書於嘉興南潯，在上海愛文義路上，還辟有藏書兼售書的嘉業堂。我知道滬上一堂，也是魯迅先生文中告訴我的。魯迅不止一次去買過嘉業堂的書。魯迅有記錄，不妨當作小品文字欣賞之：

　　　　但是到嘉業堂去買書，可真難。我還記得，今年春天的一個
　　　　下午，好容易在（上海）愛文義路找著了，兩扇大鐵門，叩

了幾下，門上開了一個小方洞，裏面有中國門房，中國巡捕，白俄鏢師各一位。巡捕問我來幹什麼的。我說買書。他說帳房出去了，沒有人管，明天再來罷。我告訴他住得遠，可能給我等一會呢？他說，不成。同時也堵住了那個小方洞。過了兩天，我又去了，改作上午，以為此時帳房也許不至於出去。但這回所得回答卻更其絕望，巡捕曰：「書都沒有了！賣完了！不賣了！」我就沒有第三次再去買，因為實在回覆的斬釘截鐵。現在所有幾種，是托朋友去輾轉買來的，好像必須是熟人或走熟的書店，這才買得到。

（見《魯迅全集・且介亭雜文》）

　　魯迅存心要買嘉業堂的書，可以說明魯迅的愛書，可以說明魯迅對劉承幹的好感，好感於「每種書的末尾，都有嘉業堂主人劉承幹先生的跋文。」好感於他對「明季遺老的同情」，好感於他對「清初文獄的不滿。」或許也是由於嘉業堂的版式與品相的上乘吧。

　　我步進南潯嘉業堂，是一座二層建築，木式結構，七開間，兩進，回字形走廊，風火牆儼然此堂的衛士，也區分了左右的建築相異。中間包容一座大天井，有一口水井，但是不種花卉，更無喬木大樹。工作人員解釋說，花木有蟲，書怕蟲蝕。上下樓有五十二個房間，有的洞開。有的虛掩，有的緊鎖。書已不在了，我沒有見一冊珍本秘笈，房中排列著二米身高的大書櫥，空的。

有的房中堆放著木刻雕版，十六開本大小，黑乎乎的，厚厚的塵封告訴人們歲月冷淡似有多年了；不禁讓慕名而來的一睹嘉業書品的讀書人失望。工作人員似乎看出書人的失望，解釋道，餘剩藏書早已運往杭州，存放在西湖邊上的浙江省圖書館，享受現代設施的優厚待遇了。

嘉遭盜遭流失之餘也。日本侵華期間，堂主盡力護書，還是被擄掠不少業堂已經成為省級文物保護單位，保存完好，整舊如舊，面目一新。嘉業堂門前擴建為一片園林，花木扶疏，曲池清泠，小鳥嚶嚶，誠然是人們休閒的好去處。

嘉業堂幾次遭賊偷盜，流失不知多少，難以統計。還有不肖者將珍本售與洋人。近見一文，談美國加州大學東亞圖書館藏書，其中許多古籍之元版明版者，書後鈐有「劉承幹，字貞一，號翰怡，」鈐有「吳興劉氏嘉業堂藏書」（朱文方印），這些說起來，讓文化人心痛，我就不說了吧。所謂「餘剩藏書」者，遭戰火。我在二十世紀末年寫作研究詩詞史期間，翻閱了于右任題簽的《民族詩壇》雜誌，一九三八年七月出版的一期上有這樣一則記載：

南潯劉氏嘉業堂之《永樂大典》聞被倭酋松井石根劫去。

解放後，劉承幹老先生將全部藏書奉贈國家，且表示不受獎金，這是不能不記的一筆。

關於他的卒年，《魯迅全集》一九五八年版和一九八一年

版，定在一九五一年，而嘉業堂入口處牆上寫的是一九六三年。
《魯迅全集》注釋本或有錯誤吧。

愚者千慮

七房橋村：走出六位院士

　　錢穆錢偉長故居修復了。全國政協原副主席中國民主促進會
中央委員會原副主席張懷西先生為故居題名。

　　故居坐落在蘇南無錫鴻山七房橋村。

　　無錫東南方向二十華里，是周朝三讓天下而奔吳地的被孔子
譽為「至德」的先賢泰伯的故里，鴻山蒼翠綿延，山南有七房橋
村，名聞海內城外。這裏頗有風景，沃野平疇，綠樹掩映，鳥鳴
林間。村前有通達太湖的一條不小的河，名嘯傲涇，綠水清波，
流水淙淙。老人記憶中，河上舟楫不息，商賈往還，生機勃勃，
為兩岸農事、物流而繁忙。七房橋就在河上，俯聞涇流濤聲的節
拍。這裏的五穀莊稼，旱澇保收，農業史不會忘記為這塊沃土的
不菲貢獻寫上一頁。

　　不啻如此，這塊風水寶地也是人文薈萃，有六位院士從七房
橋走出去。他們是錢令希、錢臨照、錢俊瑞、錢偉長、錢易，還
有一位是臺灣中央研究院院士錢穆（字賓四）先生。皆為錢族後
裔。錢穆遠離故土半個世紀，回憶錄中說，他是無錫七房橋人。
一族六位院士，讓美國一位年輕學者鄧爾廷專程飛抵中國，到

七房橋探賾索幽，沾溉七房橋的靈氣，用以寫他的錢穆研究的專著，隨後出版的專著題目就是《七房橋世界》。他感到遺憾的一點，錢穆故居及其素書堂已經不復存在，僅剩礎石和殘壁斷垣，還剩有一棵並非錢穆手植的野生樸樹，雖然已經高過屋頂了。這位美國學者把他的遺憾寫在了書中。

錢穆故居毀於一九一五年和一九二四年的兩次火災，不僅把書齋素書堂燒壞，而且把錢穆祖傳的一部《資治通鑑》（書上有祖輩的父輩的圈圈點點與批語）化為灰燼。錢穆很傷心。但家境貧寒且無力修復，他懊惱地離開故居，攜家眷及由他撫養的侄子錢偉長去他處賃屋而居。從此，櫛風沐雨，神州南北，設帳授徒，誨人不倦，桃李天下；從此，不辭辛苦，海峽東西，著書立說，鍥而不捨，著作等身。他的學術巨著《國史大綱》上下冊，出版後名聞天下的同時，似乎也闖下了大禍，不曾想到，後來他的大名錢穆二字竟列入國家級「反面教員」的名單中。錢穆面對誤解忍辱負重，埋頭學術，成書《錢賓四先生全集》五十四卷，煌煌而可傳世的巨著。現在，無錫享有中國歷史文化名城的榮譽。記得無錫在申報歷史文化名城的時候，有識之士提出，應該修復儒學傳人、學術鉅子錢穆錢偉長叔侄的故居，應該修復素書堂，應該為產生了六位院士的七房橋村留下紀念性的遺跡。鴻聲地區有人為此奔走，市里民主黨派也給政治協商會議無錫市委員提出議案。江南大學推波助瀾，主持舉辦了兩岸三地臺港澳學者出席的錢穆學術思想研討會，會上為修復錢穆錢偉長故居提出倡

議並簽名。我清楚記得，除了錢穆哲嗣，清華大學教授錢遜先
生，臺灣清華大學兩位教授提出暫時不便簽名之外，在倡議書上
簽了名的有陳勇、徐日輝、黃懷信、黃志浩、蘇志安、徐有富、
任敏、熊元義、徐雁平、武麗娜、袁修璋、李秀珍、鍾德卿等數
十位。中國民主促進會無錫市委員會在無錫市政協第十一屆第四
次會議上提出關於《建議修復國學大師錢穆故居素書堂》的議
案，附錄了數十位學者教授的簽名。得到市政府市政協的重視，
轉交無錫市新區管委會辦理。新區管委會於二〇〇六年四月二十
五日的正式答文中「決定在錢穆故居原址新建錢穆紀念館，並專
設無錫院士館。除錢穆故居外，我們也將認真保護錢穆先生在後
宅小學任校長時期創辦的泰伯圖書館。」

　　市、區、街道的傾心傾力，並出鉅資，終於使錢穆錢偉長叔
侄二院士的故居修復成為了現實。

　　有一篇《錢穆、錢偉長故居修復記》現抄錄於後：

　　　　泰伯故地，鴻山遠影，嘯傲涇流，七房橋村，乃有錢穆
　　　錢偉長叔侄故居在焉。錢穆（一八九五～一九九〇）錢偉長
　　　（一九一二～二〇一〇）者，乃當代學壇鉅子也。

　　　　錢穆舊家是吳越王錢鏐六世孫由嘉興遷居無錫太湖沙頭
　　　村，子孫繁衍，後移瞻橋。十八世祖正德公生七子，在嘯傲涇
　　　北岸造七宅，以七房命村命橋。錢穆故居係元末明初肇造，距
　　　今有七百餘年矣。歷經滄桑，或毀於火焚，或敗於人為，年久

失修，僅存石基瓦礫焉。一代鉅子，人心懷之，學界念之。省級、市級、區級、街道政府領導，順應民意，落實政協提案，公私襄助，傾心傾力，為修復故居而殫精竭慮，誠可感也。

故居修復，計五開間四進，另有涼亭荷池，面積凡六千五百平方米。舊有五世同堂、鴻議堂、素書堂、齊眉堂，均恢復舊觀。修復費時近一年，二〇一一年五月竣工，工程品質稱優。

修復故居者，因倆公之高風亮節、學術成就，洵可景仰也。錢穆，史學大師。一生設帳授徒，誨人不倦。執教始於小學，而中學，而師範，而高校；播芳始於鄉梓，而北平，而昆明，而港臺，終而創辦新亞書院。神州南北，嘉惠學子。同時沉潛國學，著書立說，成書《錢賓四先生全集》五十又四卷，多為拓荒之作，煌煌巨著，少有齊驅者。得舉為中央研究院院士，實至名歸者也。錢偉長者，全國政協副主席，物理學家，長於力學也，著述頗豐。尤以「錢偉長方程」享譽海內外科技界，有解兵器難題而貢獻良策之巨功。係中國科學院院士、清華大學副校長。平生雖經坎坷，不失丹心。晚年長上海大學。桃李天下，聲名遠播；乃科技界美談「三錢」之一也。

錢穆有言：「大陸與臺灣終必統一，更應是和平統一」。錚錚風骨，偉乎高哉，永可景止仰止也。謹是為記。

教授的日記

　　譚其驤先生是著名歷史地理學家。他主編的巨著《中國歷史地圖集》在學術界享有盛譽。它解決過我的文天祥研究中的一個大問題。宋史研究、宋詩研究都會遇到文天祥在蘇北流亡途中，他是從南通長江中南逃福州的嗎？學術界都持肯定態度。《中國歷史地圖集》宋代地圖指點我，文天祥是在南通東郊小村賣魚灣坐上鹽船，從黃海逃往南宋的。《譚其驤日記》出版，我當然要先睹為快了。

　　譚其驤早年就讀燕京大學，是顧頡剛先生的門生。名師出高徒。他主編的《中國歷史地圖集》，填補了中國歷史地理學的一項空白，並獲中國圖書一等獎。

　　《譚其驤日記》是作者數十年在復旦大學教書生涯的記錄。此書只是選錄譚先生日記一部分。是他的博士研究生葛劍雄教授編的。《譚其驤日記》包括一九五一年始寫的《土改日記》，一九五五年始寫的《京華日記》，一九六六年至一九七〇年寫的《文革日記》，日期不連貫，文本也有刪節。這樣編選日記，於日記主人不敬，於讀者無益，我一貫搖手持否定態度。

　　《譚其驤日記》告訴我們，他是一位很可愛的高級知識份子。首先是譚先生的交友之道很感人。他交往的多為教授、研究人員，日記中提及的不僅有同在上海任教的，例如周谷城、陳子展、陳望道、朱東潤、謝國禎、劉大杰、談家楨、郭紹虞、蔡尚思、蘇步青、王運熙、周予同、李振麟等，還有遠在北京的陸宗達、劉大年、王崇武、吳晗、侯仁之、金燦然、陳垣、顧頡剛、周一良、浦江清、竺可楨、鄭奠、翁獨健等等。他或訪，或晤談，或宴飲，或通信，因而出現在日記上。他吃請，往往注明作東者姓名；他請吃，則不注自己的名字。劉大杰是中文系同仁，文革中處境一度艱難，他訪劉不止一次。一九七二年四月三十日日記寫道：「又訪劉大杰，六點赴揚川餐館吃飯而歸。」這顯然是老友之間的撫慰，有涸轍之鮒，相濡以沫的厚意。譚先生於師長尊敬，始終執弟子禮，顧頡剛是他的業師，一九五六年八月二十二日應邀到北京，畫地圖稿。夜裏到京，次日即去拜訪高教部顧頡剛，「訪顧先生，不值。」又過一日，「再訪顧先生，得晤，即在其寓中午飯，飯後偕訪王伯祥。」當年是先生，今日還是先生，情多麼深，意多麼厚，古道熱腸，令人難忘。

　　譚其驤誠實坦率，平易近人。這是他的可愛處。一九五一年參加安徽省靈璧、五河等縣的土地改革，與農民同吃同住，沒有教授架子，他輔導農家孩子識字，他與農民拉呱至夜深。開批鬥會把一位富裕過但已失地的農民當地富鬥，農民在臺下笑，他深入農民家中談話，出語誠實坦率，農民感動，告訴他這個失地農

民的歷史。糾正了錯案。土改結束即將離開村子，農民挽留他，甚至成群結隊到鄉里區上去要求，險些釀成事件，「向群眾解釋不能留之理，無結果而回。」「群眾仍欲留余。」一九五二年一月十九日日記：「晨進鄉開慶功會，會後西葉群眾包圍孫組長，拘留余。答允進區要求，乃散。」一月二十日日記：「返村再向群眾解釋，群眾至是知已不可留，答允放余。收拾行李。」群眾已將譚教授的行李都扣留了。平易近人為民說話的讀書人到處受人歡迎與愛戴。這是一例。

　　譚其驤熱愛專業，鞠躬盡瘁。這是他的又一可愛處。一九五五、一九五六的年他兩次蒞京，畫歷史地圖稿之餘，不忘到琉璃廠中國書店搜購專業古舊書籍，甚至在王府井餐館晚餐，也不忘記與山東大學童書業教授切磋吳國都城再三易址的難題。更可愛的是文化大革命中，「昨天睡遲，精神不濟，閉眼瞌睡，遭鞠師傅斥責，休息後又找余談話，此乃對毛主席態度問題，囑檢查。」這是一九七一年九月三日他為畫戰國時代黃河的走向，熬了夜。次日開會打瞌睡，被鞠師傅抓個正著。秀才遇見兵，有理說不清。他不作解釋，遵命檢查就了之，誠可愛也。日記上有罵夫人婆娘的多處，打是疼，罵是愛。有趣者教授也。

〈南京民謠〉非魯迅所作考

一

一九三一年十二月二十五日上海出版的《十字街頭》（半月刊）發表一首詩，題〈南京民謠〉，全文如下：

大家去謁靈，強盜裝正經。

靜默十分鐘，各自想拳經。

關於此詩的作者，有人認為是魯迅先生作所，收錄在魯迅《集外集拾遺》一書中，未有人提出異議。我撰此文就是要宣告，此詩不是魯迅先生所作。

〈南京民謠〉最早認定為魯迅所作，不是在《十字街頭》發表的時候，而是一九三八年收錄於魯迅著《集外集拾遺》一書之後。請注意，《集外集拾遺》不是魯迅親自編輯並出版的，而是在魯迅病逝後，由他人編定，收錄於《魯迅全集》第

七卷，人民文學出版社的三種版本中。人民文學出版社一九八
一年版與二〇〇五年版《魯迅全集》版本，對《集外集拾遺》
作了這樣的說明：

> 本書書名由作者擬定，但未編完即因病中止，一九三八年出
> 版《魯迅全集》時，由許廣平編定印入。

特殊的出版，為〈南京民謠〉的作者真偽問題留下了不確
定性。

二

我們先從〈南京民謠〉尋取內證。首句「大家去謁靈」，究
竟作何解說。據我查閱魯迅常讀的上海日報《申報》[1]，一九三一
年十二月國民黨四屆中央委員會全體會議出席者，誠然是拜謁了
南京中山陵，時在十二月二十三日上午。但是，「大家去謁靈」
就是指的這次國民黨四屆一中中央委員「謁陵」嗎？經我反覆查
閱資料，我得出了否定的結論。可是《魯迅全集》第七卷的一九
八一年版和二〇〇五年版，卻被國民黨中央委員們蒙住了眼睛，

---

[1] 魯迅在《偽自由書‧後記》中說：「我所看到的只有《申報》和《大晚
報》兩種。」見《魯迅全集》。人民文學出版社，一九八一年，五卷一五
二頁。

張冠李戴了。其編纂者在此民謠之後寫了這樣一條注釋：

「（2）謁靈即謁陵。一九三一年十二月二十三日《申報》報導，參加國民黨四屆一中全會的中央委員於當日上午八時全體拜謁孫中山陵墓。[2]」

謁靈即謁陵嗎？是指國民黨四屆一中的中央委員拜謁中山陵嗎？不是的。編纂者「想當然」耳。下述指四屆一中全會參加者「拜謁孫中山陵墓」也是順著「想當然」而一錯再錯罷了。如果編纂者稍為想一想，作為一本半月刊的《十字街頭》，十二月二十三日上午八時發生的紀念性行為，同月二十五日出版的雜誌能夠刊出一首針對性的民謠嗎？中間僅僅相隔一天時光，這在雜誌編輯操作上是不可能的。我請教過解放前從事過雜誌報紙編輯工作的老先生，他們認為這樣的急火米飯是做不出來的；一般的操作流程，半月刊的定稿、下廠發排、印刷，至少在半個月前定稿，或在一個月甚至一個半月前定稿。做過報刊編輯的人大率不會不同意我這樣的解說。如果還不相信，那麼讓我抄錄上個世紀二〇年代與《十字街頭》雜誌同時出版的《小說月報》編輯人茅盾先生的回憶：「『海外文壇消息』都是每期現找現譯，於雜誌出版前二十日發稿，當時商務雜誌自發稿至出版，規定為四十天，從不脫期。[3]」

---

[2] 《魯迅全集》。人民文學出版社，一九八一年，七卷三七八頁。
[3] 茅盾於一九七八年九月二十一日致姜德明的信，《解放日報》一九八一年五月三日。

問題在於「謁靈」，《魯迅全集》編纂者將謁靈誤解為謁陵，這是一錯再錯的要害。

謁靈是謁靈，不能等同於謁陵。謁靈：於靈櫬（一作靈柩）肅立敬禮。謁靈即謁陵說，這在詞彙學、詞典學上均無根據。打開歷史的活頁，謁靈專指一九二九年五月在南京舉行的奉安大典，拜謁孫中山先生的靈櫬。當年報紙等媒體有此用語，例如「赴北平西山謁靈。」、「護靈鐵甲車隊均已開到北平」等。[4]

讓我為奉安大典詳寫幾句。中山陵建成後，擬將暫厝於北平西山碧雲寺的孫中山遺體安葬於中山陵，特請蘇聯莫斯科製一銅棺。當日報紙這樣報導：

> 總理靈櫬於一九二九年五月二十五日在西山碧雲寺發行，五月二十八日抵浦口，公祭五月二十九日，今日（六月一日）奉安大典。

宋慶齡親扶靈櫬南下。

宋慶齡原在德國醫治牙病，擬於奉安前回平，扶靈櫬南下，萬里歸程之孫夫人昨（一九二九年五月十六日）抵平。五月十八日下午七時二十分，孫夫人抵碧雲寺，下車時幾不能步履，由

---

[4] 季嘯風、沈友益主編《中華民國史料外編》。廣西師範大學出版社，四十九冊二四二～二四六頁。又，《時事新報》一九二九年五月二十八日有〈滬記者團謁靈〉為題的報導。

左右攙扶以上，夫人大哭失聲，左右皆泣不可仰，夫人以手指靈
櫬，意在欲一看視，衛士啟開棺上國旗。夫人一面呼總理：我在
此地，你往哪裡去了。與四年前夫人親視總理含殮時一樣悲哀。

　　一九二九年五月五十九日公祭之後，社會各界包括市民謁
靈，六月一日奉安於中山陵。

　　參加奉安大典的有宋慶齡、何香凝、蔣介石、譚延闓、蔡元
培等許多人士。[5]

　　參加謁靈的外國朋友中，有日本的宮崎滔天的遺孀津智子
及其長子宮崎龍介。宮崎滔天是援助孫中山革命事業的著名友
人，也是魯迅在日本留學時的朋友[6]。至於宮崎龍介，魯迅有詩
贈他。[7]

　　謁靈指一九二九年五月拜謁孫中山靈櫬。一九二九年六月
一日孫中山下葬了，從此謁陵則指拜謁中山陵了。這是第一個
結論。

　　謁靈不能等同於謁陵。詞語學詞典學都在告訴人們，「謁
陵」早已存在，「謁靈」則是現代新生的一個詞，還等待在詞典
中報上戶口呢。《辭源》、《辭海》、《現代漢語詞典》、《漢
語大詞典》均無「謁靈」存在。據我參與編纂《漢語大詞典》所

<hr>

[5]　同注4
[6]　周遐壽《魯迅的故家‧魯迅在東京》。人民文學出版社，一九五七年，一
　　八八頁。孫東民〈訪東京宮崎滔天故居〉。《人民日報》，一九八六年十
　　一月十一日。
[7]　魯迅贈宮崎龍介的詩是〈無題〉（大江日夜向東流）。

知，報紙上出現的詞語不能作為詞典立目的依據，只有名家著作
中出現的詞語才能立為詞目。如果〈南京民謠〉是魯迅所作的
話，難道會將「謁靈」與「謁陵」混淆不分嗎？

　　如果〈南京民謠〉是魯迅所作的話，難道會將謁靈與謁陵
分不清楚嗎？

三

　　從魯迅對中山陵的一貫態度與感情看，魯迅也不會寫〈南京
民謠〉。一九二八年上半年，南京流傳以下三首民謠：

　　（一）人來叫我魂，自叫自當承。叫人叫不著，自己頂石墳。
　　（二）石叫石和尚，自叫自當承。急早回家轉，免去頂墳壇。
　　（三）你造中山墓，與我何相干？一叫魂不去，再叫自承當。

　　這是南京中山陵竣工在即時候，南京出現石匠有攝收幼童
靈魂以合龍口的民謠。為此，一九二八年四月二十三日，魯迅在
《語絲》雜誌上發文，題稱〈太平歌訣〉，收錄在《三閒集》
中，這種民謠表現了一種精神麻木意識，魯迅認為這是「小巧的
機靈和這厚重的麻木相撞」而產生的民謠。魯迅旗幟鮮明地作了
批判：「這三首中的無論哪一首，雖只廖廖二十字，但將市民的
見解，對於革命政府的關係，對於革命者的感情，都已經寫得淋

漓盡致。」從魯迅對民謠三首的批判，可以判斷魯迅不會寫〈南京民謠〉。

從〈太平歌訣〉與〈南京民謠〉流行時間相近，也可判斷〈南京民謠〉不是魯迅所作。前者流行於一九二八年上半年，至一九二九年五月「大家去謁靈」，不過一年，其流傳地點當同在南京，這應當是無可懷疑的了。

從〈太平歌訣〉與〈南京民謠〉風格相類，也可判斷〈南京民謠〉不會是魯迅寫的。兩者同為五言，兩者同為四句，兩者同為通俗易懂。我要大膽地說一句〈南京民謠〉的作者就是〈太平歌訣〉的作者——一位失去權力，對辛亥革命心懷憤憤者。但是不可能是魯迅先生。

四

「強盜」云云也不會是魯迅的口氣。把謁靈的人們一概斥之為強盜，魯迅不會那麼粗鹵，不會那麼偏激，不會那麼取鬧。魯迅有句名言：「辱罵和恐嚇決不是戰鬥」，始終恪守不渝。把謁靈的宋慶齡、蔡元培以及援助過孫中山的日本友人宮崎滔天家屬等斥之為「強盜」，那是不可思議的。魯迅尊稱宋慶齡為宋夫人，一九三〇年二月一聲春雷，上海成立中國自由大同盟，魯迅、宋慶齡、蔡元培同為發起人，一道為營救革命者奔走出力。一九三六年魯迅在重病中，宋慶齡親筆致函魯迅，勸他抓緊就

醫。這雖然已是後來的事，但是可以說明他們之間的革命情誼非同尋常，魯迅豈能以強盜斥之。

關於蔡元培，民國元年，魯迅進入國民政府教育部任職，是蔡元培總長邀請的，從此魯迅成為蔡元培麾下。一九二六年之後，魯迅已經離開教育部，在廈門大學、中山大學任教授。作為大學院後來的中央研究院院長的蔡元培，選聘魯迅為院特約撰述員，月薪三百大洋，不菲。魯迅的日記、書信或者人前背後，一律尊稱蔡先生，或尊稱其字鶴頎（卿）先生，從不俗稱其名。他們為同一戰壕的戰友，先後一道發起中國自由大同盟和中國民權保障同盟。魯迅豈能以強盜斥之。

據魯迅常閱的《申報》一九二九年五月二十七日記載，何香凝與楊銓也是參加奉安大典的人，那麼我們再說說這兩位吧。

何香凝是參加奉安大典，且始終與宋慶齡站在一起。何香凝的進步立場，魯迅當是知道的。魯迅在《偽自由書‧內外》一文中，稱她「先生」，並為她的抗日言論申辯與張揚。魯迅豈能以強盜斥之。

魯迅在書信中提到過蔣介石，也沒有稱他「強盜」。魯迅說過這樣一段話：「讀書的人多半看時勢的，去年郭沫若書頗行，今年上半年我的書頗行，現在是大賣戴季陶講演錄了，蔣介石的也行了一時。」這是一九二七年九月二十五日寫給臺靜農信上的話。[8]

---

[8] 《魯迅全集》。人民文學出版社，一九八一年，十一卷五八〇頁。

　　楊銓（杏佛）與於右任、葉楚傖、陳儀、孔祥熙等一起參加
謁靈與奉安大典。他是中央研究院總幹事，魯迅是中央研究院特
約研究員，按月領取三百大洋的薪酬。楊銓與宋慶齡、蔡元培、
魯迅等組織中國民權保障同盟。宋慶齡在一九七七年八月二日寫
了〈追憶魯迅先生〉中說：「魯迅和楊杏佛一九一一年同在南
京臨時政府擔任職務，但直到一九二七年同時加入中國濟難會以
後，兩人才有機會相識。一九三二年夏，楊杏佛任中央研究院秘
書時，請魯迅先生加入中國民權保障同盟，當年秋季魯迅、蔡元
培和我都被選為該同盟執行委員。」

　　一九三三年六月楊銓被特務暗殺於上海，魯迅冒著生命危險
參加追悼會，歸家即寫〈悼楊銓〉詩哭他，稱他「健兒」。魯迅
豈能以強盜斥之。

五

　　再說，即使對待國民黨四屆一中的中央委員先生們謁陵也不
曾謾罵。寫到謁陵的詩有〈無題〉（血沃中原），魯迅筆下雖有
嘲諷，但是深刻犀利，不是謾罵，在筆調風格上〈南京民謠〉沒
有一點可以同日而語的相像。魯迅豈能以強盜斥之。

　　魯迅對孫中山先生是一貫尊重。他先後寫過兩文表述對孫中
山的敬重。一為〈中山先生逝世一周年〉，魯迅稱他「創造民國
的戰士，而且是第一人。」當社會上對逝世的孫中山嗡嗡營營，

流言蜚語的時候，魯迅寫了〈戰士與蒼蠅〉[9]痛斥之：

「戰士死了的時候，蒼蠅們所發現的是他的缺點和傷痕，嘬著，營營的叫著，以為得意，以為比死了的英雄更英雄。然而，有缺點的戰士終竟是戰士，完美的蒼蠅也終竟不過是蒼蠅。」

把拜謁孫中山靈櫬的人統統斥之為強盜，難道會是魯迅的手筆嗎？

走筆至此，話還未完，讀者不會想到，〈南京民謠〉在《十字街頭》發表時「未署名」，這是《魯迅全集》注釋中交代了的。這倒很能說明問題，魯迅是《十字街頭》的編者（還有一位是馮雪峰），發表了〈好東西歌〉、〈公民科歌〉、〈言詞爭執歌〉，都署上一個土裏土氣，煞費苦心的名字阿二。這個下里巴人一級的名字，署在〈南京民謠〉上，不是十分般配嗎？——如果真是魯迅所作的話。[10]

魯迅不會作〈南京民謠〉，從謁靈不同於謁陵，從四屆一中不曾謁靈，從與另外三首民謠相近，從謁靈參加者及其與魯迅的關係，從魯迅對待孫中山的態度與感情，從許廣平的不參與《十

---

[9] 〈中山先生逝世一周年〉，見《魯迅全集》。人民文學出版社，一九八一年，七卷二九三頁；〈戰士與蒼蠅〉，見《魯迅全集》。三卷三十八頁。

[10] 據馮雪峰回憶，他和魯迅共編《十字街頭》雜誌，就住在魯迅家的最下一層。他說：「我們工作大都在深夜，大半都在許廣平先生已經睡了的時候」。這個雜誌是接受外稿的，沒有說到魯迅在自己的詩文上不加署名的事情。據馮說，許廣平也不參與編輯的事，「她已經睡了」。有興趣的朋友可以翻閱馮雪峰《回憶魯迅》。人民文學出版社，一九五七年，四十八頁。

字街頭》編事,從〈南京民謠〉發表時「未署名」諸方面研究,魯迅不是〈南京民謠〉的作者。這是我最後的結論。

民歌民謠,是社會人群的心聲,可以作為鏡鑒存在。〈南京民謠〉出現在北伐革命之後,社會政局的大變動,隨之出現政治權力的再分配,一部分失去權力的人群,語帶憤憤地唱起〈南京民謠〉,借洩憤的酒杯、澆胸中的塊壘,姑妄聽之可也。但是要說〈南京民謠〉是魯迅唱的,這是誤會──歷史的誤會。

民謠作為民間文學的一種載體,一般是僅僅有流傳的地域,不存在作者問題。好事者將〈南京民謠〉記錄下來,寄給《十字街頭》發表,沒有署名,從此留下了一個值得考索的作者問題。數學界有哥德巴赫猜想,這就姑且稱之為〈南京民謠〉猜想好了。

重讀葉聖陶回答我的五封信

　　葉聖陶先生病逝後，冰心先生寫〈哀悼葉老〉一文，這樣評價葉老：

　　「眼前一座大山倒了，只剩下白茫茫的一片大地！」[1]

　　葉聖陶先生是一座大山，他的精神遺產、文化遺產是豐富的，寶貴的，應該繼承發揚。這裏，我就葉聖陶先生回答我的五封信，寫下個人膚淺的理解，並作些注釋。

　　五封信是發表過的。一九八八年二月十六日葉先生病逝，翌年二月葉先生過世一周年的時候，其哲嗣葉至善先生編輯了葉先生寫給第一線執教老師的信一百封，交由北京開明出版社出版，其中收錄賜我的信五封。

　　歲月倥傯，二十餘年過去，我深有體會，葉聖陶先生信上的話沒有過時，仍然是指導任教老師的諄諄教誨。

---

[1] 冰心〈哀悼葉老〉。《光明日報》，一九八八年二月二十八日第四版。

一、一九七三年九月十二日答信

海發同志：

本月三日手書誦悉。

前釋「打幹」以「謀幹」，足下說仍然不懂，這個詞意義大概相當於「圖謀」，而圖謀的總在私利的不怎麼光明的方面。因此，這個詞是帶有貶義的。

冒號的用法，大家不一致，這也無可奈何。在引語之前用冒號，這是多數人所同。但是總得有「說」、「說道」、「問道」、「曰」在前頭，然後用個冒號，表示以下引號裏的就是所說的話。可是現在有人以為凡是引號所包的說話之前必得用冒號，如「他抽了一口煙：『待我想一想再決定吧。』」依我想，「抽了一口煙」是發話之前的動作，並非提示下面是所說的話，因而「煙」字之後只能用個逗號。還有人學外國的敘述方式的，如「『我走了』，他笑著說：『過些日子在北京碰頭。』」我以為這裏的冒號決不該用，「過些日子在北京碰頭」固然是他說的話，在前邊的「我走了」難道不也是他說的話嗎？

魯翁之作在對話之前或用冒號，或用逗號，這情形不止魯翁一人。如果檢查各種報刊，會找到很多。到了近期，似乎轉成過分多用冒號了。

規定是一件事，大家照用不照用又是一件事。真要做到大家一致，首須作者寫稿時候嚴格，其次則須出版社搞校對

的同志嚴格，這是不太容易的。

對標點符號作規定的，似乎不少，若干談語法的書也有提及，恕我記憶力衰退，不能列舉奉告。因足下提起，信筆寫了以上這些話，只是閒談而已。

時有恆先生我還能記得，承告他的近況，甚慰。晤面時請足下代致懷念問候之意。

我身體尚好，無多毛病，耳稍聾，眼睛尚能每天看書五六小時。承蒙詢及，敢言其大略。即請
教安。

葉聖陶

九月十二日上午

一九七三年我在徐州教書，應朋友之邀，為初中教師還有小學辦初中班級的語文老師（俗稱戴帽班）進修講課，講的內容為《葉聖陶及其作品》、《魯迅及其作品》。葉聖陶的著作我收藏一些。他的長篇小說《倪煥之》，我不僅讀過五〇年代人民文學出版社的刪節本，八〇年代葉先生贈我的新印本，我還讀過上海開明書店一九二九年出版的初版本。我在南開大學學報還發表過一則關於《倪煥之》的札記。葉先生答信中提及的「打幹」一詞，就是我在《倪煥之》中遇到的，不懂。查《辭海》、《辭源》、《新華字典》等辭書均不收。無奈之下，我請教葉先生，他的第二次解釋讓我弄懂了。這是吳語方言中的一個詞，不多見的。後

來我又在《紅樓夢》中也發現用過「打幹」的，可見不算僻詞。

答信中提及時有恆先生，這是一位小有名氣的文化人。徐州市人，在徐州市教育局中教科長任上退休。我與他結為忘年交，他家住市內戶部山上。他早年參加國民革命軍，在北伐革命中立功。他寫信給魯迅先生傾訴苦悶。魯迅回覆他一信，題為〈答有恆先生〉，收錄在魯迅雜文集《而已集》中。魯迅此信很重要，也有名氣。時先生也因魯迅文而出名。時先生的不少文章沒有結集出版過。他的舊體詩也做得別有風采，他有詩答我。抗日戰爭時期，他在四川成都，參與中國文藝家抗敵協會活動，編輯《文藝陣地》雜誌。同時，他辦有一個舊書鋪，很有規模，名為「未名書鋪」。抗戰勝利後，他將存書運回徐州，雇了一條大船，險些在長江三峽中遇險翻船。解放後，他護著四間屋的舊書。後來，存書無償獻給徐州師範大學。他唯一的願望是，校方為他編一部《時有恆藏書目錄》。到他病故，目錄他沒見到。病中他為此抱憾。他兩次中風，他貪杯。病中住院，我幾次去看過他。

我應時有恆囑咐，信上代他向葉聖陶問候。在成都時，葉聖陶葉至善父子常去他的未名書鋪購書，一道參加中國文藝家抗敵協會活動。所以葉先生信上說：「時有恆先生我還能記得。」

後來時有恆遊北京，曾經到東四八條胡同訪葉聖陶，相談一個下午，甚歡。

一九七三年秋時，葉先生身體是健的，出席會議，發表講話，寫作文章。他雖是賦閒不再赴教育部上班，但是仍然較忙的。

以下談冒號用法問題，才是本文正題。這是我在教魯迅小說作品〈藥〉與〈祝福〉時發現的異例，因而請教葉先生的。葉先生是一九五一年中央人民政府出版總署公佈的「標點符號用法」執筆者，他對「標點符號用法」深有研究，所以我寫信討教於他。魯迅作品中標點符號用法有異例，似乎還未引起注意。葉先生的答信告訴我們以下四點：

（一）冒號用法有準確無疑的規定。

（二）誤用有兩種，「有人以為」是一種，「還有人學外國敘述」也是一種。

（三）近期似乎轉成過分多用冒號了。魯迅是少用冒號的異例。魯迅是名家，照誰的辦？待考。

（四）「規定是一件事，大家照用不照用又是一件事。」此話高屋建瓴，俯視現實，已經不啻在講「標點符號用法」了。

二、一九七八年一月一日答信

海發同志：

惠書讀悉。田同志我並不相識。承詢拙作數點，即寫在來信之上。事隔數十年，回想往往想不清，毫無辦法。

我不甚贊成教學上作瑣碎的分析。語文老師最要緊的是引導學生能舉一反三，「一」是課文，「三」是自己閱讀東西。自己能不靠老師讀書報，得到正確的理解與體會。

調整工資未輪到，代感失望，想不致損及積極性吧。

匆覆，即頌

新年佳勝

葉聖陶

一九七八年元旦

　　田同志指田仲濟先生，他是山東師範大學副校長，現代文學教授，著作甚多。我因魯迅〈湘靈歌〉詩發表論文，他讀後公開撰文支持我的觀點，大文發表在山東煙臺師院《語文教學》雜誌。我們通訊多年。他在信上提及葉聖陶，對葉聖陶的人品、文品均為讚賞。我寫信問葉先生有無交往。

　　一九七七年，時在文革宣告結束後，國家對機關事業單位人員調整工資。起初傳言老教師有望增加工資，無不祈盼自己得在名額中。我在一九五八年大學畢業，被分配任教，僅一九六三年調過一次。十四個年頭過去了，祈盼有加是正常。哪知雷聲大，雨點小，僅百分之五的人有加。我在致葉先生的信上連寫三個「失望」，還加一個感嘆號。葉先生真會體諒人，還代感一個「失望」，安慰我這個上有老，下有小的中年人生。牢騷發過了，此後也就不去多想了，埋頭工作吧。

　　此信中的正題是教學上培養學生舉一反三的能力問題，這是葉先生教育思想的核心。他多次在多種場合強調這個思想，他的「教，是為了達到不需要教」，也是這個意思。語文教學是能達到這個目標的，問題在於不夠理想，學生讀白字，讀破句，作文

不暢達，錯別字連篇，遠離中心，顛倒錯亂，不懂選材，穿靴戴帽，跑題揮筆，這些通病都與教學上講課瑣碎，不能精講，缺乏多練有一定關係。葉先生的話為我敲起警鐘。

三、一九七八年一月十一日答信

海發同志：

稿子只看了一頁，眼睛就很不舒服了。這是勉強用力注視所致，只好放下不看了。實情如此，希望得到你原諒。

我常想，觀摩教學，老師相互聽課，自是好事情。可是不先想想這麼做究竟為什麼，就會出偏向。教課的抱著大顯身手的態度，務求說得詳盡有勁，博得人家的喝彩；聽課的抱著入場看戲的態度，欣賞臺上演員的一舉一動，一眼一板；這就是偏向了。為什麼是偏向？因為雙方都把學生忘掉了。無論教育和教學，都為的學生，要學生進步和成長。那麼，在觀摩教學的時候，教課的就該不管旁邊有多少人在那裏聽，專心致志在給學生指導和啟發上用工夫；聽課的呢，注意於教課的教師怎樣指導和啟發，尤其要注意於學生是不是真正從教師的指導和啟發得到了益處。觀摩教學的時候雙方都著眼在學生，接下來再開個座談會，彼此談談優點缺點，仍然著重在學生受益與否，這才使觀摩教學真起了作用了。要不然，觀摩教學就沒有多大意思。

上面一段話我久已藏在心頭了。因足下給我看這篇稿子

　　我不能看，就把這點意思寫出來，作為小貢獻，聊解我自己
的抱歉。請看我的意思寫得怎麼樣？
　　稿子收到後請來一信，俾免懸念。

葉聖陶

一月十一日

　　我太無理，也太無禮，自己的文稿不知其臭其長，總想聽取
葉先生的寶貴意見供我修改。即使改動幾個字，也肯定會增飾增
輝，但往往忘記葉先生年過耄耋，請他看稿等於罰他的勞役，實
在對不起。

　　稿是一篇關於魯迅詩的解釋的，後來在山東師院學報上發表
了，那是僥倖。已經收錄在我的隨筆集《學術河上烏篷船》。

　　此信的正題是談觀摩教學。

　　我所在的學校地處隴海線上，交通便捷，附近山東、河南、
安徽以及徐州附屬縣治的中學老師常來我校「取經」（說爛了的
客氣話），語文推我作公開教學。聽課的有沒有入場看戲的態
度，我說不清；教課的抱著大顯身手的態度，我肯定是有的。葉
先生提醒了我，我從此記在心上改正。

　　葉先生信上不僅指出弊端，還為我指出改正方向。他說：
「無論教育和教學，都為的學生。要學生進步和成長。」這不
僅為我語文教學指明方向，也為中學其他各科觀摩教學指明了
方向。

「為的學生，要學生進步和成長」，在此目標指引下，教課的要做的是指導和啟發，讓學生從指導和啟發中得到益處；外校觀摩聽課的要注意於教課的怎樣指導和啟發。

也就是說，老師要在指導和啟發上大顯身手，要在指導和啟發的效果上大顯身手。

這封信的關鍵字就是指導、啟發、益處、大顯身手。

我曾建議從「我常想」至「就沒有多大意思」，這一篇應該貼在各科辦公室牆上經常讀讀，但是應者寥寥，我也只好徒歎奈何。

四、一九七九年十二月十二日答信

海發同志惠鑒：

來信聽他人念與我聽了，學生作文也聽了。此篇沒有說出什麼來，高中學生如此程度，不能算好。足下的改筆不錯。不過我以為學生的作文不必這樣改，讓他自己去再想想，自己看出哪兒不妥當，對他會多些益處。不過不改就會受到校長的責備，足下也不得不改。如果全校同事（包括校長）有改革教學方法的意願，那就不妨試試，不改，讓學生自己改，或者幾個人共同討論討論。匆覆，即問

近佳

葉聖陶

十二月十二日

　　一九七九年十二月，我選了一篇學生的作文以及我落在作文上的我作修改的痕跡，寄請葉先生評正。自以為這篇作文在班上屬於中等略為偏上。葉先生說：「高中生如此程度，不能算好。」驚動了我以及我的學生們，說明咱們水平遠落在全國多數學校之後，要趕高考，要花大力氣，要拼勁，不能放鬆，不能自滿。學生很聽話，很相信這位語文課本上常見名家的話。

　　葉先生主張學生自己再想想，自己改，這是有效的，我也這樣做過幾次。可不能常這樣做，彙報上去，校長抓在手裏，一旦不高興，找你的碴，則受不了。葉先生善解人意，「會受到校長的責備。」葉先生似乎在為老師捏一把汗。

五、一九八一年九月二十四日答信

海發同志惠鑒：

　　來書聽悉（聽他人念）。承告諸事，皆可欣慰。我的簡單想法，能引導學生自己動腦筋，自己得到真理解，這是好的教法。以為學生自己不能懂，要我教師大大小小粗粗細細講了才會懂，這是壞的教法。為什麼壞？因為這樣教等於鼓勵學生自己不必想心思動腦筋，因而越教越笨。

　　足下作李白傳，選中小學課本裏選的李白詩，未免太少。我以為稿子不妨給友好的同事看看，也給學生們看看，聽他們看了怎麼說。我沒法看，足下是知道的。作覆太簡

　　單，恕我寫字不容易。即請

　教安

葉聖陶

九月二十四日傍晚

　　葉先生這幾年的視力日見其壞，看書看報戴上老花鏡還得用放大鏡，去信是「聽他人念」了。

　　這時，我已調往家鄉太湖之濱的無錫工作，在《漢語大詞典》無錫市編寫組任編纂人，符合我的興趣與理想，我有如魚得水之感。翻閱古籍，發表詞書編纂研究文章於《漢語大詞典工作簡報》，出席華東地區編寫會議，聆聽尊敬的語言學家呂叔湘先生的長篇發言。葉先生說「承告諸事，皆可欣慰」，即指這些。

　　我寫了《大鵬折翅：記李白的悲劇人生》，後來由中國文聯出版社公開出版。李白在安徽宿松草屋中生病，嚴重肺胸疾患，古稱腐脅疾。痛苦呻吟之際，追捕李白的武士（詩人高適的部隊）卻砰砰地打門了。寫作至此，產生共鳴，筆下顫抖，我不禁放聲大哭了一場。我提出一個理念，李白晚年是「刑餘之人」，生活失意、痛苦，根本不是一般俗謂的詩酒浪漫人生。

　　我到安徽宣城去看過敬亭山。我畫了一張山貌圖，此山特地特別，《敬亭山》詩中的「相看兩不厭，只有敬亭山」，我認為指東峰看不厭西峰，西峰看不厭東峰。不是指李白與敬亭山互看不厭。（我有專文論及，附錄《大鵬折翅》之後）

敬亭山山高林密，且山外又是山，無法登山賞玩，宣城本地人沒有重陽節登敬亭山的習俗。

閒話之後，此信提出了「好的教法」和「壞的教法」。好與壞的分水嶺，在於是否「鼓勵學生想心思動腦筋」，這是葉聖陶教育思想的精髓。

葉先生答覆我的五封信，均談教學問題：一談標點符號的正確使用；二談語文教學的「舉一反三」能力培養；三談觀摩教學應在指導與啟發方面下工夫；四談作文批閱改革問題；五談教法問題。這些都是大中小學教學要解決的問題。葉先生年事已高，但是仍然掛念在心。先生為中國教育事業操心一輩子，「鞠躬盡瘁，死而後已」他曾經用此兩句話歌頌周總理，葉先生自己也是這樣的教育家。

葉先生的答信是隨手寫的，但是並非漫不經心之作，我稱它是優秀小品文。這些答信，見解深刻獨到，表達邏輯嚴密，運用對比襯托，語言平易暢達，讀來順口，標點也不馬虎。這是他在為後輩作垂範。每每恭讀答信，我有這種不一般的體會。

葉先生的人品文品似一座大山，誠然。這座大山似富礦，難以發掘其全部，我僅僅拾得山下的一片石，我將繼續努力為之。

葉聖陶之於魯翁

　　人們交往之中，稱年齡相近的年輕輩為翁，有尊敬之意，據說這是日本語中傳過來的。葉聖陶先生稱魯迅先生為魯翁，並非一日一時也。

　　二十世紀早期的「五四」新文化運動中，葉聖陶與魯迅是攜手並進的戰友，也是相濡以沫的朋友。直至魯迅先生病逝乃至病逝以後，從葉聖陶之於魯翁，可以映照葉聖陶的道德風範。

　　一九二六年八月二十九日，魯迅先生因為北京軍閥政府的迫害，偕許廣平南下廈門大學任教，途徑上海，次日由鄭振鐸作東，在上海清閒別墅為魯迅洗塵壓驚。在酒宴上鄭振鐸向魯迅介紹葉紹鈞（解放後葉紹鈞以字聖陶行世）彼此握手時，魯迅固然是大名人，葉聖陶也攜帶短篇小說集《隔膜》闖上「五四」文壇——《隔膜》是繼郁達夫小說集《沉淪》之後的中國現代文學史上的第二部短篇小說集，（一九二二年三月版）比魯迅的短篇小說集《吶喊》（一九二三年八月版）早上一年。而且葉聖陶主持文學研究會並主持《文學旬刊》的編務，葉聖陶又是知名的商務印書館的編輯，彼此的握手時，如果不免俗的話，一定會說「久

仰，久仰」的客氣話的。這是葉聖陶與魯迅的第一次見面，也是他們相濡以沫的頻繁交往的開始。

一、葉聖老的約稿、協助出版與合作出書

葉聖陶與魯翁相識於上海清閒別墅的宴席，此前他們的心彼此是相通的。做朋友，誠如《論語》所說不能沒有忠信，「為人謀而不忠乎？與朋友交而不信乎？」替人辦事應該盡心竭力，同朋友往來應該誠實。葉聖陶之於魯翁，用自己的實際行為為人際間的道德堤岸築起了示範性的基石。葉聖陶是講忠講信的人。

眾所周知，魯翁離開北京南下，有避敵鋒芒以求安身並做事的意圖，途徑上海即受到文化界朋友假座清閒別墅的邀宴，葉聖陶也在座，這不同於一般的應酬，這分明是對魯翁在北京文化戰鬥業績的肯定，是對倒行逆施不得人心的北洋軍閥政府的一種抗議。

魯迅是經歷了廈門大學內部的波折，眼見了廣州與中山大學的驚心怵目之後，於一九二七年十月二日到上海定居的。柴米油鹽醬醋茶，上海定居，開門也有七件事，開銷是不菲的，葉聖陶手頭正在編著《小說月報》可以從稿酬上幫助魯翁解急。他出席了一九二七年十月十八日在上海共樂春酒家舉行的歡迎魯翁宴席。以後於同年十二月，葉聖陶登門會見魯翁，意在約稿：以後是寫信給魯翁，也是為了約稿。這在魯迅日記上有記載：

一九二七年十二月四日：「午後葉聖陶來。」

十二月十六日：「得葉紹鈞信。」

十二月十八日：「午後覆葉紹鈞信。」

十二月二十四日：「午寄葉聖陶信並稿，即得覆。」

魯翁寄的是一篇譯稿：題〈盧勃克和伊里納的後來〉，日本有島武郎作。譯文經葉聖陶之手發表於《小說月報》一九二八年一月號上。這是說從經濟上幫助魯翁。

一九三三年，魯翁與北平的鄭振鐸正在編輯《北平箋譜》一書。此書搜集北平信箋上的畫圖，大多為浮水印木刻，清純典雅，十分可人。魯翁和鄭振鐸為保存這種坊間的民俗文化，花大力氣搜羅而得，影印成書。葉聖陶是出了力的。魯迅日記上有記載：

一九三三年一月十一日：「上午寄葉聖陶信。」

一月十五日：「午後得葉聖陶信。」

十一月二十日：「寄葉聖陶信。」

十二月四日：「得葉聖陶送來之箋樣一本，即析
　　　　　其中之三幅，於晚寄還西諦。」

一九三三年十二月，葉聖陶受身居北平的鄭振鐸（西諦）委

託，代交北平箋譜樣稿給魯翁。葉聖陶親自送達魯翁，葉聖陶交友之「忠」，為友辦事之「信」，這是有說服力的一例。這其中還出現一點曲折。一九三三年十一月二十日，魯翁據鄭振鐸來信說，《北平箋譜》樣稿請葉聖陶轉交，魯翁沒有收到，很著急，同日即寫信給葉聖陶去催，到十二月二日事隔十一天了，魯翁還未收到葉聖陶回信。魯迅於十二月二日致鄭振鐸信：「葉先生處樣張終無消息，寫信去催，亦無回音，不知何故也，因亦不再寫信」。看來不是葉聖陶「無回音」，原因在郵路耽擱了時日。葉聖陶於十二月四日才收到鄭振鐸要求代轉的《北平箋譜》樣張；葉聖陶知道魯迅會著急的，這是立即「送來」二字的緣由。葉聖陶為人謀而忠，與友交而信的私人檔案中，怎能不收他協助魯翁出書的例證呢？

不止於此，葉聖陶還與魯翁冒著政治風險出版瞿秋白的譯著《海上述林》。瞿秋白係中共領導人，退出領導崗位後，在上海從事著譯，與魯翁、葉聖陶、鄭振鐸、茅盾等非黨人士多所往還，交誼頗深。一九三四年瞿秋白赴江西革命根據地。一九三四年十月紅軍長征出發，瞿秋白與鄧子恢等人留在閩贛打游擊，不幸被捕，於一九三五年六月於福建長汀縣被反動派殺害。魯翁得此消息，深感悲痛，為紀念亡友，魯翁與友人集資，冒著政治風險印行《海上述林》，這裏的友人指鄭振鐸、陳望道、胡愈心、章錫琛、徐調孚、宋雲彬、夏丏尊以及葉聖陶等。魯翁在一九三六年十月十二日致臺靜農信上說：「今年由數人集資印亡友遺

著，以為紀念。」一九三六年十月二日魯翁至章錫琛信上說：
「今送上《海上述林》上卷共七本，乞分贈章、葉、徐、宋、
夏，以上五位皮脊訂本各一本。」（即章錫琛、葉聖陶、徐調
孚、宋雲彬，夏丐尊）均為開明書店的同仁。十月二日，距離魯
翁離病逝僅十七天了，他還在操辦對「它嫂」的紀念。它嫂者魯
迅信中對瞿秋白的一個秘密稱呼也，緣於瞿秋白有個筆名屈維
它。一九五一年，瞿秋白遺骨由福建長汀安放北京八寶山，周恩
來主祭，葉聖陶參加了安放儀式。這是後話了。

二、葉聖陶對魯翁的悼念

　　一九三六年十月十九日。魯翁因病於上海逝世，噩耗震驚中
外。遺體安放在萬國殯儀館，在瞻仰魯翁遺容、並送殯的長長隊
伍中，有向魯翁約稿、協助魯翁、鄭振鐸出版《北平箋譜》、參
與魯翁集資出版瞿秋白《海上述林》的「葉先生」，葉先生瞻仰
魯翁遺容，「覺得非常慈祥」，他發出了由衷的讚歎：
　　「他偉大，他堅強。中華民族將來真個得到解放，於人人有了
他那樣的精神。而這個，就是中華民族解放終於能夠成功的憑證。」
　　以上的話，就是葉聖陶在一九三六年當年當月寫的〈魯迅先
生的精神〉一文中說的。葉聖陶作文之前，他還寫了〈輓魯迅先
生〉詩。上個世紀七○年代，葉聖陶先生應我的請求，曾將全詩
抄給我。全詩如下：

星隕山頹萬眾悲，感人豈獨在文辭；
嬡姝夙恨時流態，剛介真堪後死師。
岩電爛然無不照，遺容穆若見深慈。
相濡以沫沫成海，試聽如潮繼志詞。

俞平伯先生評：「此詩久已傳誦，寫狀迅公甚切，辭情亦並茂，結聯用古典出新意境。」

不止於此，葉聖陶還出席魯迅紀念會，一九四五年在重慶出席過，一九四六年上海出席過，併發表演說。一九五六年參加魯迅逝世二十周年紀念會。在演說中，他就魯翁愛用的一句話「相濡以沫」，作過多次詮釋，並寫成文章〈相濡以沫〉一文。這裏值得一說的是魯迅「相濡以沫」的出處。魯翁翻譯出版了蘇聯時代著名作家法捷耶夫的長篇小說《毀滅》，曾經寄贈葉聖陶一冊，並附言：「聊印數書，以貽同氣，可謂『相濡以沫』殊可哀也。」此外，魯翁贈許廣平夫人詩中，也有「十年攜手共艱危，以沫相濡亦可哀」句。葉聖陶詮釋說：「試想，吐出自己僅有的東西來，不但沾潤自己，還要互相沾潤，那『生的意志』的強固和『群的聯繫』的強固，不是夠得上悲壯兩個字的考語嗎？」

魯翁逝世後，葉聖陶的道德風範，表現在對魯迅精神的「忠」，對魯迅精神的「信」。

三、葉聖陶對普及魯迅著作的貢獻

魯翁的著作很豐富，有的閱讀起來有一定難度，普及魯翁著作是編輯出版界的一項任務。葉聖陶自覺地挑起這個擔子。

魯迅活著的時候，葉聖陶就將魯迅文章編入中小學教科書。一九三六年，葉聖陶等編輯《國文百八課》。「本書預分為一百零八課，每課述說文章上的一個項目。」書中選了魯迅的〈鴨的喜劇〉、〈秋夜〉等。

以後，直至一九八八年葉聖陶病逝，半個世紀中，葉聖陶寫了許多鑒賞魯翁作品的文章，現在舉例如下：一九三六年《新少年》雜誌上刊出〈看戲〉，是對魯迅小說〈社戲〉開頭的分析；一九四二年八月《國文雜誌》發表《〈孔乙己〉中的有名的一句話》，一九八一年發表《重讀魯迅先生的〈作文秘訣〉》，一九七九年葉聖老接受《人民文學》雜誌吳泰昌採訪，題為〈跟《人民文學》編緝談短篇小說〉，其中談魯迅小說〈在酒樓上〉，這樣說：「在小說中寫些細節，情形也是這樣。魯迅先生的〈在酒樓上〉寫那個呂緯甫抽了幾次煙捲，我看誰有興趣的話，不妨分析一下。」還對魯迅先生說的「寫完之後至少看兩遍，竭力將可有可無的字、句、段、刪去，毫不可惜」這段話，作了分析與鑒賞。

除了鑒賞魯翁作品外，葉聖陶為審閱魯翁作品的注釋花費了大量的精力，以至損壞了健康。

　　一九三八年，上海魯迅先生紀念委員會出版《魯迅全集》二十卷，葉聖陶曾經提出建議與設想。

　　為一九五七年版的《魯迅全集》注釋本葉聖陶做了以下的事：

　　一九五五年，葉聖陶為人民文學出版社將魯翁《吶喊》、《彷徨》、《熱風》、《墳》的注釋稿審閱全部。

　　一九五五年十月，葉聖陶又閱審魯迅《故事新編》、《朝花夕拾》注釋稿。

　　為一九八一年版的《魯迅全集》注釋本，葉聖陶付出了健康。葉聖陶在〈略述我的健康情況〉一文中有自述：

　　「我的眼睛壞到如此地步，跟人民文學出版社一九七六年交來的魯迅著作《徵求意見稿》多少有些關係，這種本子我看了十本光景。當時的風氣，編輯什麼書籍都要由各地工農兵理論隊伍和各大學革命師生擔任，那一部魯迅著作也是這麼編成的。《徵求意見本》注釋特別多，字小，行間密，油墨淡，對於我的視力不甚相宜。但是我除了每篇的『題解』聲明不看（因為我不贊同每篇用那樣的題解），所有注釋全都仔細看過，而且提了不少意見。直到視力實在吃不消了，才停止不看。」

　　這是葉聖老的自述。當時人民文學出版社魯迅著作編輯室負責人林辰先生看過葉聖老的審閱意見，他在〈精當的意見，精嚴的學風——葉聖陶審閱魯迅著作注釋稿述例〉一文中說：「葉老對照著注釋細讀正文，不僅提出補注意見，連正文偶然出現的錯字也一一辨認了出來。如《彷徨·在酒樓上》，第一個酒客的

『擁腫的圓臉』，葉老提出：「擁」字並非排錯，但確是錯字。請斟酌該如何處理。」又《而已集》中〈魏晉風度及文章與藥及酒之關係〉篇說竹林名士『大抵是飲酒時衣服不穿，帽也不帶』；葉老說：「帶」是「戴」之誤，要不要說一下？」像這些，說老實話，我以往看魯迅著作時，是一直沒有注意到的。」

葉聖陶為一九八一年版的《魯迅全集》注釋稿，一連審閱達三年之久。敬請注意，那時葉聖老已經年逾八旬了。這種精神是什麼精神呢？別的擱下不說，單就交友，人際道德論，表現了葉聖陶對魯迅精神的「忠」，對魯迅精神的「信」，難道不是這樣嗎？

四、葉聖老對我作魯迅研究的指導

葉聖老對我在編纂《漢語大詞典》時的指導我已經另寫一文，收錄在東南大學出版社出版的拙集《學術河上烏篷船》一書中，現在這裏專談在魯迅研究上葉聖老對我的指導與幫助。

十年浩劫前：我對魯迅的著作是認真地讀過的。我對魯迅先生非常敬仰，敬仰他是二十世紀現代文學鼻祖。我為魯迅研究出點力，是我的志趣。我在三〇年代上海出版的報紙《文藝新聞》上發現一則資料，據此資料，我對魯迅先生的〈湘靈歌〉詩作了新的詮譯，推倒了沿襲已久的舊說，我寫成了魯迅的〈湘靈歌〉與〈長沙事件考〉一文，發表於一九七六年七月出版的《文教資

料簡報》上，引發了一場不小的爭論，周振甫、田仲濟、茅盾、吳奔星等學界前輩都撰文參與了。魯迅的〈湘靈歌〉詩是這樣的：

> 昔聞湘水碧如染，今聞湘水胭脂痕。
> 湘靈妝成照湘水，皎如皓月窺彤雲。
> 高丘寂寞竦中夜，芳荃零落無餘春。
> 鼓完瑤瑟人不聞，太平成象盈秋門。

我把發表的文章寄請葉聖老教正，他給我賜函如下：

海發同志：

　　寄來《文教資料簡報》收到，足下解釋〈湘靈歌〉一文項仔細讀畢。此篇甚嚴密，意義和文字都好，我提不出什麼意見。近時我見到擔任注釋集外詩文的《徵求意見稿》，對於此詩大體也這樣講。至於不這樣的那些注釋者，大概是沒看見《文藝新聞》，不知道此詩與長沙事件有關聯之故。寒假返里，願多愉悅。匆覆，即問近佳。

葉聖陶
一月十八日上午

　　葉聖老的賜函支持我的立論，我感到了在魯迅研究上的初步成功，我的信心得到葉聖老（魯翁同時代人）的支撐，大大地鼓

舞了我繼續做下去的願望。以後多年中，我寫了二十餘篇論文，對魯迅詩和雜文提出鄙見。由魯詩研究我還萌生了通覽二十世紀舊體詩詞的想法，歷經二十年，我在中國文史出版社出版了專著《二十世紀中國詩詞史稿》。其中有魯迅詩專論，有葉聖陶詩專論。講起這些，我對葉聖老的師恩銘心難忘啊！

　　還有，魯迅在南京讀書，我在南京隨園舊址的南京師大讀過書。這是我有意研究魯迅在南京這段歷史的起因。我還對魯迅早期著作《摩羅詩力說》作了研究。先後寫成了《魯迅在南京》和《〈摩羅詩力說〉研究》兩書。葉聖老知道後，在我的請求下，他為我的《魯迅在南京》提了許多意見。他在收到與寄還書稿時，兩次賜函如下：

　　海發同志惠鑒：

　　　　寄來大稿頃已收到，立即作書奉告，可請放心。徐徐觀之，一個月後當能返璧。惟字跡稍細，目力不佳，辨認或感吃力。至於有無意見可提，實難預言，希勿存奢望可耳。匆此。敬請

　　教安

　　　　　　　　　　　　　　　　　　　　　　　　葉聖陶

　　　　　　　　　　　　　　　　　　　　　　三月二十二日上午

海發同志：

尊稿徐徐看畢，已於前日寄還，想先此收到。觀此稿頗饒興味，偶提鄙見，皆無關緊要者，未能使臺從滿意為歉。
即請

教安

葉聖陶

四月七日

從人際的稱謂、干支紀年的準確、引書的規範、注釋的行文乃至用詞的斟酌等等方面都提了意見，許多意見之後用了「可否」，「請酌」、「我也說不清」、「如何」等等，其實都是很可取的意見，葉聖老的口氣卻總是很謙虛，謙虛到了使我這個小輩很難為情。葉聖老的寶貴意見，寫於另外紙上，共有四張紙，麻麻密密的我珍存著。

最後，我還要提及葉聖老的一件名貴的贈品，那就是〈相濡以沫〉一文的手稿。一九七六年七月，我赴北京，在中國社科院文學研究所訪問唐弢生的時候，見到日文版《人民中國》雜誌的編輯，他與唐弢商量紀念魯迅先生逝世四十周年的文稿。我見到葉聖陶寫的〈相濡以沫〉稿已譯成日文。我在北京東四八條七十一號拜訪葉聖老的時候談及此稿，請求葉聖老將此手稿賜贈我。他同意了。珍藏至今，我感到精神上的充實。

〈相濡以沫〉為題的文章，葉聖老先後寫過兩篇，前一篇寫於一九四六年，後一篇寫於一九七六年；先後都是為紀念魯翁的，前者為紀念魯翁逝世十周年，後者為紀念魯翁逝世四十周年。內容有不同，文字有長短。

我回憶的窗戶暫時關上的時候，我坐在三耕書室的書桌前，陷入深深的感愧中，我有負於聖老的期望。但是，我知道，從葉聖老之於魯翁，可以映照他的道德風範，那就是他對魯迅精神的忠，對魯迅精神的信。葉聖老的道德風範是一部大書，這是我難以忘懷的一頁。

趙樹理唯一的散文集

　　鄉土文學作家趙樹理生前出版小說《李家莊變遷》、《李有才板話》、《三里灣》等多種，散文集僅出一種，即《三複集》，作家出版社一九六〇年七月初版。我保存著一九六二年一月第二次印本。

　　《三複集》連同一篇後記，凡二十四篇散文，一五二頁，九萬五千字。「三複」何意？作者在〈後記〉中作了這樣的詮釋：

　　「『三複』的本意是『反覆尋味』，因我這裏所收入的文章，其『味』十分簡單，一目了然，本無可『尋』之處，其所以借用這個名字，只是借用個字面，應解作『再三重複』──因為『重複集』太不像個書名，才借用了這個較雅的『三複。』」

　　如果說真有俗中見雅，那麼趙樹理起的這個書名就是一例。作者不加詮釋的話，似乎難以理解。魯迅先生在世，每出一書，總有前言或後記。趙樹理出書不大願意寫序跋，從二十世紀四〇年代東北解放區大連新華書店印的趙樹理小說作品沒有作者序跋，至新中國時代通俗讀物出版社印他的小說，均無趙樹理序

跋。我手邊保存的《趙樹理選集》，是新中國時代一九五一年上海開明書店編選印製的，開明書店按例要求寫一自序，他也無意寫序，只借用一九四九年寫的舊作〈也算經驗〉一文代序，《三複集》出版他破例於一九六〇年四月二十二日寫了一篇〈後記〉，親切隨和，出語又有老農的幽默味兒。

　　《三複集》中第一組文章五篇，都是談農村家鄉的人物。趙樹理出身於山西省沁水縣農村，他對農村舊家的人，不僅知其同輩的人；其上代三輩的人他都能說清其甲乙丙丁，人倫輩分。〈新食堂裏憶故人〉一文記得刊發於一九五九年五月的《人民日報》，這篇散文曾經收錄在年度散文選集中。〈新食堂裏憶故人〉有兩部分的題材，一為新食堂，已經因為群眾反對而早已解散，不值得再提；一為憶故人，他對家鄉地方上的鄉親特別情厚。這是作者懷著悲憫痛苦的心情寫下的文字，寫「南院門口」的一家兄弟三個，寫到其中的老三：

　　　　老三名叫各輪，青年時期要算當地的勞動英雄，後來也因為沒有好地種，壞地產量太少，無心受苦，改學樑上君子，結果被（趙氏）族裏人打個半死埋了。

　　「打個半死埋了」，活埋，多慘！這是一篇憶苦文章，結尾說小字輩的人再也不會懂得什麼叫「逃荒」。作家善良的心願絕對不會想到，就在此文發表的一九五九年的冬天，風雪迷漫中的

通衢大道上竟然踽踽逃荒的人群——這是當今中年以上人的傷心記憶，也是不願提起的殘酷歷史的暗影。

《三複集》中重複提起的一個話題，即消滅體力勞動與腦力勞動差別的問題。一九五六年左右，農村中學生往城裏跑，謀取就業，是遭到輿論棒喝的大問題，城裏的幹部、作家、教師等真有站著說話不腰痛的作派，撰文批判那中學生的非分之想。趙樹理寫了一封信給其女兒廣建，動員她下鄉務農，或者當售票員，售貨員，理髮師均可。廣建的回答很調皮：售票只售給爸爸，售貨只售給爸爸，理髮只給爸爸理。趙樹理對社會、人生、名譽、地位都有深刻見解，像魯迅說的「透底」的理解，他要求女兒「憑工分過日子」、自食其力，不要看不起勞動人民。這些觀點，歷經半個世紀的篩洗，依然留存在經典的扉頁，被人稱道。趙樹理以身作則，從教育家屬帶頭做起，尊重勞力者的社會作用等。這些都得到社會的認同。記得此信曾經收錄於高中語文補充教材，效果是好的。這比起現在某些公務員為子女「先富起來」而只爭朝夕的勁兒，趙樹理簡直淪於「傻瓜」一族了。

《三複集》中最可欣賞的是作者談文學創作的文字，他不擺架子，「有甚說甚，說完拉倒」，他再三說文學創作沒有秘訣。「人們對自己的孩子們總還有點偏愛呢，假如寫作有什麼秘訣的話，作家的孩子們不也早已成為作家了嗎？然而直到今天還很少聽說哪位作家的孩子已經成為作家了。」他在無關文學創作的文章中，不時透露自己的創作經驗。趙有篇小說〈福貴〉，其人

物原型即家鄉食堂南邊姓馮的人家，「父子兩代都沒有一壟地。孩子名叫福歸，我稱哥哥，也是在外討飯被餓死的。我寫的小說〈福貴〉有一部分就是他的生活。」又，〈李有才板話〉中「老字輩」人是取之於石窰中逃荒者。又「〈小二黑結婚〉中的二諸葛就是我父親的縮影」等等，這些話既可為初學創作的人借鑒，又為文學研究者提供資訊。

　　《三複集》中的文章不是都值得保存的，解放後，他是北京《說說唱唱》雜誌的主編，中國曲藝家協會主席，領導說唱文藝界。他的〈要挖斷可右之根〉等文，如果作者活到今天的話，也會悄悄地把它淘汰的。以前早有「應景文章」一說，景已否定，文也隨之泯滅了。只是現在某些人的文章壽命過於短了些。不過這類文章往往是作者當年樂呵呵地收入的——這是他在反右擴大化運動列入左派的標記啊！很可誇耀的。

　　趙樹理散文的語言風格，記事、說理自成一家。如風行水上，自然成文。順暢清通，敘述從容自如，其中不乏幽默，使他的散文留給讀者以好感。

《魯迅詩歌編年譯釋》後記

　　《魯迅詩歌編年譯釋》即將在中國社會科學出版，讓我在此再嘮叨幾句。

　　我或可稱之為劫火重生的鳳鳥，或可稱之為不死鳥了。所謂的文化大革命的破鼓敲響伊始，我因為寫了一篇文章，就海瑞罷官問題，〈與姚文元同志商榷〉，犯下了滔天之罪，其髒水逕往我剛過而立之年且在紅旗下成長的人身上亂潑，逕往年輕的知識份子身上亂潑，逕往佃農的兒子身上亂潑，非把我打成右派分子就不死心。那位在徐州地區捏槍桿子的工作組長宣言，不鬥倒吳某，決不收兵。從此我被暴力推入災難的漩渦，生死難卜，只能置之度外。我在箱底立下一份遺囑，作了百餘言的簡要交代。但我有年邁的父親，年幼的兒女，年輕健康的妻，我割捨不下牽掛他們的心，還有當時說來十分可笑的，我丟不下幾箱藏書。昏天黑地的亂鬥，讓我不再期盼什麼救世主了。絕望中，倒是「留得青山在，不怕沒柴燒」，通俗的蒼生話語，讓我心中燃起熊熊的生命之火，「隱忍以行，將以有為也」。浩劫過去了，看著我被批鬥，弄得人模狗樣，好心朋友勸我：吸取教訓吧，以後別寫什麼狗屁文章了。

　　但是，我從懂事起，我就知道「敬惜字紙」，知道愛書，知道寫得文章的人了不起。浩劫過後，「江山易改，本性難移」，我又重操舊業，首先把浩劫以前寫過而投寄報刊不得發表的文章重新再寫，首先寫下了魯迅〈湘靈歌〉（正確的題目應該是〈送S.M.君〉）與〈長沙事件考〉，前後寫了兩文，一文較短，一文較詳，終於在我的母校南京師大的一個刊物登出了，時在一九七六年八月份。這可以說自六〇年代初以來發表的一篇立論有據，論證嚴密的研究魯迅的文章。從此，一石激起千層浪，在乾枯荒蕪的百家爭鳴的自留地上響起了異聲。這異聲不響也罷，響則喚醒了學壇上久已等待出征的名碩老將，周振甫、吳奔星、樓適夷、田仲濟、茅盾、蔣錫金等都作文參與爭論，連年過八旬賦閒在家的前輩葉聖陶先生也致函支持我的文章論點。一時形成了以魯迅詩歌研究為先聲的百家爭鳴局面。凡是當時關心此道的學人是不會忘記的。

　　挑起這場爭鳴的「始作俑者」，就是想把他鬥倒鬥臭，戴上右派帽子的筆者，就是這隻歷經火劫而獲重生的鳳鳥，就是這隻命苦而命大的不死鳥。

　　我還挑起魯迅〈阻郁達夫移家杭州〉詩的爭鳴。時在一九七八年，我從郁達夫文章中記載的史實，證明了魯迅寫下〈阻郁達夫移家杭州〉時，郁達夫移家杭州已經半年之久，不存在阻擋不阻擋的問題了；我還從郁達夫文章中記載的史實，提出了對詩句的異解，也引起了爭鳴，只因為郁達夫提供的史實，既是第一手

的，又是鐵板釘釘，無可異議的，所以爭鳴不見多少分歧就解決了。這是我又一次成為「始作俑者」。

不過這次爭鳴讓我懷念姜德明先生，他也發過關於〈阻郁達夫移家杭州〉詩的一文，差不多與我同時，而且所據史實也是從郁達夫文章中找得的。「英雄所見略同」，姜德明夠英雄，是藏書家，我不是，我是劫火重獲新生的鳳鳥，我是不死鳥。慶幸我們「所見略同」，解決了魯迅詩中的一個不大不小的懸案。寫到這裏，不知姜兄健飯否，睽違好幾年了，遙祝萬事勝意。

此前此後，魯迅研究成為我不忘記的一個課題，以至寫下了這本書稿《魯迅詩歌編年譯釋》。

古羅馬有位哲人，說過一句名言，「憤怒出詩人」。魯迅的詩不是無的放矢，不是無病呻吟，不是無為而詩，他低吟歌唱，異彩紛呈，字字行行中，閃耀魯迅的社會責任感和藝術使命感的璀璨光華。

魯迅的詩，我背誦過，我思考並探索其獨有特色。在我看來，魯迅的詩是這樣的：

魯迅的詩是性情之作。由於輿論宣傳上的偏頗，把一位一生常常受傷而獨自躲進洞穴舐血療傷的魯迅，把一位十分看重親情而又自比眸時看虎仔的山中狂嘯者，把一位不忘人性而又幽默多趣的魯迅，亂加塗抹，漫畫成了金剛怒目式的文化偉人，這是一種時代的誤會。魯迅詩中有親情之作，寫給兄弟的〈別諸弟三首〉，寫給妻子的〈題《芥子園畫譜》贈許廣平〉還有涉筆兒

子的〈答客誚〉。魯迅詩中有交友之作〈教授雜詠四首〉、〈贈蓬子〉、〈阻郁達夫移家杭州〉。魯迅詩中有悼友之作〈悼柔石〉、〈悼楊銓〉、〈悼丁君〉等。後者之哭悼儘管有生命之險伺候在他出門行走途中，但他把家中的鑰匙交給夫人，勇往直前，置個人安危於腦後。

魯迅的詩是言懷之作。他有多首詩是寫贈國際友人或國內朋友的墨寶。朋友的索詩似乎成為魯迅作詩言懷的火種。他在二十一歲時寫的〈自題小像〉詩中，發出了「我以我血薦軒轅」的豪言壯語；他在〈自嘲〉詩中，吐露了「俯首甘為孺子牛」的衷心；他在〈題三義塔〉詩中，祈願「渡盡劫波兄弟在，相逢一笑泯恩仇」的中日友好；他在〈他們的花園〉詩中，幻想「有許多好花」的大花園落坐華夏大地；他在〈送增田涉君歸國〉詩中，希望自己過上「楓葉如丹」、「秋光好」的寫意日子。魯迅的生活常常處於顛沛不安中，他自稱「遷客」，漏船上的酒人。魯迅是人文主義者，他的言懷之詩構成了當時域中的蒼生情結。

魯迅的詩是抒憤之作。他為朋友的被害，寫下「忍看朋輩成新鬼，怒向刀叢覓小詩」的憤怒；他為自己著作遭人誤解，表述了「積毀可銷骨」的憤慨；他為勞苦大眾的生死無由，發出了「敢有歌吟動地哀」的憤懣；他為自己的艱難竭蹶，傾吐「老歸大澤菰蒲盡」的無奈。魯迅是人道主義的提倡者，他為勞苦大眾的不幸而泣下，他為人的生存權而奔走呼號。他的抒憤之作是時代留下的碑記，是中國詩史上的異響，是中國人權史上的絕唱。

　　魯迅的詩是一個時代的異端，也將是傳之久遠的藝術花朵。
魯迅的詩看似漫不經心，自然天成，實際是精心雕刻之作，他竭
盡心智地塑造意象，光鮮明目，氣象萬千。〈所聞〉（華燈敝
宴照豪門）塑造了一位在日軍轟炸火海中僥倖活下的年輕侍女形
象。魯迅的詩好用比喻擬人手法，魯迅詩中的「荒雞」、「芳
荃」、「高丘」、「驚雷」、「春花」、「春山」等記憶體豐富
的寓意，有常讀常新的隨人體驗的新意。所以它們是一種符號，
沒有時間空間限制的符號。魯迅詩的煉句獨特也是特色，早年即
有「我有一言應記取，文章得失不由天」；即有「褪盡膩粉呈風
骨」；即有「於無聲處聽驚雷」；即有「橫眉冷對千夫指，俯
首甘為孺子牛」；即有「一闊臉就變」；即有「敢遣春溫上筆
端」，魯迅煉句基於謀篇立意的創新，煉句有錦上添花之美，所
以均已落戶在人群生活的對話中，產生了新的流光溢彩。

　　魯迅詩的篇章結構，不論起句，還是出句或者對句，很有
出奇制勝的一手，但是我特別欣賞魯迅詩的結句，或警策或凝
重，更曼妙的在於結句獨白，但富有特寫鏡頭的意象，例如「兩
間餘一卒，荷戟獨彷徨」，分明是魯迅在獨白，看得見「五四」
新文化運動退潮後的一位沙場老兵的彷徨。有的結句都是沉重、
艱難氛圍中走來的詩人形象，「吟罷低眉無寫處，月光如水照緇
衣」、「中夜雞鳴風雨集，起燃煙捲覺新涼」看似不輕鬆的詩意
氛圍中，畢竟有一位詩人在夜中傾聽都市的月色夜芳，仰看遠方
的雲舒雲捲。出人意表，寓意雋永。

　　魯迅詩的煉句獨特已被後人認可，且接納於日常的對話中，這在二十世紀詩人中是僅見的。而魯迅詩篇韻律的潛移默化更是獨見其審美的魅力。郭沫若於一九三七年七月二十七日逃離日本監視，毅然歸國參加抗戰陣營，他賦詩作《歸國雜吟》的第一首〈又當投筆請纓時〉就是用魯迅〈悼柔石〉詩的韻律。朱學勉、楊憲益、聶紺弩等都用魯迅詩的韻律寫過詩。這裏特別值得一說的是胡風先生。五〇年代他因文字之禍，囚於獄中二十餘年，他也用魯迅〈悼柔石〉詩韻，一連寫了二十一首律詩，表達由衷的希冀、感懷與鬱悶。這在詩史上是個不朽的佳話。這完全可以說明魯詩的空前的藝術魅力。（注）

　　還應指出的是，郭沫若等人用魯詩韻律作詩都是身處患難中。

　　不經磨難，難有好詩。這是我的一個詩歌的理念。

　　魯迅低吟「悚聽荒雞偏闃寂」，魯迅祈盼的夜中的雞鳴，給詩壇、給神州留下了想像的時空。毫不誇張地說，二十世紀中國詩壇，似乎只有魯迅詩埋下這種意識的張力，具有藝術的生命力。

　　《摩羅詩力說》，是魯迅留學日本時寫下的一篇詩論，重在闡述，「立意在反抗，旨歸在動作，」採用歐洲的七位詩人的生平與創作為他這個論點的有力支撐，所以與其說此文是單純性論文，不如稱之為主題性的詩歌史。從一九〇七年問世以來，還沒有出現一本解讀，我力求用通俗易懂的語言嘗試為之，或有助於魯迅此文的普及。乞求讀者教正。

　書中附錄了十三篇發表過的論文，最早的發表於上個世紀七〇年代，迄今忽忽已經三十餘年。彈指一揮間，我已垂垂老矣，權且當作紀念品收錄於此，以緬懷我走過的一段問學路途。

　書稿中，有兩篇文章，一為考〈惜花四律〉，一為考〈南京民謠〉，我否定了魯迅的著作權，這不是無謂的標新立異，事實如此，豈有他哉。

　這本書稿寫出後，我想起年輕時結識的年輕朋友王家倫教授，他精於專業，著作甚多，充滿才智，我們的合作充滿愉快，祝願他退休生活健康長壽。江南大學新夥伴印務公司黃泓豐經理為我列印，慷慨相助，一時難以說盡我對這位敬業的年輕人的感激。

美籍華裔教授唐德剛的注釋

　　唐德剛先生是炎黃子孫，先後任職於美國哥倫比亞大學和紐約州立大學。二○○三年秋他曾經在南京師範大學小禮堂作學術演講，我為自己的著作《二十世紀中國詩詞史稿》的尋找詩人手跡作插圖，正住在南師招待所，我進禮堂去聽過他講關於胡適的研究。但是，我寫作此文不是因為聽過他高談闊論，而是因為他的《胡適口述自傳》的注釋文字寫得切實有味，精彩紛呈，別具一格，當然也難免存在美中不足的瑕疵。

　　胡適口述自傳，錄音始於二十世紀五○年代中期，即大陸批判胡風、胡適的時候。是胡適應美國哥倫比亞大學歷史系「口述歷史」部的邀約而口述的，前後共十六次。當時胡適住在紐約作寓公，雖然作為曾經做過中國駐美大使的他，享有退休薪金，但是生活過得很清苦。口述歷史不是都給報酬的。據唐德剛後來說：「我跟哥倫比亞大學講好了，給他三千塊錢一年，胡適高興死了，那時候三千是筆鉅款。所以胡適和我兩個人合作，他說『你怎麼著都好』，我要他簽字他就簽字。李宗仁呢，一個銅板

沒給,他有錢!胡適是窮人,顧維鈞也沒給錢。[1]」

《胡適口述自傳》原版為英語,是胡適「據實招來」的口述,唐德剛還要找得當年有關的原始記載核實,是不許當事人信口開河,想當然的。二十年之後,唐德剛將它譯成漢文,邊譯邊作眉批,一章譯畢,整理眉批「抄作注釋的一部分,有時下筆不能自已,就寫得老長老長,簡直變成胡適《春秋》裏的《公羊傳》、《穀梁傳》了。[2]」

因為唐的注釋文字寫得精采紛呈、諸多讀者包括大學教授,往往「先看德剛,後看胡適」,成為學壇佳話。

唐德剛比胡適年小三十歲,(胡適一八九一年生,唐德剛一九二一年生)唐以師禮待胡適,相處甚為融洽,「胡適對我非常信任,我和胡適還有些私交,有些事情我還可以教訓胡適一頓。胡適一輩子教了很多的學生,我是他最小的一個。」他常打電話給我:「德剛,過來幫幫忙。」胡適是連一個箱子也搬不動的。[3]

學生寫老師,筆下存感情。唐德剛注釋文字有兩特色:

首先是注釋豐富多彩,如行走在山陰道上,有應接不暇之感。先說議論政治,一九一九年的「五四」新文化運動是一個值得再作爭論的議題,胡適是這場運動的中堅與頭面人物,他有自

---

[1] 見〈唐德剛:為胡適、李宗仁口述歷史〉。《文匯讀書週報》,二〇〇六年一月六日。

[2] 唐德剛〈寫在書前的譯後感〉。《胡適口述自傳》,華東師大出版社,一九九三年四月。

[3] 同注[1]

己的觀點，認為政治氣息太濃，認為北京學生上街而後形成燎原之勢的「五四運動」實是這整個新文化運動中，一項歷史性的政治干擾。」唐德剛是不同意的。注釋文字就成為唐德剛淋漓盡致發言的平臺，他用了近三千字闡述他的駁論，他認為「五四」運動的宗旨是「尋找新思想，來代替舊思想」。他很形象地說：「『五四』運動不是一脈平原上的異峰突起，相反的，它是一系列複雜的崗巒之後的一個較高的山峰而已。」唐德剛介紹了自己先後寫作關於五四運動研究的兩篇文章，一為《〈五四運動迴光反照〉評論》，一為〈論中國現代化運動的階段性〉，他的結論認為把「新文化運動」與「五四運動」當作兩回事，是文化學者胡適的書生之見。這樣的注釋文字雖然略嫌越位，不免自我炫耀，過於出風頭，但是，使得胡適的自述充實不少──不過無礙於胡適自述的巋然獨立。再如議論學術，儘管唐德剛也是學術研究的一家，但是胡適之學未必德剛之學。胡適的考證文章〈詩三百篇言字解〉、〈爾汝篇〉、〈吾我篇〉等堪稱不刊之論。胡適據此大談研究方法歸納法。唐德剛似乎該無從插嘴了。但是唐德剛畢竟是胡適弟子中的聰敏寶貝，他有辦法，他大談抗戰暑期就讀搬遷重慶沙坪壩的中央大學中文系，他們不大上課，街上的茶館是大學生的課堂。他大談自己發現的「縣」字的釋義，段玉裁《說文解字》云「縣，懸也。縣懸於郡」。唐認為縣作為行政建制始於秦始皇、而「縣」字這位老先生在此之前生存了不知幾多年了，他考證「縣」即未開墾的處女地；又指暫時未封於皇室家

人的土地。他又扯及自己的姓的唐氏家族的起源就是春秋周成「王」桐葉封弟故事中的封於唐，從此唐氏有了落腳生根之地唐國，也就有了以地望為姓的唐氏。縣字的考證是否成立，姑且不論，唐德剛真會做文章，洋洋灑灑，縱橫跌宕，最後又結筆於科學研究的歸納法，與胡老師的研究方法殊途同歸，原是一家。如果說胡適關於科研方法的自述，為後學開啟一條道路的話，唐德剛的注釋又為胡老師的方法深挖出了生動具體的例證。胡老師地下有知（胡適病逝於一九六二年）也會因為這位聰敏弟子的注釋而高興的不得了。

第二，注釋文字舒捲自如，情深意厚。唐德剛與胡適相識二十餘年，自稱弟子，文中左一個胡老師，右一個胡老師，並非虛情假意。唐為紅學爭論發抒己見，專揀有趣的話題說。例如他談避諱問題，是從胡適文中提到《紅樓夢》五十二回寫晴雯補裘至深夜黎明前，寫時間「只聽自鳴鐘已敲了四下」，而不寫「寅正一刻」，這是避「寅」字諱，又可證明《紅樓夢》作者曹雪芹是曹寅的孫子，孫子避祖父名諱是常見的風俗人情。唐德剛在避諱上做文章，先引同意此說的周汝昌等人的意見，然後又引錄海外學者周策縱等人的按語，又引唐德剛自己的「再按」，又引紅學家周策縱的一封信。這樣一來二往，將一個本來無啥味道的字（寅）的相關趣事說得有滋有味了。

古代和尚修身嚴格，很少有花邊新聞遺落人間讓人亂嚼。但是唐德剛談及唐代大和尚神秀，這位被人遺忘多年之後由胡適從

經卷中發掘出土的知名和尚，他也有被召進宮的機會，一貫傲視異性的武則天竟然對他下跪。唐德剛的行文好極，讓我抄下：

> 據說神秀於久視元年入宮時，武後和中宗睿宗都跪迎。他死的時候（西元七〇六年），長安城萬人痛哭，送葬僧俗，數逾萬千。其哀榮的盛況，亦不下於一千二百多年之後胡老師在臺北的出殯大典。

這本是一僧一俗，兩不相干的出殯，唐德剛故意相提並論，委實是這位弟子對老師敬意按抑不住而溢於言表。據說一九六二年二月胡適出殯，臺北街頭家家燃香，戶戶路祭，備極哀榮，是出於民間的哀輓。

唐德剛的注釋不要以為都是帶花不帶刺的。他刺大陸的批胡運動，刺大陸的文革運動。他也刺美國的中文教授，白話文一段也看不懂，淺近的文言連「光臨便飯」這種小條子也看不懂，卻能在課堂上堂而皇之的講唐宋八大家的「高級古文」，這位教授竟然尸位於美國名校哥倫比亞大學呢。想想胡適於戰後在美國連個大學教書的位置也找不到，只因胡適學問之大、之深、之競爭力，讓美國同業感到威懾力太大，會產生難以生存的心理驚變，寧可用南郭先生而平安無事了。

第三，講罷唐德剛注釋的精彩紛呈，我也不能不提到他在校正錄音時的疏忽與不力。眾所周知，陳獨秀是五四運動中的風雲

人物，與胡適是安徽老鄉，也是胡適的朋友。關於陳獨秀在「五四運動」前兩三個月的跌宕波折，胡適在口述第九章〈「五四運動」——一場不幸的政治干擾〉中似有閃爍其詞乃至為親者諱的嫌疑。胡適說一九一九年六月北京大學教授陳獨秀被北京警察局逮捕入獄。這是正確的嗎？陳獨秀入獄之後，這時陳獨秀已不做北大的「文科學長」了，校長給假一年，好讓他於下學年開一堂宋史新課云云，有這樣的事嗎？胡適這樣說了，唐德剛被大學者胡適老師詆騙了。筆者有證據嗎？有，在胡適書信中，胡適於一九三五年十二月二十八日給湯爾和教授一封信。其開頭就說：

> 謝謝先生的信。（民國）八年的事，我當時全無記載。三月二十六夜之會上，蔡先生頗不願於那時去獨秀，先生力言其私德太壞，彼時蔡先生（元培）還是進德會的提倡者，故頗為尊議所動。我當時所詫怪者，當時小報所記，道路所傳，都是無稽之談，而學界領袖乃視為事實，視為鐵證，豈不可怪？嫖妓是獨秀與浮筠都幹的事，而『挖傷某妓之下體』是誰見來？及今思之，豈值一噱？當時外人借私行為攻擊獨秀，明明是攻擊北大的新思潮的幾個領袖的一種手段，而先生們亦不能把私行為與公行為分開，適墮奸人術中了。[4]

---

[4] 見《胡適來往書信選》。中華書局，一九七九年，七三八號信。

　　此夜之會，先生記之甚略，然獨秀因此離去北大，以後中國共產黨的創立及其後來國中思想的左傾，《新青年》的分化，北大自由主義者的變弱，旨起於此夜之會。

（海按：請注意「離去」二字）

　　以下是胡適手抄湯爾和日記和胡適跋語。

　　　　民國八年三月二十七日：「昨以大學事，蔡鶴公及關係諸君來會商，十二時客始散，今日甚倦。」

　　　　胡適按語：此事即是會議辭去陳獨秀問題，其日子是三月二十六日。

　　　　（海按：請注意「辭去」二字）

　　　　四月十一日：「五時後回寓⋯⋯途中遇陳仲甫，面色灰敗，自北而南，以怒目視，亦可哂已。」（仲甫，即陳獨秀的字）。

　　　　六月十二日：「晚九時回，聞陳獨秀在新世界散傳單為員警捕去。」[5]

　　陳獨秀被北京大學於一九一九年三月二十六日辭退，既不當教授，又不當文科學長，胡適是耿耿於懷的，這雖然已經過去了十六年時間。胡適的信，湯爾和日記都在證明胡適的關於此事的

口述不確鑿。胡適可能是故意閃閃爍爍的，唐德剛或許因為看不見胡適的信與湯爾和日記，也就無從校正胡適口述的錯誤，事實是一九一九年六月陳獨秀已經不是北大的員工更沒有讓陳獨秀備課一年的說法。

我不厭其煩地抄錄此段文字，說明唐德剛注釋存在美中不足的瑕疵。這個陳獨秀一九一九年三月被北京大學辭退的事實，現在書坊流行的陳獨秀傳記都搞錯了，以訛傳訛，不免叫人遺憾！

至於說胡適為什麼要借閱湯爾和日記，搞清陳獨秀被北京大學辭退的日期諸問題，我另有一文論述之。

訪周口店「北京人」

　　「推敲」典故的出處，在唐代的一個僧侶詩人身上，他叫賈島。賈島是北京房山區韓村河人。二〇〇七年十一月中華詩詞學會與房山區政府聯合主辦賈島詩歌研討會，我投寄一文，題為〈賈島、韓愈詩歌唱酬考釋〉，被評上了獎，邀我與會，有機會拜謁了擴修一新的賈公祠，參觀了富裕、清潔、優美的韓村河，難以忘懷。房山區人才薈萃，不僅出了個大詩人，還出了震驚世界的「北京人」。

　　感謝會議東道主的安排，十一月九日讓我們參觀了龍骨山周口店「北京猿人」的故址，拜謁了五十萬年前人類祖先「北京人」，並合影留念。

　　汽車在山下曲折行駛，領略了蜿蜒的山脈，裸露的山色，汽車嘎然一聲，停在山下一片叢林中。然後步行上山，橫匾「周口店遺址博物館」，係郭沫若手跡。

　　博物館展覽室一間又一間，約有五六十米長。聽一位中年女性講解員說，周口店發掘，是中國與美國科學家合作，於一九二七年四月十六日正式拉開了帷幕，掘下了第一小鏟。十月十六日

發現了北京人的一個下臼齒化石，陡增了發掘的信心。這個下臼齒化石置於玻璃盒中，定名為「中國猿人北京種」。俗名稱「北京人」。不久又在地下十米深處發現了「北京人」居住的洞穴。「一九二九年十二月二日」——一個值得永遠記住的名垂史冊的日子。主持發掘現場工作的北京大學畢業的，年僅二十六歲的裴文中就在北京人居住的洞穴中，發現並正確識別到一個保存完好的中國猿人北京種的頭蓋骨化石。講解員補充說，這個洞穴命名為第一號洞穴。等一會兒，各位可以去一號洞穴叩訪「北京人」的住宿處。

還有一個小插曲，裴文中用棉被包裹著化石坐車送往北平協和醫學院研究室的途上，交通警察在一個卡口檢查，險些將頭蓋骨掉在地上碎壞，為此沉浸在考古發現的興奮中的裴文中跟員警發生了肢體衝突。

寫到這裏，讓我嘮叨幾句。我最早知道裴文中大名，不是讀其考古著作，而是讀魯迅編選的《中國新文學大系・小說二集》，魯迅在序言中提到他。裴文中是北京大學地質系古生物專業的學生，旁聽過魯迅講的《中國小說史略》課程、他是河北灤縣農村裏人，是窮學生，時有三餐不繼之憂，於是寫些遊記、散文、小說投稿糊口。一九二四年，奉系張作霖與直系吳佩孚在長城腳下交戰，裴文中家鄉處於戰火中。裴文中將掛念家鄉掛念父母的焦急萬狀，寫入了一篇題為〈戎馬聲中〉的小說中，投寄北京《晨報副刊》發表了出來，《晨報副刊》是魯迅學生孫伏園編

輯的，向魯迅作了推薦。魯迅將它作為鄉土文學的代表作選入《新文學大系‧小說二集》，並寫下這樣的好感：

「前者（指裴文中）大約並不是向來留心創作的人，那〈戎馬聲中〉卻拉雜的記下了遊學的青年，為了炮火下的故鄉和父母而驚魂不定的實感。」

但是裴文中的文學感情終於敵不過生物考古的纏綿，把他從文學路上拽了回去，埋頭古生物考古去了。裴文中被人稱為「文學挽留不住的人」。

一九二九年十二月二十八日，中國地質學會會議上，正式公佈消息，北京周口店龍骨山發現了「北京人」頭蓋骨，消息史無前例，據說地球也為此撼動了瞬間。

科學家的想像力與推測功夫，驅動他們繼續勘察北京人的原始生活，一九三一年，又在一個叫鴿子堂的洞穴中，找到了燧石和石英石碎片，碎片上有人為加工的痕跡，這就是北京人賴以生存的石器。洞穴中有幾把長長的石針，細細的，有尖端，作為展品放在展臺上。洞穴中有黑汙汙的灰一樣的東西，這引起古人類科學家的爭論，有的主張是火灰，說明北京人相當進步，已經懂得用火，吃燒熟的獵物，冬天用以取暖。有的認為不是火灰，而是鳥糞的遺存。後一說讓許多人類學家掃興，但他不是無根據的亂說。

展品是真的「北京人」遺物嗎？講解員的回答，讓我們大吃一驚：她說大多是仿製品。

　　講解員領我們來到第一號洞穴，這裏曾經是北京人祖孫幾代聚族而居的地方。這個洞穴有兩個教室還大，這個洞穴也很深，步鐵梯下去，仰頭望天，十幾米深是不成問題的。洞中還有小洞，不淺，洞壁有凸有凹，粗糙而不平正。壁上有草，洞底平整，可站立數十人；參觀的人攝影留念，指指點點，說些經過想像的笑話，一位女同志說，不知先祖在洞中怎樣臨產生養小孩的。引得大家一笑。洞中同一層面還發現了人類的骨骸，猛獁的骨骸、馬的骨骸，鹿的骨骸。人與動物雜居一處，和衷共濟，儼然一個大宅門家族。

　　站在洞穴中，撫摸陰濕的洞壁，我思想的野馬嗖地跑到人類的新生代先祖的身旁，不禁拽住先祖圍獵歸來的木棍，天真地發問：你們的生活是險象環生風雨同舟，還是其樂融融和諧美好？祖先沒有回答我。

　　講解員說展品大多是仿製品。那麼先人的遺物何處去了呢？

　　時在一九四一年十二月日軍偷襲珍珠港，太平洋戰爭爆發前夕，存放在北平協和醫學院的新生代研究室內的「北京人」化石等處在日本侵略者鷹眼的視野中，朝不保夕，有識之士翁文灝等主張轉遷內地。協和醫學院將「北京人」化石及其他化石，裝成兩大木箱，準備轉移，裝箱經手人叫胡承志，是院內的一位職員。通外文。他多了一個心眼，把箱內化石做了兩份清單。然後把二木箱及清單交給協和醫學院總務長博文（美國人），「北京人」化石就存放在協和醫學院秘密倉庫。一九四一年十二月七

日，日軍偷襲珍珠港，第二次世界大戰全面爆發了。日軍接管協和醫學院有三人，一個叫長谷部言人，一個叫高井冬二。都是東京大學教授，當他們興奮地打開密室大木箱的時候，他們傻眼，驚呆，腦袋一片空白了。兩大木箱中有石器，有動物例如鹿、獾、狐狸、馬等化石，還有「北京人」幾個，不是化石，是石膏模型。真的「北京人」化石卻無影無蹤了。

北平發掘出了「中國猿人北京種」，俗稱「北京人」，消息震動國際社會。時在一九二九年十二月二十八日。

北平的「中國猿人北京種」，俗稱「北京人」，不翼而飛，消息震動國際社會。時在一九四一年十二月二十五日。

時間飛逝而去半個多世紀，「北京人」在哪裡？有的說遠走美國，有的說劫持日本。但是「北京人」始終沒有露面。歸來吧，六十萬歲的「北京人」您聽見了嗎？您的後裔呼喚您，深情地呼喚您。

從此，由於「北京人」的失蹤，一個人類的人種研究雖然還在進行中，但是，還未出現突破性成果，很遺憾。

北京人博物館館內展品如果全是原物，那多麼好啊──當我揮手告別博物館門前的「北京人」的時候，我這樣漫想。

余秋雨和他的《語錄》

余秋雨先生的書大多有創意與新意，這是我的印象。但是，不久前，他寄我一本新書，題《余秋雨語錄》，很感意外。語錄體在宋代朱熹為始作俑者，做成《朱子語錄》，遭到後人非議與責難，只因為語錄成為兜售他封建理學的「破爛」，從此聲名狼藉。《余秋雨語錄》是他人代做的，無疑是得到本人同意的。

我感到意外，在於編者是在做又一次冒險，冒著兜售「破爛」的危險。翻閱之後，我發現擔心是多餘的。余秋雨為打造精神文明之舟殫精竭慮，為構築堅挺的道德堤岸出力流汗，他是有心人。

他從反面論述，「文明的傷心處，不在於自身的傷痕累累，而在於把蒙昧和野蠻錯看成文明。」「它們（指蒙昧和野蠻）理所當然在把嘲謔和消解文明作為自己生存的本能。」從反面論述了文明與野蠻蒙昧的錯位之後，他又從正面論述了文明與社會和諧、自然和諧的關係。「人類不可以對同類太囂張，更不可以對自然太囂張。」「請看世界上一切文明度曾經最高的地方都已不適合人類居住。」凡是文明遭到打壓的地區，「興風作浪的好事

之徒就會在人群中如魚得水，而城市的優秀分子都會陷身於市井痞子、外來冒險家、賭徒的包圍之中，無法展現自身的優勢。」這些都是很深刻的語錄。

生活的弊端，機制的失衡，品質的低劣，人性的弱點，行為的放肆等等，余秋雨都將它抓捕到道德法庭上過堂，考問，將行為過激的火藥筒推到道德堤岸之外的安全地帶。

余秋雨認為寬容是一棵大樹，不能連根拔掉，只能修修剪剪。他呼喚寬容：「現代，不僅是一截時間，現代是寬容，現代是氣度。」

他呼喚善良和慈悲，善良不是無用的別名，慈悲不是弱者的呻吟。他認為生活中缺乏善良與慈悲，使道德法庭案卷雲集，法官焦頭爛額，缺少呼吸新鮮空氣的時間。

不可否認，余秋雨語錄肩負了現代生活道德堤岸的構築任務，他的語錄被人們付諸實踐的時候，道德堤岸將安然無恙，堅挺有力。

語錄體的致命弱點；在於佩實而不銜華。儘管余秋雨殫精竭慮，在表述上有所補救，畢竟文筆的意趣之美遭到了無情的剝離，像以前有過的語錄體一樣，缺少一點文字的情韻。

話說「辛苦恣睢」

　　近來翻閱一本五〇年代初重版的書，已很破舊了。有這樣一段話引起我的注意：

　　我最近看見一位新的文藝作家寫出了「辛苦恣睢」這樣的句子，也未免太「恣睢」了點。「恣睢」是橫肆的意思，在《史記·伯夷叔齊列傳》裏面可以見到「暴戾恣睢」，但怎麼也不會和「辛苦」的字樣發生聯繫的。

　　這是一篇對作家指謬批評的文章，題〈關於「接受文學遺產」〉，文中不點名地列舉了多位作家著作中的語言謬誤，「對於文字的胡亂使用，其中就有對「辛苦恣睢」的批評。

　　且不說撰此批評文字的作者是誰，且不說被批評的「新的文藝作家」指誰，咱先討論「辛苦恣睢」真的不通嗎？「暴戾恣睢」屬於成語，論其結構是AB式的寬鬆組合，暴戾與恣睢是說既兇狠粗暴，又任性胡為。這A與B可以結合而用構成成語，也可分別單獨而用，如暴戾成性，脾氣暴戾等。「恣睢」也可單獨而用，如《辭源·心部》釋恣睢有二義：（一）狂妄。兇暴貌。《荀子·解蔽》：「無正而恣睢，妄辨而幾利。」《戰國策·燕

策》：「若恣睢奮擊，口句藉叱咄，則徒隸之人至矣。」（二）自在，無拘束貌。《莊子‧大宗師》：「汝將何以遊夫遙蕩恣睢轉徙之途乎」？由此可以得出結論，恣睢可以與暴戾結為成語，也可以與「辛苦」結親，構成辛苦恣睢一個片語，同樣是AB式的寬鬆組合。作者或許為賢者諱吧，沒有點名。我查閱《魯迅全集》第一卷《吶喊‧故鄉》這樣用了，不妨抄下：

> 然而我又不願意他們（宏兒和水生）因為要一氣，都如我的辛苦輾轉而生活，也不願意他們都如閏土的辛苦麻木而生活，也不願意都為別人的辛苦恣睢而生活。他們應該有新生活，為我們所未經生活過的。

魯迅在這裏將辛苦恣睢用錯了嗎？細讀〈故鄉〉全文，我以為沒有用錯的。在文中，如果指兵、匪、官、紳這一些傢伙，說其「辛苦恣睢」，諷刺的辛辣味顯然可見，令人歎絕；如果指挖空心思地貪小便宜，對閏土任意惡語中傷的楊二嫂，說其挖空心思「辛苦恣睢」，確實有畫皮畫骨、入木三分之妙。

寫到這裏，可以公開〈關於「接受文學遺產」〉一文的作者名字了，那就是郭沫若。文章寫在一九四二年八月八日，時在重慶。收錄在《今昔蒲劍》一書中。

關於詩詞問題的通信

吳海發致曹輝[1]信

曹輝女史惠鑒：

奉收大著兩種，一詩集，一文集，甚為感激，只是寫信稽遲，歉意深深，並請原諒為感。

大著已拜讀，雖不是精讀，但能理解的則讀過不止一遍，反覆體會、沉吟、諷誦，體會有些許，未必深刻，未必合詩人原意。詩有張力，不僅在詩本身，還在詩外，還在讀者素養，還在讀者體悟中。美學意味，藝術意蘊，作者僅寫七分，當代詩詞寫得七分者寥寥。讀者願意並有此學力添加於詩中三分，則詩行飛入尋常百姓家。

您的詞作《清秋詩詞集》好的不少，〈江城子〉多有好詞。〈除夕夜〉有內容「回頭再顧，命運少均勻」是煉句功成。我也為你與夫君「愛到無休，盟誓醉長箋」而高興。這些詞作有個共同點即有體會，無呻吟，見創意。生活的豐

---

[1] 曹輝同志係中文系本科畢業，遼寧營口市大石橋圖書館員，遼寧省作家協會會員，著作有《清秋詩詞集》等多種。

滿影子是詩詞的生命，舍此，為瑣瑣感情浪費筆墨，又傷性情，是不值得的。

我在您見過的拙著《二十世紀中國詩詞史稿》中提出一個理念，「不經磨難，沒有好詩」不知您同意否？郭沫若寫過一首〈水調歌頭〉全文錄下。

《歐陽海之歌》書名為余所書，海字結構本一筆寫就。有人穿鑿分析，以為寓有「反毛澤東」四字，真是異想天開。

「海字生糾葛，穿鑿費深心。爰有初中年少，道我為僉壬，誣我前曾叛黨，更復流氓成性，罪惡十分深，領導關心甚，大隱入園林。初五日，零時頃，飭令嚴。限時交待，如敢違抗罪更添。堪笑白雲蒼豹，鬧市之中出虎，朱色看成藍。革命熱情也，我亦受之甘。」

僉壬：又作憸壬，諂媚小人。園林：指新幹六校，中央高層休閒住地，會議地。入園林：讓郭氏避禍也。

郭沫若寫了不少無聊的逢迎的詩，文革中寫了十篇無聊的讚美詞，為浩劫唱讚歌。我在拙著中作了批評。他寫的這首詞，因為受了驚嚇，很有節制地抒情。他不受驚嚇，他也寫不出這樣有點內容的憤詩——為紅衛兵而憤。

您寫的詩詞抒發真情，為一代年輕人留下了感情的像片，是可取的。但是其中有一些詩作，過了若干年後，您會自動捨棄。我這樣說或太坦率，請原諒，很想聽高論。

您的散文集《荊釵》，留下了不少隨筆式的文字，也

是您那年紀人才寫得出來，白髮皤然的人，例如我，是難寫的。您的〈等有緣人〉、〈約束是為了飛得更高〉等文，我讀後不自覺地感到訝異。我只能衷心地祝福您好運在前。但是，讀到談子威一文，我又感到我過於多情，可笑。

您的〈呈紅誰讀花譜〉，很合中年以上人的閱讀趣味。

投入生活、擴大視野，讓您的才華融化、釋放在生活斑斕、豐富多彩的華夏春天的土地裏。

紙短情長，匆匆不盡，即頌。

撰安！

吳海發

二〇一〇年十一月六日

曹輝致吳海發信

吳先生：

您好。

收到您的來信，遲覆為諒。這些年來，已經很少寫信了。不管怎樣的原因，接到您的電話，我還是放下諸多瑣碎，把您的信細讀一遍，頗受感動。

雁蕩一別，今兩月餘，也算文緣相識。在年紀上，我是晚輩，卻讓您電話來詢，頗是汗顏。另，寄贈先生的散文和詩詞集，先生在來信中已提出諸多褒貶，在這裏一併表示謝意。

首先，我對自己的文字，無論哪種體裁，寫作初衷都是

隨意的。這也是我為文的個性吧。雖業餘時間多投於文字，但對收穫並不是太過看重，暫且當成一種習慣，一種消遣和愛好。

您的表揚，我不想多說。我只想說的是，人的一生的經歷，文字是最好的導師。而各個年齡段，寫出來的作品也不會太超越作者的年紀和心理範疇，這應是社會必然。於我，已然中年驛路，您自是老驥伏櫪。所以，您說某些作品適合某些人群，我是能理解的。再，您提及詩詞七分在當事人的寫，三分在讀者的領會，我倒也是七分贊同。同一首詩詞或文章，看的人不同，領悟不同是自然的，這和審美與自身文學素養有關。在此，謝過先生對我的詩文的賞讀與提出的一些看法。我會慢慢消化理解。於我，寫字無非一種娛樂，對於未來會怎樣，文字會否惠顧於我，我沒抱什麼想法，寫著玩兒而已，總是人生的餘事。對先生的文學觀點「不經磨難，沒有好詩」之見，覺得大體上是對的。人生之於每個人，印象最深的都是一生中最難走的路，走過之後，才會銘心刻骨，詩文自然不能例外。

另，您來信中提及郭沫若及「迎合」詩文，我以為，這是文學界的一種必然現象，哪朝哪代都有，可以說是文人的無奈，如果身處某種環境，不這樣寫，也難。算是一種文風吧。但前提是別太過分，就像某些人容易把政治詩寫成老幹體一般，血肉和靈魂的投入太少，文字如槍子一樣強硬，被

人接納是比較困難的。譬如與人交往，亦如是。伸手不打笑臉人，詩文也應該如此。人與人的交往中，態度就是一種招牌，你對人以微笑，環境就會溫和，不至於太尷尬，相反，原本不難辦的事情，你冷著一張臉，總是讓人難以接受的。文章之道，亦然也。當然，某些特殊的環境除外。

　　對於您之大作《二十世紀中國詩詞史稿》中提及的郭沫若〈水調歌頭〉一詞，略有耳聞，至於郭老為人，我作為後生晚輩，瞭解不是太多。作品除了《女神》、《屈原》等，還真就讀來少些。先生說郭老在文革中寫了不少無聊的逢迎詩，我作為局外人，作為那個時代的後旁觀者，倒覺著能夠理解些。這一點，與先生之見似乎小有不同，僅為觀點，無它意，望先生見諒。現亦引用他人對郭老評價，頗覺公允，如與先生之意不符，權作切磋。郭沫若生在一個充滿動亂的時代，在政治上也經歷了較大的起落浮沉。作為一個文人，似乎不應當從政，既然從政，就難免沾染官場上的腐朽氣。郭沫若的從政道路似乎有些特殊，對此，世人也是褒貶不一。近年來，對他批評最多的意見，是認為他在政治上搖擺不定，有好撐順風船之嫌。和緩一些的意見，也認為他天性懦弱，尤其是在後半生，與他的老朋友田漢等人相比，較善於以「現實主義」的態度處理政治問題，因此才得以保全自己的地位。這些批評意見，不能說全無道理，但是，由於郭沫若一生經歷了不同的歷史時期，如果一概而論，仍有失偏

頗。若是以一種客觀的態度回顧歷史，應當看到，在國家與民族面臨重大變故的關鍵時刻，郭沫若基本是選擇了正確的立場，而且表現出中國知識份子傳統的氣節與品德。在這個充滿浪漫氣質的文弱詩人身上，也有錚錚鐵骨。據載，在蔣介石陰謀發動反革命政變的時候，曾經企圖拉攏郭沫若，遭其當面拒絕。先生提及「歐陽海之歌」事件，小可亦道聽些些。相信如先生等親歷文革的老一筆，都會有所體會，彼時彼境彼行為，應情有可原。那樣的社會大環境下，誰敢亂說話，誰又敢與時勢相悖呢！就當言不由衷吧。況且，郭老二子皆於文革喪命，想來這樣的打擊，也讓當時很多文人嚇破了膽，無論站在哪種立場，都是那個時代的受害者。時勢造就的某些，不是說文人跟著走，而是一種難以避開的不幸。我這樣說，先生能理解嗎？

至於我的詩詞拙作，確切說是○八年之前的信筆，今天看來，當然不成熟，有風花雪月之嫌我是心知肚明的。先生言及若干年後，某些詩詞我會自動捨棄，這一點我明白。因為即便現在十年前的我，對文字與自己的思想，已然有所改變。如果要我寫七老八十的那種滄桑，我想就算我再感同身受，也不見得寫得令自己滿意，更何況令他人滿意呢！如先生之年紀，要寫些風月春情，想來也有些不能為之，就算為之也非本意嘍。我不迴避這個現實，這是一種生命必經的歷程。相信，不僅是我，每個人，無論文人還是其他人，思想

的變化都滲透在歲月的流逝中，很少有人一成不變。至於變成怎樣，也是閱歷決定的吧。這廂謝過先生的坦誠，對此社會發展規律，我自不會有什麼不同意見。

先生所言《荊釵》則是我斷續十多年來的某些隨筆小集，近期作品比例稍多。對您於我文章所提及〈等有緣人〉、〈約束是為了飛得更高〉等，其理解表示真誠地謝意，遙謝先生之祝福，預祝先生之心盡同。先生談及〈子威〉一文，我閒說幾句，因與先生交往不長，算得新識，所以解釋一下吧，文字中的我，並非都是我之本人所厯，這一點，可能與傳統散文隨筆不相同，也算我之個性隨意吧。但那些以「我」出現的人物身世，倒是都有我的思想和本意存在，也可以說，我的文字中，他們或她們身上，有一個隱匿的無形的我藏於其中。

說到〈呈紅誰讀花譜〉，先生意為適宜中年人閱讀，想來也可能和我現在的年紀有關。我的生活很平凡，人亦很平凡，真實的我並不是一個游刃有餘的生活的得意過客，但也不是悲觀之人。想來視野與閱歷，還是成為一個投身於文字的人最大的局限，我寫我所寫，只是我的本意，但願閱讀之人別太費勁理解，別浪費他們的時間，對此，我沒抱太大的心思，隨意居多。以後想來也不會改到哪裡去。如果改了，可能我的生活已有所改變，和我現在的人生怕是不同的。改到哪裡，我就不得而知了。

　　接先生電話，問我何以未回信，汗！再不回似乎說不過去了。動筆，打封信吧，久不曾寫信，別有一種生活的味道，蠻好的。因為這種久違的感覺，自然要謝過先生了。我是個懶言的人，是個沉默多於說話的人，有哪些不周之處，還請擔待一二。值此庚寅歲尾，祝先生及家人，開心永遠，健康永遠，幸福永遠。

　　餘不多敘。遙祝

冬安

曹輝

二〇一〇年十一月二十六日晚

文學視界18　PG0900

流聲的歲月
——近代中國著名學者的側影

作　　者／吳海發
主　　編／蔡登山
責任編輯／陳彥廷
圖文排版／彭君如
封面設計／陳佩蓉

發 行 人／宋政坤
法律顧問／毛國樑　律師
出版發行／秀威資訊科技股份有限公司
　　　　　114台北市內湖區瑞光路76巷65號1樓
　　　　　電話：+886-2-2796-3638　傳真：+886-2-2796-1377
　　　　　http://www.showwe.com.tw
劃撥帳號／19563868　戶名：秀威資訊科技股份有限公司
　　　　　讀者服務信箱：service@showwe.com.tw
展 售 門 市／國家書店（松江門市）
　　　　　104台北市中山區松江路209號1樓
　　　　　電話：+886-2-2518-0207　傳真：+886-2-2518-0778
網路訂購／秀威網路書店：http://www.bodbooks.com.tw
　　　　　國家網路書店：http://www.govbooks.com.tw

2013年01月BOD一版
定價：450元
版權所有　翻印必究
本書如有缺頁、破損或裝訂錯誤，請寄回更換

國家圖書館出版品預行編目

流聲的歲月：近代中國著名學者的側影 / 吳海發著. -- 一
版. -- 臺北市：秀威資訊科技, 2013.01
　　面；　公分. -- (文學視界 ; PG0900)
BOD版
ISBN 978-986-326-046-2(平裝)

1. 傳記　2. 中國

728.238　　　　　　　　　　　　101024869

讀者回函卡

感謝您購買本書，為提升服務品質，請填妥以下資料，將讀者回函卡直接寄回或傳真本公司，收到您的寶貴意見後，我們會收藏記錄及檢討，謝謝！
如您需要了解本公司最新出版書目、購書優惠或企劃活動，歡迎您上網查詢或下載相關資料：http:// www.showwe.com.tw

您購買的書名：＿＿＿＿＿＿＿＿＿＿＿＿＿＿＿＿＿＿＿＿＿＿＿

出生日期：＿＿＿＿＿年＿＿＿＿＿月＿＿＿＿＿日

學歷：□高中 (含) 以下　　□大專　　　□研究所 (含) 以上

職業：□製造業　□金融業　□資訊業　□軍警　□傳播業　□自由業
　　　□服務業　□公務員　□教職　　□學生　□家管　　□其它＿＿＿

購書地點：□網路書店　□實體書店　□書展　□郵購　□贈閱　□其他

您從何得知本書的消息？

　　□網路書店　□實體書店　□網路搜尋　□電子報　□書訊　□雜誌

　　□傳播媒體　□親友推薦　□網站推薦　□部落格　□其他＿＿＿＿＿

您對本書的評價：(請填代號　1.非常滿意　2.滿意　3.尚可　4.再改進)

　　封面設計＿＿　版面編排＿＿　內容＿＿　文／譯筆＿＿　價格＿＿

讀完書後您覺得：

　　□很有收穫　□有收穫　□收穫不多　□沒收穫

對我們的建議：＿＿＿＿＿＿＿＿＿＿＿＿＿＿＿＿＿＿＿＿＿＿＿

＿＿＿＿＿＿＿＿＿＿＿＿＿＿＿＿＿＿＿＿＿＿＿＿＿＿＿＿＿＿＿

＿＿＿＿＿＿＿＿＿＿＿＿＿＿＿＿＿＿＿＿＿＿＿＿＿＿＿＿＿＿＿

＿＿＿＿＿＿＿＿＿＿＿＿＿＿＿＿＿＿＿＿＿＿＿＿＿＿＿＿＿＿＿

11466
台北市內湖區瑞光路 76 巷 65 號 1 樓
秀威資訊科技股份有限公司　　　收
　　　　　　BOD 數位出版事業部

....

（請沿線對折寄回，謝謝！）

姓　　名：＿＿＿＿＿＿＿＿＿＿　年齡：＿＿＿＿　性別：□女　□男

郵遞區號：□□□□□

地　　址：＿＿＿＿＿＿＿＿＿＿＿＿＿＿＿＿＿＿＿＿＿＿＿＿＿

聯絡電話：(日) ＿＿＿＿＿＿＿＿＿＿　(夜) ＿＿＿＿＿＿＿＿＿＿

E-mail：＿＿＿＿＿＿＿＿＿＿＿＿＿＿＿＿＿＿＿＿＿＿＿＿＿